刘冰同志的一生，是革命的一生，战斗的一生，全心全意为人民服务的一生，为党和人民无私奉献的一生，是追求真理、追求进步、为共产主义事业奋斗的一生。

2015年兰州大学中央高校基本业务费立项支持项目

劉冰校長与蘭州大學

LIUBING XIAOZHANG YU LANZHOU DAXUE

张克非　杨易宾／编著

蘭州大學出版社
LANZHOU UNIVERSITY PRESS

图书在版编目（C I P）数据

刘冰校长与兰州大学 / 张克非，杨易宾编著. -- 兰州 : 兰州大学出版社，2018.6
ISBN 978-7-311-05374-1

Ⅰ. ①刘… Ⅱ. ①张… ②杨… Ⅲ. ①刘冰（1921-2017）—生平事迹②兰州大学—校史 Ⅳ. ①K827=7 ②G649.284.21

中国版本图书馆CIP数据核字(2018)第151970号

责任编辑　锁晓梅　宋　婷
装帧设计　管军伟
书名题签　李恒滨

书　　名　刘冰校长与兰州大学(精装)
作　　者　张克非　杨易宾　编著
出版发行　兰州大学出版社　(地址:兰州市天水南路222号　730000)
电　　话　0931-8912613(总编办公室)　0931-8617156(营销中心)
　　　　　0931-8914298(读者服务部)
网　　址　http://press.lzu.edu.cn
电子信箱　press@lzu.edu.cn
印　　刷　兰州人民印刷厂
开　　本　710 mm×1020 mm　1/16
印　　张　22.25
字　　数　297千
版　　次　2018年6月第1版
印　　次　2018年6月第1次印刷
书　　号　ISBN 978-7-311-05374-1
定　　价　148.00元

刘　冰

（1921年—2017年）

序

砥砺前行，就是最好的纪念。

光风霁月人千古，玉振金声颂百年。转眼间，刘冰老校长离开我们已近一年。在96年的人生历程中，刘冰同志把毕生精力奉献给了中国革命、社会主义建设和祖国高等教育事业，为国家培养了一大批栋梁之材。他的崇高理想、人格魅力和人民教育家风范，必将激励教育新时代兰大人书写好浓墨重彩的“奋进之笔”，开拓下一个百年的绚丽征程。

春雷涌动，革故鼎新。改革开放初期，刘冰同志调任兰州大学党委书记兼校长，在事关我校全局的一系列关键问题上做出了有益探索与突出贡献，对学校事业发展产生了深远的影响。他的先进办学理念、丰富办学经验和辉煌办学业绩，永远值得我们怀念并发扬光大。今年适逢改革开放40周年，也是学校深化改革、建设一流的关键之年，我们编写出版《刘冰校长与兰州大学》，就是要向伟大时代精神致敬，向刘冰同志这样的好领导、好校长学习，向兰大历史上的优良传统和成功经验汲取营养，继往开来、与时俱进，谋深干实、改革创新，加快推进中国特色世界一流大学建设步伐，交出不辜负习近平总书记嘱托、令人民满意的“兰大答卷”。

我们要学习老校长牢记使命、坚持办学正确政治方向的定力。在长期革命斗争和社会主义实践中，刘冰同志形成了坚定的马克思主义信仰、深厚的政治理论功底、实事求是的优良作风，拥有坚定的政治原则、党性原则和组织原则，自觉与党中央保持高度一致，坚定不移地贯彻党的教育方针，牢牢把握社会主义大学的办学方向。他带头抓党的路线方针政策等重要文件精神的学习贯彻，以此来统领学校的各项工作，指引学校事业健康快速发展。他积极探索保证和加强党对高校领导的有效途径，很好地解决了“依靠什么人”“办什么样的大学”“培养什么样的人才”这些根本问题，大力培养社会主义建设者和接班人。

我们要学习老校长实事求是、坚持一切从实际出发的科学精神。他长期在高等教育战线工作，积累了丰富经历和高超领导艺术，躬行遵循教育规律办大学的理念，并用这一成功经验指导兰州大学办学实践。他科学把握中国特色社会主义大学的办学规律，坚定不移、毫不动摇地紧抓教育教学、科学研究、人才培养、师资队伍建设、学风建设等重要的基础性工作，提练形成“抓根本、打基础、促长远”的办学思路，创造出20世纪80年代我校新的辉煌。

我们要学习老校长立足中心工作、坚持解放思想勇于担当的实干精神。他高度重视教学、科研“两个中心”建设，着力强化教学立校、科研兴校的优良传统。莅校伊始，他就将本科教学作为学校各项工作的基础与“重中之重”，加强提高教学质量的顶层设计，花大力气狠抓教师队伍建设，很快在全校上下形成了高度重视课堂教学、一切为教学工作和师生服务的良好局面。他排除各种困难，实施建强新兴学科、应用学科的新思路，构建基础学科与应用学科优势互补、协调发展的新格局，使学校的计算机与信息技术、法学、管理、新闻与传播等新兴应用型专业应运而生，提高了学校更好地适应科学技术发展趋势、服务于新时期国家战略和西部发展实际需要、积极参与国内外竞争的综合能力。

我们要学习老校长重视人才建设，坚持改革创新的魄力。他把平反历史上的冤假错案，全面落实党的知识分子政策，尊师重教，切实为师生排忧解难作为自己最重要的职责。他深入教室、实验室、图书馆和学生宿舍，走访教授、副教授和离退休教师，针对师生们反映学校基础设施条件欠账过多、环境太差等实际问题，大刀阔斧地进行解决和改进。老校长还顶住各种压力，勇于改革创新干部人事制度，大力推行领导干部民主推荐制，积极培养、选拔优秀教师作为“双肩挑”干部，充实健全了学校各级领导班子，有力地维护了学校安定团结的局面，保证了各项工作的顺利开展，也为党的领导和中央一系列方针政策在兰州大学的贯彻施行，提供了强有力的组织保证。

我们要学习老校长以学生为中心、以教师为主体，坚持把立德树人作为检验学校一切工作的根本标准。他注重发挥思想政治理论课的主渠道作用，经常要求马列主义教研室的教师提高马克思主义理论修养，亮出马克思主义的鲜明底色。他特别重视学校思想政治工作队伍的建设，选拔优秀毕业生担任学生辅导员，强化学生思想政治工作。他善于抓住师生中出现的倾向性问题，通过深入细致的思想政治工作来解决问题，以点带面，影响和把握全局。他平易近人，乐于做青年学生的知心朋友，总是以一种仁爱之心来对待犯错的同学。既严格要求、严肃批评，又以惩前毖后、治病救人的态度谨慎处理，给他们改正错误的机会，并通过耐心细致的思想工作，让他们从中接受教育、提高认识、汲取教训，促进他们的健康成长。

我们要学习老校长宽广的国际视野，积极主动推进学校教育与国际接轨。他放眼世界高等教育发展的新趋势，关注并借鉴国外著名大学的办学经验和方法，加强与国外高校在多方面的交流合作。他积极采取“请进来”和“走出去”策略，邀请众多国外专家学者任教讲学或访学交流。利用一切机会，千方百计争取和创造条件，选派优秀教师出国留学、进修，鼓励并组织优秀学生参加选拔赴美留学的各类考试，取得了优异的成绩和良好的办学声誉。这些举措都有效地提升了我校的办学水平，缩小了与国外名校的差距。

我们要学习老校长协调关系、争取资源，重视环境和文化育人，促进学校可持续发展的不懈奋斗精神。他充分利用自己的影响力，以及同教育部、甘肃省的友谊，尽可能地向他们反映学校的实际困难和问题，千方百计争取教育部和甘肃省的理解与支持，为学校争取各种宝贵的资源和帮助，有效改善学校的教学、科研与师生们的工作、生活条件，为学校后来的快速发展创造了必要的基础和保证。老校长还为绿化美化校园环境，丰富师生文娱活动，营造良好校园精神风貌，创建文明校园而多方筹措、殚精竭虑，留下许多鲜活案例和生动故事。时至今日，兰大师生都还记忆犹新、津津乐道。

拥抱新时代，建设“双一流”。即将迎来110周年校庆的兰州大学，肩负着建设中国特色世界一流大学的历史重任。从教修远，积厚流光。站在历史转折的关头，我们更加需要向校史上的辛树帜、江隆基、刘冰等好书记、好校长学习，继承和弘扬兰大的优良办学传统，坚守奋斗，这是我们砥砺前行、继写“黄金时代”的坚实基础，也正是我们纪念、缅怀刘冰老校长的意义之所在。

绍述前贤，敦励后学；传薪续火，树蕙滋兰。“士不可以不弘毅”，任重而道远。企盼吾辈后来者孜孜以求，奋发图强，守正笃实，久久为功，努力铸就兰州大学新的辉煌！

是为序。

兰州大学 党委书记 袁占亭

校　　长 严纯华

二〇一八年五月

前　言

1977到1984年，是当代中国一个非常不平凡的阶段，也是兰州大学校史上一个极其重要的发展阶段。

《中国共产党的九十年》写道：在1976年粉碎“四人帮”和“文化大革命”（以下简称“文革”）结束后，“广大干部群众强烈要求纠正‘文化大革命’的错误理论和实践，彻底扭转十年内乱造成的严重局面，使中国社会主义事业重新奋起。与此同时，世界经济快速发展，科技进步日新月异。国内外发展大势都要求中国共产党尽快就关系党和国家前途命运的大政方针作出政治决断和战略抉择”[①]。

1977年7月，党的十届三中全会一致通过恢复邓小平同志在一年前被撤销的全部职务。邓小平复出后，主动要求分管在“文革”中遭受破坏最为严重的教育、科学工作。8月，他在中央召开的科学和教育工作座谈会上明确表示，中华人民共和国成立以后的17年，教育战线“主导方面是红线，应当肯定，十七年中，绝大多数知识分

① 中共中央党史研究室：《中国共产党的九十年·改革开放和社会主义现代化建设新时期》，中共党史出版社，2016年，第646页。

子，不管是科学工作者还是教育工作者……辛勤劳动，努力工作，取得了很大成绩。特别是教育工作者，他们的劳动更辛苦”；“无论是从事科研工作的，还是从事教育工作的，都是劳动者”；“要尊重劳动，尊重人才”。[①]这就彻底否定了“文革”期间对全国教育工作做出的“两个估计”错误结论[②]。

1978年3月，邓小平又在全国科学大会上强调“科学技术是生产力”，“四个现代化，关键是科学技术的现代化”；为社会主义服务的脑力劳动者是劳动人民的一部分。[③]从根本上扭转了以往多年来对知识分子实行的“左”的政策，重新认可并确立了知识分子和教育、科技工作者的重要贡献和社会地位。

《人民文学》1978年第1期，发表了老作家徐迟的长篇报告文学《哥德巴赫猜想》，报道了数学家陈景润是怎样在极其困难的条件下，十几年如一日，埋头钻研有“数学王冠”之称的“哥德巴赫猜想”的感人事迹。2月17日，《人民日报》《光明日报》同时转载了这篇报告文学。《工人日报》《中国青年报》《文汇报》和各省市报纸、电台争相转载、转播《哥德巴赫猜想》，在全国亿万人心中重新点燃了崇尚科学的热情。

1978年5月10日，中央党校内部理论刊物《理论动态》第60期，刊发经中央党校原副校长胡耀邦审定的《实践是检验真理的唯一标准》一文。次日，《光明日报》以特约评论员名义公开发表这篇文章，新华社同时向全国转发，在全国引发了关于真理标准的大讨论。这对于人们解放思想，摆脱“文革”和其后“两个凡是”造成

① 《关于科学和教育工作的几点意见》，载《邓小平文选》第2卷，人民出版社，1994年，第49、50页。

② 1971年4月15日至7月31日，国务院在北京召开全国教育工作会议。8月13日，中共中央转发由姚文元、张春桥炮制的《全国教育工作会议纪要》，全面否定中华人民共和国成立后17年的教育工作，提出“文革”前17年教育战线是资产阶级专了无产阶级的政，即“黑线专政”；知识分子的大多数世界观基本上是资产阶级的，是资产阶级知识分子。参见《教育战线的拨乱反正问题》，载《邓小平文选》第2卷，第66页。

③ 《在全国科学大会开幕式上的讲话》，载《邓小平文选》第2卷，第86、89页。

的思想混乱，恢复党的“实事求是”思想路线，起到了重要作用。“实践证明，真理标准问题讨论是党的十一届三中全会实现伟大历史转折的思想先导，为党重新确定马克思主义的思想路线、政治路线和组织路线奠定了思想基础。”[①]

1978年12月18—22日，党的十一届三中全会在北京召开。会议决定把全党的工作重点和全国人民的注意力，转移到社会主义现代化建设上来，开始改革开放新的伟大革命；全会还确立了重视科学、教育的方针，大力加强实现现代化所必需的科学和教育工作[②]。这是党的历史上一次具有决定性意义的重要会议，党领导全国人民，开始了改革开放和中国特色社会主义现代化建设事业的历史新阶段。

教育界，尤其是高等院校，也在经历了“文革”十年的严重摧残、破坏之后，真正迎来了百花盛开的春天，开始了前所未有的快速发展和繁荣。

在邓小平同志的亲自推动和过问下，1977年底，被中断11年的招生考试制度得到恢复，全国一千一百多万人踊跃报名参加高考，各高校重新通过统一考试招收六十七万多新生。“很多过去根本不敢想象有任何机会的人，‘靠自己的奋斗站起来’，改变了自己的命运”[③]。

1978年初春，“文革”后通过考试择优录取的第一批871名本科大学生，进入兰州大学学习。在此前后，学校正常的教学，以及平反冤假错案、真理标准讨论等各项工作，也都在教育部和中共甘肃省委的统一领导下，渐次展开。

作为设立在祖国最西边的一所重点大学，兰州大学能否把握历

① 中共中央党史研究室：《中国共产党的九十年·改革开放和社会主义现代化建设新时期》，第651页。

② 《中国共产党第十一届中央委员会第三次全会会议公报》（1978年12月22日），载《人民日报》，1978年12月24日第1、2版。

③ 郑谦：《中华人民共和国史（1977—1991）》，载人民出版社，2010年，第7页。

史机遇，尽快治愈“文革”造成的创伤，重新崛起，再树辉煌，真正担负起为国家培养人才、贡献高质量科研成果的重任，为自身开创一个全新的历史发展时期？全校师生员工和社会各界，都在翘首企盼。

正是在这个关键的转折阶段，中共中央、教育部在1978年12月，将清华大学原党委第一副书记、在“文革”后期受“四人帮”迫害而被闲置的刘冰同志（1921—2017），派往兰州大学主持工作，担任学校党委书记兼校长。虽然由于他在1979年开始兼任甘肃省副省长，1982年兼任甘肃省委副书记、秘书长，1983年兼任省委常务副书记；因工作需要，他在1982年3月，不再担任兰州大学校长；1984年4月，不再担任兰州大学党委书记，并最终调离学校。但是，他在主持学校工作的5年半间，始终殚精竭虑、攻坚克难，为兰州大学的长远发展奠定了重要基础，做出了重要贡献，使学校发展在改革开放初期步入了一个新的历史阶段。

作为学校历史上这一继往开来关键阶段的优秀领导者，刘冰同志还在各个方面做了具有重大意义的探索、改革和创新，积累了许多宝贵经验和精神财富，对学校后来的长远发展产生了难以替代的积极影响，成为兰州大学校史上具有标志性地位的好校长。他还以优秀共产党人的高风亮节和对兰州大学的无私奉献，赢得广大师生员工的尊敬和爱戴。

编写《刘冰校长与兰州大学》一书，是为了全面、系统地展示老校长的办学理念、治校方略，忠于党的教育方针和人民教育事业的赤诚之心，尊重教师和知识分子、爱护学生、联系群众、平易近人的工作作风，以及团结、带领学校党政班子、中层干部和广大师生，拨乱反正，励精图治，克服困难，把握机遇，开拓进取，紧紧以“教学”“科研”为中心，带动学校各项工作全面发展的艰辛历程和重要贡献；真实地再现当时兰大师生员工的精神风貌和良好校风、学风、教风，以及涌现出的许许多多令人难忘的故事。

本书还希望能够围绕相关重大问题，进行较为深入的理论思考，探讨当时学校发展中一些较为深层、影响深远的内在因素，如刘冰同志和学校班子带领全校师生员工团结一心、勇于创新、努力振兴兰大的宝贵精神；学校彻底平反冤假错案与稳定人心、调动广大师生员工积极性的关系；恢复学校教学、科研秩序，千方百计稳定、提高教学质量和科研水平与学校快速发展的关系；重视师资队伍建设、不拘一格引进和培养人才方面的宝贵经验；教育部和中共甘肃省委对兰州大学的重视、关心和支持，学校有效争取国家、地方等各方面资源，显著改善自身办学条件及校园环境，以及与提高教学及人才培养质量的关系等等。

我们还试图探寻，在改革开放初期，像刘冰同志这样优秀的大学领导，是如何克服困难，尽力探索在新形势下办好兰州大学的成功途径，团结、带领师生员工迎难而上，创造出不平凡的业绩；继承、弘扬具有鲜明特色的兰大精神，扎实推进学校发展，书写出校史上崭新而辉煌的一页；这种努力在当时探索成功创办中国特色社会主义高等教育和大学的历程中所具有的重要性和影响；兰州大学通过江隆基校长、刘冰校长，与北京大学、清华大学形成的深厚渊源和密切关系；兰大师生是怎样密切服务国家战略和地方经济、社会、文化、教育事业的发展；我们今天需要注重、传承的宝贵办学经验和精神财富究竟是什么？什么样的大学校长、书记，才是新中国优秀的人民教育家，他们具有什么样的共性和特点、素质、精神，能够在不同时期做出怎样的重要贡献？

要进行这些深刻、广泛且具有普遍意义的思考和探索，不仅需要依据丰富、系统的相关资料，结合当年在校学习时的集体记忆和个人感受，写好活生生的这段兰大校史；还需要把当时的兰州大学放到那个时代的大环境里，作为改革开放初期中国高等教育转型、发展的一个缩影、个案，予以宏观把握和深入、具体分析；更需要通过对刘冰校长教育理念与实践的系统认识，以及与之前兰大校史上的辛树帜校长、江隆基校长，同时期其他优秀大学校长的纵向、横向比较，刻画出中国高等教育在那个特定时期走过的独特历史轨迹，总结从中留下的丰富经验和深刻启示。

像这样一部专题性的校史著作，还必须具有一定的可读性，发挥其自身应有的教育作用，让一代代兰大人都能走进和了解那个特定时期的校园，感受老校长及许多师生的精彩故事和人格魅力，见贤思齐，为学校新的百年发展和“双一流”建设再创辉煌。因而，本书特别注意尽可能多地采撷鲜活的人与事，用图文并茂的方式和生动语言，讲好兰大故事，凸显兰大精神，使之真正成为一部有温度、深度，平实且有创见的好书。

总之，研究、总结和反映20世纪70年代末80年代初，刘冰同志在校期间的重要贡献、兰州大学的显著变化、改革创新的成功经验、全校师生的精神面貌、良好学风，以及涌现出的优秀人物，是一项非常有意义的工作；对于当今学校的“双一流”建设和深化改革、长远发展，都具有重要的借鉴价值。

目录

第一章　百废待兴中的殷切期盼

1966年到1976年的“文化大革命”，对新中国的高等教育造成极其严重的破坏。兰州大学这所肇始于1909年的祖国最西边重点综合性高校，受到的损失尤其惨重。即便是在那个黑白颠倒的风雨岁月，顽强不屈的兰大人仍然以各种方式，进行着勇敢抗争；并且终于迎来了“文革”结束后新时期的曙光。面对成堆的问题、困难和累累伤痕，他们在劫后重生的喜悦中殷切期盼兰州大学的复兴，希望抢回被耽误、浪费的宝贵时光，为振兴中华做出自己的贡献。

一、“文革”对兰州大学的破坏

“文革”十年间，兰州大学同全国其他高等学校一样，遭受了一场空前的浩劫，其损失极其严重，诚可谓创巨痛深的“重灾区”。

首先，从1966年5月开始，兰大的“文革”运动即在甘肃省委工作组的直接插手下来势凶猛，仅1个月内，即频繁发生大规模的围攻、揪斗及自杀事件。为广大师生所敬重的好校长、人民教育家江隆基也在1966年6月25日被迫害致死，成为全国首位不幸罹难的著名大学校长；学校13位党委委员有12人被批斗；系、处49位党总支委员、113位支部委员中，分别有48人、88人被批斗；338位教工党员、135位学生党员中，遭到批斗的分别就有186人和102人。学校各级领导班子和党的组织系统遭到严重破坏而陷于瘫痪。形成了“文革”初期全国高校中少有的70天校园“白色恐怖”。[①]

其次，许多无辜师生遭受残酷迫害。在“文革”初期的两个多月时间里，全校及各系、处级单位就先后召开各种斗争会数百次，揪斗师生干部近千人。很多教师，特别是老教师和有所成就的教学、科研骨干，大多被打成“牛鬼蛇神”“反动学术权威”，受到残酷迫害。仅运动初期被揪斗的教职员工就达380人，占全校教职工总数的32%；被揪斗学生658人，占全校学生总数的25.5%；全校47名政治辅导员，被揪斗的有39人，占83%。其中曾留学德国的著名地貌学家、兰大地理系的创始人王德基教授，地理系王廷芳教授，中文系系主任舒连景教授、李松涛副教授等都被迫害致死；此外还有被迫出走、没有下落的3人。[②]全校师生员工遭受迫害之深重、残酷，在全国范围内都极为罕见。后来，还有许许多多师生员工以各种莫须有的罪名，继续遭受批斗、关押和迫害，甚至身陷囹圄。

第三，学校的教学、科研工作损失惨重，正常的教学秩序被破坏。学校师生先后成立“革联”“红联”“红三司”等红卫兵组织，造反夺权。1967年4月，150人的军训团来校“支左”。1968年3月9日，兰州大学革命委员会成立。8月，四百多人的军宣队、工宣队进驻学校，在持续8年间，领导兰州大学，继续组织“革命大批判”，不间断地进行清理阶级队伍等各种政治运动，让全校师生到工厂、农村接受工人、贫下中农的“再教育”。学校被迫停止教学工作达5年之久，直到1971年秋季才开始接受、培养从工农兵中推荐的学

① 兰大化学系全体革命教工：《兰州大学七十天白色恐怖纪实》（修改稿），油印本，第35页。

② 张克非：《兰州大学校史（上编）》，兰州大学出版社，2009年，第411、412页。

员。而研究生的招生、培养停顿达12年之久，直到1978年才得以恢复。

第四，江隆基校长和学校广大师生多年来重视教学、科研的优良传统遭到破坏。“文革”中，学校此前提高教学和人才培养质量的各种有效措施、优良传统及良好学风，也一概被当作资产阶级教育路线的产物，遭到无情的批判和否定。尤其是在1971年全国教育工作会议后，“四人帮”抛出了《全国教育工作会议纪要》，全面否定了中华人民共和国成立后17年的教育工作，做出了错误的“两个估计”①，并将所谓的“全民教育”“天才教学”“智育第一”“洋奴哲学”“知识私有”“个人奋斗”“读书无用”等，一概归之为17年资产阶级统治学校的精神支柱。甘肃也于同年8月召开全省教育工作会议，以《纪要》为依据，要求兰州大学彻底批判17年教育路线，全盘否定学校在“文革”前的所有工作。这也严重打击、伤害了广大教职工的积极性。教师们作为被改造的“资产阶级知识分子”“臭老九”②，政治地位低下，处境愈加艰难。“文革”中长期的黑白颠倒、是非混淆和沉重的政治、精神压力，严重地扰乱了人心，动摇了人们基本的价值追求和信念。1971年，推荐上大学的首批工农兵学员进校后，有人甚至鼓吹要把兰大办成“政治大学”，把学生培养成“白卷英雄”张铁生那样“头上长角、身上长刺”的“反潮流战士”。他们企图让工农兵学员充当批判、改造干部和教师的“工具”，大量削减基础实验课，强调“改造旧大学，就是要劳动”，让师生耗费大量时间参加劳动。有的老教授气愤地说：“现在把大学的教学质量降到了中学水平，大学的数学课要从小数点教起，这能培

---

① 即“文革”前17年在教育战线是资产阶级黑线专政，大多数知识分子的世界观基本上是资产阶级的，仍是资产阶级知识分子。

② 元代即有“一官、二吏、三僧、四道、五医、六工、七匠、八娼、九儒、十丐”的说法（见赵翼《陔余丛考》）。“文革”中有人把知识分子排在地主、富农、反革命、坏分子、右派分子（即“黑五类”）和特务、叛徒、走资派之后，名列被专政、改造对象的第九位；故当时民间将知识分子谑称为“臭老九”。

养出有用的人才吗?”[1]

第五，校舍、教学设备、大批珍贵图书和仪器遭到严重破坏，学校一些土地、设施被外单位侵占。“文革”十年间，学校很少新建教学、科研设施和教工宿舍，而所谓的“校办工厂”却设立了很多。校园环境和面貌一片破败。“一些楼里水管失修，脏水横溢，校园里垃圾到处可见，墙壁上涂抹得乱七八糟”[2]。师生员工的工作、学习和生活条件都非常恶劣。

总之，经过“文革”十年，兰州大学已被弄得伤痕累累，面目全非，无论是领导层，还是教师员工，以及学校各方面的工作，甚至连同其校园环境和教学、科研条件，都受到极其严重的摧残、破坏。

二、广大师生的顽强抗争

“文革”期间，兰州大学师生员工和全国人民一样，一直在以各种形式对极左错误进行抵制和斗争，并且顶着各种政治压力和人身的折磨、精神上的屈辱，仍然千方百计为国家经济建设、工农业生产和国防科技的需要，尽力工作并做出贡献。

首先，坚持实事求是精神，追求真理和正义，对各种颠倒黑白的丑恶行径表示不满，予以抵制。

其中最为典型的就是对待江隆基校长的冤案上。江校长这位深受兰大师生爱戴、享有崇高声望的好领导在“文革”刚开始即被诬陷、迫害致死，使兰大师生深感惋惜和同情，也激起了广大师生的满腔义愤。当时，中文、化学、数力等系师生就自发地组成多个调查团，顶着压力，搜集大量确凿证据，写成多份调查报告，并在省内和北京举办展览，揭露事实真相和少数“造反派”的野蛮暴行。为江校长申冤，为“文革”前17年教育路线取得的成就辩护，始终

① 《新长征的脚步声——访兰州大学》，载《甘肃日报》1978年6月24日第3版。

② 同上。

是兰大校园内顽强涌动的一股潜流。在那个特殊的年代，这无疑也是在伸张正义、坚持真理，为一切遭受无端迫害的人们鸣不平，是对极左路线的抗议、示威。所以，兰大师生的正义行动使当时执行极左路线的工宣队、革委会负责人坐卧不宁，耿耿于怀，多次指责这是“江隆基阴魂不散”，叫嚷要彻底肃清“江隆基的流毒”①。后来有人说，所谓“江隆基阴魂不散”，就是以江校长为代表的精神追求，“一种对教育事业的无限忠贞和高度社会责任感推动之下形成的学风、校风和工作作风；是孜孜以求学习知识和钻研、解决问题的精神；是观察和分析事物的立场、观点和方法，是对待知识与人的态度等等。这些好的思想和风气的久传不衰，就是形成兰大‘黄金时代’的根本原因”②。学校老领导辛安亭同志曾针对这种现象写过一首打油诗：“‘阴魂’不散理当然，流毒肃清难上难；驱散妖雾出红日，迟早总有这一天。”③嘲讽那些企图否定江校长的丑恶行径及痴心妄想，表现出对未来云开雾散、拨乱反正的坚定信心。

“文革”中，学校有些主要领导甚至说：“在学校，革命的主要对象就是知识分子”，要把知识分子“从政治上搞臭，思想上搞乱，业务上搞空，生活上搞苦”。这种批判、否定知识分子的狂潮在兰州大学有过三次。第一次是在1966年6—7月，全校所有的教授除1人外全被揪斗；第二次是在1967年3—5月，“批判资产阶级学术权威”等的“斗、批、改”运动；第三次是在1968年工宣队进校后进行的。面对这种情况，1973年调回兰大任革委会副主任的辛安亭同

① 聂大江：《辛安亭同志二三事》，载杨恕：《钟情启蒙，执著开拓——纪念著名教育家辛安亭诞辰100周年》，兰州大学出版社，2004年，第118～119页。

② 李生茂：《立德践言，为世师范——纪念江隆基校长诞辰一百周年》，载《纪念江隆基文集》编辑委员会：《纪念江隆基文集》，兰州大学出版社，2005年，第210～211页。

③ 聂大江：《辛安亭同志二三事》，载杨恕：《钟情启蒙，执著开拓——纪念著名教育家辛安亭诞辰100周年》，兰州大学出版社，2004年，第119页。

志等进行了抵制，但却遭到工宣队的批判。[①]

其次，兰大教师在极端困难的条件下，冲破重重阻力，始终坚持知识分子的社会责任，在教学、科研工作中仍取得一系列不可忽视的成绩。

教学方面，面对当时来自生产一线、基础参差不齐的工农兵大学生，很多教师自编教材、讲义，甚至从中小学的数学、物理、化学、语文等科目入手给他们补课，力求使他们在两三年的在校学习期间，尽可能掌握一些基础的专业知识和技能。

黄文魁教授在实验室工作

科研方面，涌现出了一批顶住政治压力，克服各种困难，坚持不懈搞科研，并取得丰硕成果的专家、学者。如化学系的刘有成、陈耀祖等许多老教师都在极其困难的条件下，取得了专业研究上的新进展。尤其是黄文魁老师，在“文革”期间依然始终坚守他对有机化学事业的执着。他有时在夜晚从化学楼一楼卫生间开着的窗户上翻进去，到实验室里用帘子将门窗遮蔽严实，悄悄地在里面通宵做实验，拂晓前再从原路悄悄地离去。这种艰辛与执着，恐怕在国内外化学实验史上也很难找出第二例。1972年5月，他刚刚做过胃切

① 辛安亭：《关于执行党的知识分子政策问题》，载杨恕：《钟情启蒙，执著开拓——纪念著名教育家辛安亭诞辰100周年》，第360页。

除手术，身体极度虚弱，即主动请缨，顶着极大的压力，承担对抗癌新药——三尖杉酯碱类化合物的合成研究。当时，学校革委会中个别领导不让他外出参加国家有关部门召开的科研协作会议，不许进行相关资料的交流。还有人甚至说他所做的化学实验室是“土围子”，要打掉。当时，他的实验室条件极其简陋，除了一些陈旧的试管、量杯、烧瓶外，最贵重的设备也就是1台已使用二十多年、精确度仅为1%的天平了。[①]但他硬是在如此不利的条件下，凭借自己高超的化学实验技能和丰富经验，努力奋战不到1年，就在国内首次合成了三尖杉酯碱甲类物质；接着他又带领研究小组，连续在世界上率先合成丙、丁、戊类3种三尖杉酯碱类化合物，为人类治疗白血病做出了贡献。

物理系的段一士教授，在1969年底承担兰州军区的军事科研项目——专门爆破苏联坦克装甲的电容感应式引信研究。70年代初，他在国际上最早提出引力规范场理论中任意自旋场的广义协变狄拉克方程；在广义相对论中提出新的广义协变能量动量守恒定律，克服了爱因斯坦、朗道等人的守恒定律只适用于准伽利略坐标系的缺陷。他还与青年教师葛墨林在国际上最早提出规范场理论中规范势

段一士教授

① 《新长征的脚步声——访兰州大学》，载《甘肃日报》1978年6月24日第3版。

可分解和具有内部结构的新观点，提出了规范场论中N个运动磁单极的拓扑流理论；后来，他又与张胜利将拓扑流理论应用于固体缺陷，建立了位错和旋错的规范理论，在国际上首次直接统一了固体缺陷的几何与拓扑，得到了国际上该领域权威学者的高度评价。他首先提出的这些理论，广泛应用于宇宙学、凝聚态物理、额外维理论、微分几何与拓扑等领域，被国外同行誉为“段学派”。1978年“磁单极理论”获全国科学大会奖，1979年“反坦克火箭电子引信”获国防科研重大成果奖。[①]诺贝尔奖获得者、著名物理学家杨振宁1972年回国时听说中国西北有人在搞规范场理论研究，深感惊异。在1976年他再次回国后专程前来兰州。经过与段一士教授的交流，杨振宁连声称赞：“妙，妙，妙极了！”[②]

1976年专程来访的杨振宁（右一）和崔乃夫（左一）、
段一士（左二）、杨振耀（左三）、徐躬耦（左四）在物理楼前

① 《段一士教授生平简介》，载兰州大学网站2016-12-21。

② 宋喜群、王雯静：《睿智儒雅的“科学顽童”——追记著名理论物理学家、兰州大学教授段一士》，载《光明日报》2016年12月27日第9版。

生物系的郑国锠教授，在“文革”中被关过“牛棚”，并因为与妻子曾在美国留学的经历而倍受折腾、批斗，但他仍时刻不忘自己的专业研究，在下乡接受贫下中农再教育、进行教育革命的过程中，不断结合当地的实际情况，开展生物学相关实用技术研究，并且在运动的喧闹中潜心整理自己以前积累的大量实验数据，撰写成论文，从1973年开始到“文革”结束，一共发表了6篇分子生物学方面的高水平学术论文。[①]这些论文影响很大，甚至一些国外同行也来信索取论文的复印件。[②]由于他在国内分子生物学方面的重要贡献，1980年即成为中国科学院生物学部委员。

郑国锠教授

此外还有吕忠恕、杨正等一批学者，“文革”期间在各自的专业领域都取得重要科研成果。除个人外，还有一些研究集体，为科学研究和应用做出了贡献，如生物系从1973年开始组织相关人员，研究“线粒互补法”“单倍体育种法”“体细胞杂交法”3种新的育种技术，取得丰硕成果。因此，1975年3月，甘肃省科技局、农业局在兰大生物系联合举办了“新技术育种讨论班”，并在此基础上，获准成立生物育种协作组，对全省生物育种新技术的研究和推广起了很大作用。也因此，农业部于1977年8月初，在兰州召开了全国新技术

① 郑国锠：《走与工农兵相结合的道路》，载《植物细胞融合与细胞工程：郑国锠论文选集》，兰州大学出版社，2003年，第888～891页。

② 郑国锠：《江校长对我的课题的挽救和支持》，载《纪念江隆基文集》编辑委员会：《纪念江隆基文集》，兰州大学出版社，2005年，第130页。

育种会议。[1]

历史系教师承担并完成了《沙俄侵略中国西北地区史》研究课题，不仅发挥、延续了该系“文革”前在俄国史、民族史研究方面的积累和优势，也为此后大力发展在民族史、民族学方面的研究凝聚了力量，奠定了基础。

“文革”中，兰州大学许多教师为了科学教育事业，冒着被戴帽、批斗的各种危险，顶着“资产阶级反动学术权威”“白专典型”“臭老九”的恶名，忍受着精神、肉体的双重折磨，不改初衷、义无反顾地坚持进行教学和科研工作，并且取得了不平凡的业绩，也为“文革”后兰州大学的重新起飞积累了条件。他们是兰大的骄傲，是兰大精神的典型代表，更是后来倍受学界关注的“兰大现象”[2]的创造者和奠基人。他们身上所体现出的高风亮节和甘愿为真理、为科学、为国家和民族而忍辱负重、无私奉献的宝贵精神，必将彪炳千载，与日月同辉，与学校同在。

三、“文革”后的拨乱反正

1976年10月6日晚，华国锋、叶剑英、李先念等为代表的中共中央政治局，一举抓捕王洪文、张春桥、江青、姚文元并实行审查。14日，中共中央公布了粉碎“四人帮”的消息，“人们欣喜若狂，奔走相告，开怀畅饮，神州大地一片欢腾”[3]。21日，兰州大学党委向全校师生员工和家属传达中共中央关于粉碎“四人帮”的

---

① 郑国锠：《走与工农兵相结合的道路》，载《植物细胞融合与细胞工程：郑国锠论文选集》，兰州大学出版社，2003年，第990～991页。

② “兰大现象”是20世纪90年代国内高等教育界对兰大的一种赞誉，具体内涵为：“地域偏远，信息不灵，国家财政投入、师资力量投入比东部发达地区同类高校少三分之一到一半，在这样的条件下，兰州大学的教学、科研却长期名列全国前茅，发表的基础研究论文数连续多年位居全国前几名，在国家基础科学研究和教学人才培养基地建设中，兰大一直排在前面。”

③ 中共中央党史研究室：《中国共产党的九十年·社会主义革命和建设时期》，第628页。

15、16号文件。22—24日，全校师生上万人次连续3天游行庆贺。随之展开揭批“四人帮”的活动。

11月22日，崔乃夫等7人率先贴出《彻底批判“两个估计”，冲破“禁区”，正确评价江隆基同志》的大字报。段一士等3人贴出大字报积极响应。开启了“文革”后兰大解放思想、拨乱反正的序幕。

两天后，学校党委召开有各系主要负责人参加的、批判“两个估计”的座谈会。党委副书记辛安亭，校革委会副主任林迪生、崔乃夫等发言，强调否定“两个估计”、冲破“禁区”、正确评价江隆基同志，已成为当时解决兰大各种问题的关键。这也成为与会大多数同志的共识。此后，学校各系、部、室纷纷召开不同类型的座谈会、批判会，使全校师生员工普遍受到了一次深刻的教育，为以后的思想解放奠定了基础。

从1978年开始，在党中央和各级政府的领导下，兰州大学党政领导班子根据全国高等教育发展的新形势和新政策，提出了拨乱反正，转移工作重点的整体工作规划。通过政治上、思想上的拨乱反正，全校上下提高了执行党的方针、路线、政策的自觉性，逐步从“左”的精神枷锁中解放出来，工作重点也逐步转移到教学、科研和其他业务工作上来。

（一）平反冤假错案，落实知识分子政策

从1978年初开始，按照中央统一部署，学校开始着手复查各类案件，陆续平反了一批冤假错案。

4月10日，中共甘肃省委为江隆基同志平反昭雪，并举行了隆重的追悼大会。大会由省委第一书记宋平主持，王震、胡乔木等送了花圈，兰大师生数千人前往悼念，成为兰州当地最为隆重、参加人数最多的追悼大会。会场上，许多人缅怀敬爱的江校长及其不幸遭遇，不由得失声痛哭。①

① 本来4月13日的《甘肃日报》在头版编排了为江隆基校长平反及追悼会的报道并已印刷出报，却突然接到指示，被迫将这天的报纸销毁并改版，撤去与江校长有关的文字，临时改换为别的新闻。直到1979年5月6日，《甘肃日报》才在头版正式刊登了1年前江隆基追悼大会的有关报道。当时“左”的影响又制造了新闻报刊史上的一桩奇闻。

1978年4月10日江校长追悼会后送灵车队在民众夹道围观中驶出兰大校门

8月17日，全校召开了平凡昭雪大会，为“文革”中受迫害致死的12位同志和因所谓“六七反革命事件”，所谓“五一六”等问题被批斗审查、迫害的一千一百多人平反昭雪，恢复名誉。各系、各单位也陆续召开了落实政策大会。截至当年12月底，在清理阶级队伍中曾被立案审查需要复查的452人中，已复查了446人；对过去遭到批斗并立案审查的24名中层干部，除4人已调离学校和2人尚未结案外，其余18人都先后安排了工作，重新走上了领导岗位；对“文革”中遭受冲击和迫害的“双肩挑”干部和教研室主任，绝大多数也做了安排，使他们能够在拨乱反正、恢复学校各项工作中发挥骨干作用。

（二）解放思想，整顿与恢复学校正常秩序

“文革”结束后，党和政府开始着手整顿、恢复全国高等学校的正常秩序。

1977年10月5日，中共中央政治局对全国高等学校招生文件进行了讨论。12日，国务院批转了教育部关于高校通过统一考试招收大学生及研究生的文件。根据中央及教育部文件，1977年底，兰州大学恢复了考试招生制度。次年2月19日，根据国务院转发的教育部《关于恢复和办好全国重点高等学校的报告》，兰州大学被重新确定为88所全国重点大学之一，成为当时西北地区唯一的重点综合性大学。随后，通过高考录取的七七级新生871人进校，开始了春季学期的学习。

1978年3月18—31日，中共中央在北京召开全国科学大会。邓小平同志在大会开幕式上的讲话里指出："四个现代化，关键是科学技术的现代化。""科学技术人才的培养，基础在教育。""各行各业都要来支持教育事业，大力兴办教育事业。人民教师是培养革命后代的园丁。他们的创造性劳动，应该受到党和人民的尊重。"①在这次大会上，兰州大学有23项科研成果受到国家奖励。广大知识分子被解除了政治上、思想上的长期禁锢，真正迎来了科学、教育和各项事业的"春天"！

1978年3月，在全国科学大会上兰州大学有23项科研成果获奖

① 《在全国科学大会开幕式上的讲话》，载《邓小平文选》第2卷，第86、92、95页。

兰州大学开始走出“文革”的破坏和阴影，呈现出一系列新气象，“又变成了一个读书深造的好场所”。学校的广大教师“精神上得到解放”，当时，无论是头发花白的老教授，还是奋发有为的中青年教师，大家都满怀一个共同的心愿，就是要努力工作，把“文革”耽误的时间抢回来，“为实现新时期的总任务，为提高整个中华民族的科学文化水平做出自己的贡献”。“文革”中遭受迫害被迫退休、退职的一批老教师，又重返教学一线。曾担任数力系主任、已从事教学工作25年的赵继游教授，亲自给七七级新生讲授《解析几何》课，有时一连讲3个小时仍不辞辛劳。他说，每当看到学生“渴望学习科学知识，他们的目光随着我的粉笔头转动的情景时，我的劲头就上来了”。广大青年学生同样是勤奋刻苦，在学习上如饥似渴，孜孜不倦。为了听好一堂课，不少学生早早就赶到教室；晚自习学生都超过规定的下课时间，即便是学校统一规定晚上11时熄灯后，不少学生仍点上蜡烛继续看书。在图书馆的阅览室里，更是座无虚席，学生们面前都放着许多书，或埋头阅读，或奋笔摘记。校园里的学习风气越来越浓。化学系七七级稀土专业学生陈亮入校后，抓紧一切机会刻苦学习，除了学好本专业的课程外，还到数力系听课，两个系的有关课程学得都很出色。数力系七五级白武明同学常常废寝忘食地在教室、图书馆学习，错过食堂开饭时间，他就买了一些大饼放到宿舍，有时就啃着干饼子继续学习。他的学习成绩不仅在同年级中名列前茅，而且准备考研继续深造。[①]

从1978年下半年起，学校党委按照中央部署，深入开展真理标准问题的讨论和对“两个凡是”观点的批判，否定“文革”和极左路线，推翻“两个估计”等各种诬蔑、丑化、打击知识分子的错误理论和政策，重新明确了“实践是检验真理的唯一标准”和“科学技术是第一生产力”的马克思主义观，恢复了党的“实事求是”思想路线。

政治上、思想上的拨乱反正，引发了思想解放的大潮，使全校

① 《新长征的脚步声——访兰州大学》，载《甘肃日报》1978年6月24日第3版。

教职员工逐步从“左”的思想枷锁和“文革”等历次政治运动的阴影下解放出来，重新确立了知识分子和教育工作的崇高地位，极大地调动了他们献身人民教育事业、从事教学和科研的工作积极性，焕发出巨大的热情和聪明才智，为学校各项事业的蓬勃发展提供了最为重要的内在保证。

四、学校面临的困难和问题

“文革”结束后的两年里，兰州大学党委认真贯彻中央的决策部署，在中共甘肃省委的领导下，带领、组织广大师生员工围绕揭批“四人帮”，拨乱反正，平反冤假错案，整顿和恢复教学秩序等，做了许多工作，并且取得一些显著的成绩。

但当时就全国来看，“十年内乱留下的后果十分严重，要在短期内消除它在政治上、思想上造成的混乱并非一件容易的事情”[①]。具体到兰州大学，要真正做到在政治、思想、组织上正本清源，使学校的教学、科研和人才培养等主要工作完全回归到科学、正确的轨道，开创一个新的阶段，适应国家、社会的需要，仍然有不小的阻力、困难和许多问题，必须付出更加艰辛的努力。

经过“文革”十年的破坏，当时学校面临的困难和问题主要有4个方面。

一是学校的师资队伍无论从规模、数量或质量而言，都遭受严重损失，随着1978年春季经过高考的七七级大学生进校，以及从这年开始秋季每届新生的正常入校和逐步扩招，对全校各个专业的教学及其质量保证，都形成很大的压力与挑战。

二是可供师生使用的教材、教学参考书及相关图书资料极度缺乏。

三是学校在教学设施、教学实验及科研条件，以及师生生活、

① 中共中央党史研究室：《中国共产党的九十年·改革开放和社会主义现代化建设新时期》，第646～647页。

宿舍等基本办学条件上欠账过多；校园环境较差。

四是学校在各个方面的管理工作也百废待兴，需要重新建立相应的规范和制度。

面对严峻的形势和大量紧迫的任务，学校及系、处各级领导班子更是亟待加强。受以往政治运动冲击和“文革”中派性的影响，已有的系、处等中层班子及其成员，往往难以得到大多数师生员工的普遍认可和拥护。学校党委、革委会班子自身也存在一些问题，如有的成员难孚众望；不同成员在有些方面各持己见，影响班子的团结。在班子中负主要责任的党委副书记辛安亭和校革委会副主任林迪生，虽然都是德高望重的老革命、老领导，但他们都年事已高，两人年龄相加超过150岁，毕竟在精力、体力等方面都有所限制，要承担领导开创学校新局面的历史重任，压力和困难都是很大的。1978年10月29日，已过古稀之年的辛老在一封信里写道：“兰大的工作目前还由我负责维持，早就说清华的刘冰同志要来，可是至今未来，我的精力实在支持不下去了，事情太多，力不胜任。哪天刘冰同志一来，我就谢天谢地，可以轻松一点了。”[①]这也非常真实地体现了辛老当时的心境。

所以，兰州大学这所全国重点高校，能否在“文革”的重创之后，再度迅速崛起，焕发蓬勃生机和活力，重新创造辉煌？这已是当时全校师生员工和社会各界都高度关心的重大问题，也决定着学校未来的走势和命运。而这一切的关键，就在于能否再有一位像江隆基校长那样有水平、有能力、有声望的好领导。

① 转引自向叙典：《亲切的长者　高尚的品格——悼念辛安亭同志》，载《吕梁高等专科学校学报》2002年第4期，第10页。

第二章 关键时期迎来又一位好校长

1978年12月，中国共产党十一届三中全会的召开，是共和国历史上一个关键性的转折。与此同时，兰州大学也开始进入自身发展过程中一个非常关键的时期。恰在这时，刘冰同志选择到兰州大学工作。这是兰大的幸运，也成为兰大校史上一个标志性事件。

“文革”结束后，教育部和中共甘肃省委领导都对兰州大学给予高度关注。1978年11月，教育部领导在与刚刚被落实政策的刘冰同志谈话时，提出他可以在北京及外地的几所全国重点高校中选择任职。这时，对他早有了解、时任中共甘肃省委第一书记的宋平同志①也以多种方式，诚恳地邀请他到兰大工作。考虑到各种因素，刘冰同志毅然决然地选择了地处西部、条件相对困难的兰州大学，从此

① 宋平，1917年4月生，山东莒县人。先后就读于北平大学农学院、清华大学、长沙联合大学。1937年加入中国共产党，1938年奔赴延安，曾任周恩来同志政治秘书。1952年起，先后在国家计划委员会、中共中央西北局工作。1972年起，任中共甘肃省委书记、第一书记，兼任甘肃省革命委员会主任、兰州军区第二政治委员。1981年起，任国家计划委员会副主任、主任，国务委员。1987年6月至1989年11月，先后任中共中央政治局委员、常委，兼中央组织部部长。1989年12月至1992年10月，任第十三届中共中央政治局常委。其妻陈舜瑶二十世纪五六十年代在清华大学任党委副书记，与刘冰是同事；后任中共甘肃省委宣传部副部长。

与兰大结下了不解之缘，并且受到兰大师生的竭诚欢迎和高度认可。

一、爱国少年投身革命

刘冰，原名姚发光，字明堂，1921年12月7日出生于河南伊川县吕店乡姚沟村一个相对富裕的农家。在他4岁、10岁时，生母和父亲不幸先后病逝。后来，他有幸受到继母疼爱和其父生前好友、思想进步的小学教师张笑峰夫妇照顾。1935年，他在洛阳私立明德中学上初二时，即参加抗日爱国学生运动。少年时的经历、家庭的变故、社会的不平与黑暗、进步教师和同学的引导，都促使他形成了爱憎分明、富有同情心、爱国和追求社会公平的精神品质。

1937年全面抗战爆发后，他进而由爱国转向了革命。1938年，不到17岁的他秘密加入中国共产党，并在7月前往延安，进入中国人民抗日军政大学学习。后在刘伯承、邓小平领导的八路军一二九师工作，曾担任该师随营学校青年股长，后到抗大六分校、太岳抗日根据地，从事文化理论教育和青年工作。

抗战后期和解放战争时期，他在豫西根据地工作，曾任新安县委常委、农会主席，太岳四地委宣传部科长。1947年随陈（赓）、谢（富治）大军南下，先后担任渑池县委副书记、宜阳县委书记。[①]长期革命斗争的锻炼、首长和战友们的帮助、革命理论的熏陶，加上自己的虚心学习、刻苦钻研、勤于思考和总结，使他逐渐成长为一位智勇兼备、善于发动和组织群众、有丰富工作经验和开拓精神的地方年轻干部，并且形成了忠诚于党的事业、密切联系群众、一切从实际出发，能够创造性地执行党的方针政策、应付各种复杂局面的良好品质。

随着1949年中华人民共和国的成立，年仅28岁的刘冰即开始担任中共河南省委青年工作委员会副书记、书记，青年团河南省委副书记、书记。1953年，调入团中央任青农部部长，在团中央书记胡耀邦同志领导下工作；1954年任团中央办公厅主任。刘冰同志作为经

① 据刘冰：《求索：难忘的历程》一书，中央文献出版社，2004年。

刘冰同志青年时代在团系统工作时的照片

受了抗日战争、解放战争长期锻炼，有着丰富地方党政工作经验，熟悉青年工作的优秀年轻干部，在1956年，调任清华大学党委第一副书记，并一直在清华工作22年，直到1978年底前往兰州大学主持工作。

二、“刘冰报告，南翔精神”

1958年，清华大学校长蒋南翔（右五）、第一副校长刘仙洲（右四）、党委第一副书记刘冰（右六）、副校长张维（右一）、陈士骅（右三）等审查建筑设计方案

刘冰同志不到17岁即投身革命，虽然他谦虚地说自己没有“念过大学”，但他到清华大学党委工作后，有幸得到校长兼党委书记、新中国著名教育家蒋南翔同志的言传身教，一直协助蒋南翔同志，为建设社会主义新清华做出了很大贡献，并以自身善于学习、刻苦

1959年，清华大学党委第一副书记刘冰给学生讲授中共党史和《共产主义概论》

钻研、联系群众、作风民主、平易近人的良好素质，赢得广大师生的爱戴，并成为经验丰富、善抓落实、执行力很强的党委领导。

20世纪50年代的刘冰同志，作为一位心底无私、勤奋好学、忘我工作的年轻干部，能够在蒋南翔这样的好领导、好师长指导下工作，对于他思想认识、理论水平的提高，对他工作能力的增强和自身的迅速成长、成熟和发展，都有不可替代的重要作用。这是他人生中的重要机遇和幸运。

在“文革”前的清华学生中，流传着“刘冰报告、南翔精神”的说法①。这就充分表明他与蒋南翔同志在教育思想上的密切联系、高度统一；也说明他在主持学校党委日常工作中，能够以务实高效、简洁明快、不做表面文章的工作作风，全面落实、体现“南翔精神”，即蒋南翔校长的办学理念，因而他的报告深受青年学生的欢迎。正是在蒋南翔同志的引领、帮助下，他很快适应了大学工作，得到全校广大师生员工的好评，逐渐成长为新中国社会主义大学的优秀领导者。

1961年7月25日，蒋南翔（左二）、刘冰（左一）与清华大学优秀毕业生座谈

① 《清华大学永远的骄傲》，载《刘冰文集》，第318页。

我们要了解刘冰同志始终坚持的教育理念及实践，就不能不先来了解蒋南翔同志及其教育思想。两者之间不仅有着密切的内在联系，也体现出很多反映社会主义高等教育本质规律的、具有共同性的普遍特点。

蒋南翔（1913—1988），江苏宜兴人，中学时即接受爱国和革命思想。1932年就参加镇江学生请愿团，到南京要求国民政府出兵收复“九一八”后被日本占领的东北地区。同年，他考入清华大学中国文学系，如饥似渴地阅读马列主义书籍。次年，他秘密加入中国共产党。1935年，他作为清华大学中共党支部书记，为发动、组织“一二·九”运动做了大量工作，亲自起草了12月9日和16日两次学生游行示威宣言及北平市学联的一些重要文件，是学生爱国运动中具有重要影响的领导人之一。[①]后来，他一直担任党的北平学委书记，直到“七七”全面抗战爆发。

1937年秋，他到了武汉，担任中共长江局青年工作委员会（以下简称青委）书记，组织、领导青年抗日爱国活动。1939年1月，由周恩来提议，经中央同意，蒋南翔前往重庆担任中共南方局青委书记。两年后撤回延安，接替胡乔木担任中共中央青委委员、中央青委宣传部部长、大后方工作组组长，负责指导国统区的青年运动。1942年在延安参加整风运动，针对康生等人所搞的“抢救运动”，向中央提出不同意见，并因此触犯康生等人，遭受冷遇。

1945年10月，受中央委派，蒋南翔等率领五四青年工作队奔赴东北，创建东北民主青年联盟，组织青年学生参加土改和各项实际工作。1949年1月，他从东北调回中央青委，负责新民主主义青年团的筹建及组织工作。

1952年11月，39岁的蒋南翔受中央人民政府委派，回到毕业后离别15年的母校，出任清华大学校长、党委书记，直到1966年“文

① 方惠坚等：《蒋南翔传》，清华大学出版社，2013年，第7页。著名的“华北之大，已经安放不得一张平静的书桌了”一语，即出自蒋南翔为“一二·九”运动撰写的《清华大学救国会告全国民众书》，见该书第20页。

革”爆发，长达14年之久。其任职时间之长，在清华校史上仅次于著名的梅贻琦校长。其间，他还在1953年9月，兼任北京市高校党委第一书记；1955年10月，任北京市委常委；1959年底，先后兼任中央教育部副部长、党组副书记，高教部部长、党组书记等，堪称新中国高等教育事业的开拓者。

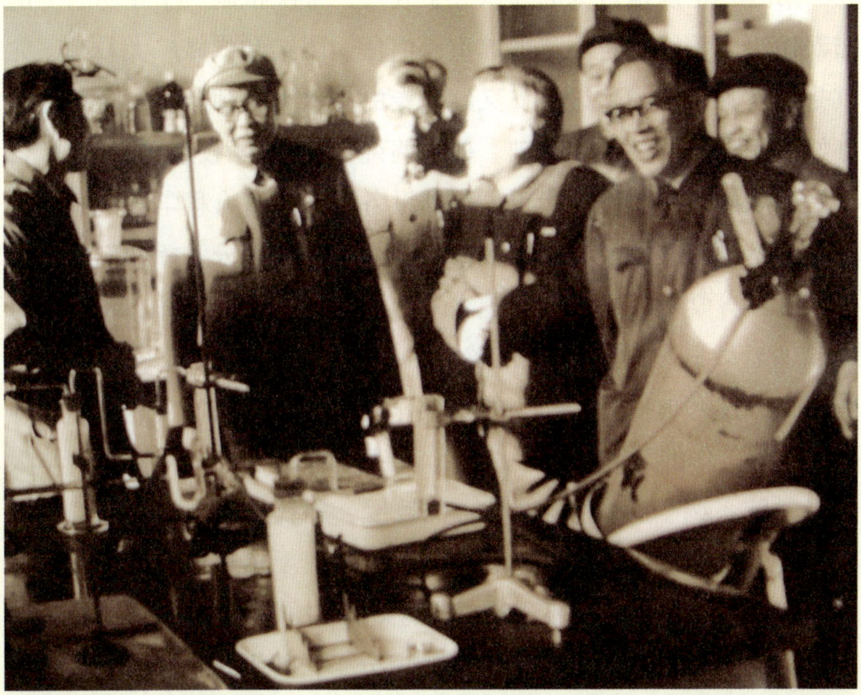

1981年4月，刘冰同志（右一）陪同教育部部长蒋南翔（左二）视察兰大化学系

“文革”期间，蒋南翔遭受康生、“四人帮”严重迫害。“文革”结束后，他才重新走上领导岗位。1979年1月，他被党中央任命为教育部党组书记；2月23日，五届人大常委会第六次会议决定任命他为教育部长。1982年8月，他调任中央党校第一副校长。

二十世纪五六十年代，在领导清华大学的长期实践中，蒋南翔思考、形成了相对系统、完整的高等教育思想和理念，成功地探索出一条中国特色社会主义高等教育的发展道路，出色地解决了在新中国办什么样的大学、培养什么样的人才、如何办好大学等关键性问题。其社会主义高等教育思想中最有代表性的是4个方面：

第一，始终坚持马克思主义理论的指导和党对高校的领导，坚持社会主义办学方向和党的教育方针，在实践中努力完善和加强党对高校的领导。

第二，认真探索和尊重高等教育的客观规律，继承、发扬清华大学历史上和国外好的办学经验和传统。

第三，正确执行党的知识分子政策，坚决抵制“宁左勿右”的错误做法，始终坚定不移地尊重、信任、团结和依靠广大教师，尤其是老教师，努力建设一支又红又专的高水平教师队伍。这是能够办好清华大学的关键和基础。他强调说：“高等学校最宝贵的财富，不是巍峨的高楼大厦和贵重的仪器设备，而是富有科学知识和教学经验的教师——教授和副教授。团结老教师，充分发挥他们的作用是办好高等学校最重大的问题之一。”“我们学校的教师，特别是有经验的老教师，他们是全校教学工作的领导骨干，依靠和信任他们，充分发挥他们在工作中的积极作用，这是我们学校能够顺利地完成教学工作的关键之一。”[①]“108将”（即20世纪50年代初清华大学经过院系调整后留下来的108位教授、副教授）是学校的稳定因素，要十分注意听取这些老教师的意见，只要依靠他们，多听取他们的意见，就会少犯和不犯违反教育规律的错误。[②]1961年6月，他还强调：“我们相信，我们中国的知识分子，特别是我们清华大学的教师，都是经过一些选择的，都有爱国主义，也是愿意走社会主义道路的。”[③]因而，必须坚持“团结全体”“百分百团结”，共同前

① 蒋南翔：《清华大学三年来教学改革的基本总结和今后的任务》，载清华大学校史研究室：《清华大学史料选编》第6卷第1分册，清华大学出版社，2007年，第128页。转引自李卓宝等：《蒋南翔高等教育思想与实践研究》，清华大学出版社，2011年，第204页。

② 何东昌：《真正的教育家是不朽的》，载《蒋南翔纪念文集》，清华大学出版社，1990年，第133页。转引自李卓宝等：《蒋南翔高等教育思想与实践研究》，第204页。

③ 《蒋南翔校长在清华大学教师大会上的讲话》，载清华大学校史研究室：《清华大学史料选编》第6卷第1分册，清华大学出版社，2007年，第231页。转引自李卓宝等：《蒋南翔高等教育思想与实践研究》，第204页。

进。与此同时，他也十分重视教师的思想改造工作，强调要政治与业务齐头并进，实现“两支队伍”[①]的会师。在教师队伍的发展方面，他还注重新老结合、理论与实际的结合、共性与个性的结合。[②]

第四，坚持“又红又专、全面发展”，采取各种措施提高学生素质和人才培养质量。他主张大学生在政治思想和世界观方面要“上三层楼”，即逐步由爱国主义、社会主义向共产主义转变，“各按步伐，共同前进”。他提出“重点大学既是教育中心，也是科学研究中心”的主张和“教育、科研与生产劳动相结合”的人才培养途径，要求学生在毕业设计中“真刀真枪的实际作战”；注重培养和增强学生的实际工作能力，不仅要给他们“干粮”，更要给他们“猎枪”；注意多样的统一和因材施教，培养学生多方面的兴趣爱好，建设好以政治辅导员为主体的政治代表队、以拔尖学生为主体的业务代表队、以学生文艺社团和体育代表队为主体的文体代表队，实现“三支代表队的殊途同归”；通过广泛的体育锻炼，增强学生体质，实现“为祖国健康工作50年”的目标。[③]

清华大学这所传统名校，经过20世纪50年代初的调整和改造，具有优良的师资队伍和生源，为蒋南翔探索、实践中国社会主义高等教育思想提供了有利的平台和保障。在他的领导下，清华大学成为全国最有影响的多专业社会主义新型工科高校，为国家培养出大批优秀的专业人才和领导骨干。

1961年，蒋南翔又受命起草《教育部直属高等学校暂行工作条例》（即《高校六十条》），他系统地总结了20世纪50年代学习苏联、教育革命及建设中国特色社会主义高等教育的经验教训，广泛吸收各方面的意见和智慧，同时也把自己在清华的成功实践和探索

---

① 蒋南翔主张一方面通过提高高水平教师的思想觉悟和理论水平，培养他们入党；另一方面提高党员教师的业务水平，使广大教师都能达到又红又专。

② 据李卓宝等：《蒋南翔高等教育思想与实践研究》，第204和213、214页。

③ 据李卓宝等：《蒋南翔高等教育思想与实践研究·第三章蒋南翔的人才培养思想》，第141～200页。

思考融入其中。9月14日，中共中央书记处讨论通过了这个条例，毛泽东高兴地说："总算有了自己的东西。"15日，中共中央向全国发布了这个条例，并在《关于讨论和试行教育部直属高等学校暂行工作条例的指示》中强调，这个条例草案对全国所有的全日制高等学校具有示范性。

《高校六十条》的主要内容是：明确提出高等学校的基本任务和培养目标，是贯彻党的教育方针，做到学生德、智、体全面发展；以教学为主，加强基本知识和基本技能的训练；生产劳动的时间一般每年一至一个半月；重视培养研究生工作；学校应积极开展科学研究，主要力量是教师；正确执行党的知识分子政策，调动一切积极因素，正确划分政治问题、世界观问题、学术问题之间的界限；贯彻"百花齐放、百家争鸣"的方针，提倡不同学术观点的自由讨论；做好师生的思想政治工作，正确处理红与专的关系；高等学校实行党委领导下的以校长为首的校务委员会负责制。[①]

《高校六十条》的研究、草拟，乃至最后形成中央文件而颁发全国，蒋南翔在其中起了重要作用。它是当时指导全日制高等学校的基本法规，贯穿了党的教育方针，体现了高等教育本身内在的基本规律，是对以往高等教育发展过程中正反两方面经验教训的系统总结。在当年为消除"大跃进"及其教育革命对高等教育的消极影响，恢复正常的教学秩序，提高教学和人才培养质量，保证科研工作的健康发展，都起了重要作用。

20世纪60年代初，江隆基校长大刀阔斧地在兰州大学统一思想和认识，整顿教学秩序、狠抓教学质量，在一定程度上也得益于《高校六十条》这把"尚方宝剑"。类似情况在全国许多高校也普遍存在。

即便是在"文革"结束后，《高校六十条》依然发挥着积极作用。甚至到现在，其中的许多精神和内容，也同样没有过时。可以说，《高校六十条》经受了历史和实践的检验。负责拟订这一重要文

① 方惠坚等：《蒋南翔传》，第289页。

件，也是蒋南翔为中国高等教育做出的一大贡献。[①]

刘冰同志长期在清华工作的切身经历，使他对蒋南翔校长的高等教育思想有非常深刻、独到的认识，深得其精髓，并且非常自觉地在工作中加以贯彻、丰富和发展。"文革"初期，当蒋南翔被点名批斗并身陷囹圄时，刘冰仍然顶着巨大压力，先后给毛主席、周总理和中央"文革"领导小组写信，为蒋南翔同志申冤辩诬。

在1978年12月初，临来兰州大学之前，刘冰还专门去看望当时主持国家科委工作的蒋南翔同志，畅谈了两个多小时。蒋南翔仍然强调要尊重高等教育的内在规律。刘冰最后问他，到兰州大学要注意些什么。"他说：'老问题，要注意知识分子政策，这个搞好了，办好学校就有了依靠。还有坚持社会主义办学方向，就要把红专结合好，还是刚才那句话，只专不红不行，只红不专也不行。'"[②]这些高屋建瓴、画龙点睛的嘱托，恰恰也成为刘冰同志后来能够办好兰州大学的"定海神针"。

1988年蒋南翔同志逝世后，刘冰较早认识到蒋南翔教育思想的重要性，还在各种场合反复强调并多次撰文，提出应全面总结、研究和继承蒋南翔教育思想，坚持认为这对建设高水平中国特色社会主义大学仍然具有重要借鉴价值。

三、"文革"中上书直言

"文革"期间，"清华大学一直处在风口浪尖上。十年中，清华园里的各种风波起伏都与全国政治斗争的大局紧密关联，并且始终受到毛主席、党中央的密切注视，乃至直接干预"。清华大学"在一定意义一定程度上可以被看作'文化大革命'的一个窗口或缩

① 关于《高校六十条》的有关内容，参考方惠坚等：《蒋南翔传》，第285~289页。

② 刘冰：《风雨岁月——清华大学"文化大革命"忆实》，清华大学出版社，1998年，第300页。

影”[①]。刘冰同志在“文革”初期也被作为“走资本主义道路的当权派”而遭受残酷批判。1969年6月，作为“犯了走资派错误”但能够悔改的老干部典型，他被“结合”为学校党委副书记，并通过当时《人民日报》的报道而闻名全国。

刘冰同志所著《风雨岁月》前后两版的封面照片

“文革”后期，他又被任命为学校党委常务副书记、革委会副主任。当时，担任清华大学党委书记、革委会主任的是国务院科教组副组长、原8341部队宣传科副科长的迟群。另一位副书记则是中共中央委员、北京市委副书记，原中央办公厅的机要秘书谢静宜。这两个人都是当时可以“通天”的风云人物。

虽然环境险恶、波诡云谲，但刘冰同志却始终坚持实事求是、对党负责的精神，不顾个人安危，顶着巨大的政治压力，对“文革”中的错误做法，同当时手眼通天、不可一世的“四人帮”及其爪牙，进行顽强的抗争。在“文革”初期，他就给毛主席写信，后来又同学校的几位党委副书记写信给周恩来总理和中央“文革”领导小组，坚持认为清华大学在“文革”前17年是执行了毛主席、党中央的路线、方针和政策，成绩是主要的，并为遭受迫害的清华老

① 刘冰：《风雨岁月——清华大学“文化大革命”忆实》，清华大学出版社，1998年，第1页。

领导蒋南翔同志辩护。后两次是他同驻校的工人、解放军毛泽东思想宣传队的3位负责人一起，分别在1975年8月和10月署名给毛主席写信，反映迟群、谢静宜的政治野心及他们在清华的胡作非为。

对此，毛主席批示："清华大学刘冰等人来信告迟群和小谢。我看信的动机不纯，想打倒迟群和小谢。他们信中的矛头是对着我的。我在北京，写信为什么不直接写给我，还要经小平转。小平偏袒刘冰。清华所涉及的问题不是孤立的，是当前两条路线的斗争。"[①]刹那间，他们的上书成了所谓否定"文革"的典型代表，对他们的批判也因此成为"批邓反击右倾翻案风"运动的导火线。

刘冰同志被当作所谓"右倾翻案风的急先锋"，被迫在中央政治局会议上做检查。11月18日，在迟群主持下，清华大学召开了万人大会，先由北京市委书记吴德宣读毛主席对刘冰等人来信的批示，然后安排15人陆续上台进行"批判"发言。他再一次成为在全国家喻户晓的著名人物。但这次却因毛主席的"钦点"，一夜之间成了所谓"右倾翻案风"的代表人物和"始作俑者"。此后11个月中他被专政，失去了人身自由。"四人帮"及其爪牙在校内外先后召开220多次大会、小会，对他进行残酷批斗，使他在精神和肉体上遭受严重摧残，甚至到了死亡的边缘。

到1975年12月下旬，在无休止的批斗中，刘冰终于病倒了，头晕得无法站立行走。晚上9点钟，他躺在床上，还有人前来要把他拉到系里去批斗。第二天，刘冰和妻子苗既英相互搀扶着到北京医学院附属第三门诊求治，他被诊断为"急性肾盂肾炎"。接诊医生坚持人道主义精神，不顾巨大的政治压力，要刘冰立即住院治疗。经过治疗，到1976年初，刘冰的病情基本上得到控制。1月9日，周恩来总理逝世。刘冰闻讯后异常悲痛，在病房里长时间流泪沉思。

① 《毛主席重要指示》，载《建国以来毛泽东文稿》第13册，中央文献出版社，1998年，第486页。

“文革”结束后，北京市委主要负责人仍受“两个凡是”[1]思想的影响，以刘冰同志的所谓“错误”是毛主席亲自定性为由，迟迟不给他平反。1978年6月23日，清华大学党委书记刘达向邓小平同志汇报学校揭批“四人帮”等工作，最后请示刘冰同志的问题怎么处理。“小平同志问：‘他有什么问题？我怎么不知道呢？’‘你回去告诉北京市委，请市委给刘冰同志安排工作，这件事就这样定了。’”[2]但北京市委负责人仍有意拖延。

人民日報

RENMIN RIBAO

1978年11月23日 星期四

陕西省委成立陕北革命建设委员会决心采取有力措施

尽快把陕北革命老根据地建设好

省委第二书记王任重担任主任，并深入基层调查研究，请教干部和群众

决定推广高西沟大队因地制宜，从实际出发，全面发展农林牧的经验

刘冰等给毛主席写信符合党章内容属实

清华大学党委维护党员民主权利，揭穿迟群等人封锁真相，歪曲事实，欺上瞒下的罪恶勾当，公开纠正刘冰等人写“诬告信”这一错案

高西沟是

1978年11月23日，《人民日报》在头版刊登新华社对于清华大学党委为刘冰同志平反的报道

直到11月下旬，清华大学党委为刘冰同志召开平反大会。23日，《人民日报》刊登新华社的报道说，清华大学党委经调查研究证

① “两个凡是”的提法最早见于1977年2月7日《人民日报》、《红旗》杂志、《解放军报》社论《学好文件抓住纲》，即“凡是毛主席作出的决策，我们都坚决维护，凡是毛主席的指示，我们都始终不渝地遵循”。

② 刘冰：《风雨岁月——清华大学“文化大革命”忆实》，第295、296页。

明：1975年8月和10月，刘冰等4位同志两次给毛主席写信，完全符合党的组织原则，合理合法，信中内容属实，根本不是什么“诬告信”，校党委决定公开纠正这个错案，恢复他们的名誉。[①]刘冰同志第三次成为享誉全国的名人。但这次，是历史还他以公道，也进一步彰显了一位共产党人敢于抵制“文革”错误、同“四人帮”及其爪牙斗争的铮铮铁骨与高风亮节。

也是鉴于北京市委主要负责人当时的暧昧态度，促使刘冰同志最后选择到远在甘肃的兰州大学工作。1978年12月6日，刘冰乘坐火车，离开工作、生活了25年的首都北京，前往他平生工作的第二所高校——兰州大学，即将去书写自己人生中新的辉煌。伴随他前往的是清华毕业生、此前在教育部高教司工作的秘书赵洪涛同志。

四、兰大迎来又一位好校长

1978年12月9日寒风凛冽的早晨，刘冰同志下了火车立即来到兰州大学。教育部高教司苏兴同志、甘肃省教育局局长刘海声同志，出席兰州大学党委常委扩大会议，宣布刘冰同志到职。会议由校党委副书记辛安亭主持，校党委常委，各系、部、室负责同志参加。大家真诚地欢迎刘冰同志来校工作，同时欢送崔乃夫同志调往北京工作。苏兴同志代表教育部向大家介绍了情况，传达了部里意见：刘冰同志先来主持校党委工作，也主持革委会工作，正式职务待报中央批准后宣布。

会上，肖琛、郑国锠、徐躬耦、吕忠恕、陆润林、段一士、刘众语、任雄士、李文、李大诚、聂大江、林迪生、崔乃夫先后发言，对刘冰同志来兰大工作表示诚挚的欢迎。虽然大家都是第一次与刘冰同志见面，但对他坚持原则、敢于同“四人帮”及其代理人英勇斗争的精神由衷地表示钦敬，对这位在全国高等教育战线有重要影响的资深领导者来兰大工作表示拥护，更对学校的未来和发展

① 见《建国以来毛泽东文稿》第13册，第491页注2。

充满信心。省教育局局长刘海声总结说：“大家都是一样的心情，热烈欢迎刘冰同志到甘肃来。中央这次让刘冰同志来兰大，是兰大的喜事，也是甘肃省教育界的喜事。”

1978年12月，兰州大学校领导（自右至左）聂大江、辛安亭、崔乃夫、刘冰、林迪生、肖琛合影

会上，在兰大工作多年并即将调离的崔乃夫同志却坦率地说：“希望兰大在以刘冰同志为首的兰大党委的领导下，能发展繁荣。刘冰同志问我兰大的情况，我认为兰大仍在沉睡。”这一番直言不讳的肺腑之言，也让刘冰预感到自己所面临的挑战和压力。

很快，中共甘肃省委给兰大党委下发了关于刘冰同志负责全校工作的通知。12月下旬，中共中央正式任命刘冰同志为兰州大学党委书记兼校长。

怎样才能将还在“沉睡”的兰大唤醒？如何让遭到“文革”严重破坏的这所西部名校重新焕发青春和活力？刘冰这位曾在清华大学工作了22年的高校领导，陷入深深的思考；并在欢迎会后很快就以自己独特的方式开始了深入细致的调查研究。

在冬日寒冷的兰大校园，细心的人们忽然发现，校园里的小道上、食堂餐厅、学生宿舍、职工住宅区、教学楼、实验楼里，突然出现了一位陌生的长者。他中等个儿，略瘦，穿一身有些褪色的蓝布中山装和一件草绿色的棉军大衣，戴一副深色边框眼镜，面容和善，平易近人，时而与遇到的师生员工交谈，时而查看着周围的环境，时而抚摸、端详着那些冰冷的各类设备，时而又向身边陪同的工作人员做着交代。

20世纪70年代末的刘冰同志

他，就是刚从清华调来兰大、尽人皆知的刘冰同志。为尽快了解学校现状，掌握第一手资料，他走遍了兰大校园的每一个角落。当时，冬天光秃秃的校园，林木稀少，地表裸露，寒风吹过沙尘飞扬；路上照明的电灯很少，晚上许多地方漆黑一片，师生下课后走在路上深一脚浅一脚；学校四周的围墙大部分还是用黄土夯筑而成，时间一长便已满是豁口，社会上一些闲杂人员从围墙豁口处随意翻越进出，如入无人之境；校园内秩序还相对混乱，斗殴、失窃事件时有发生。

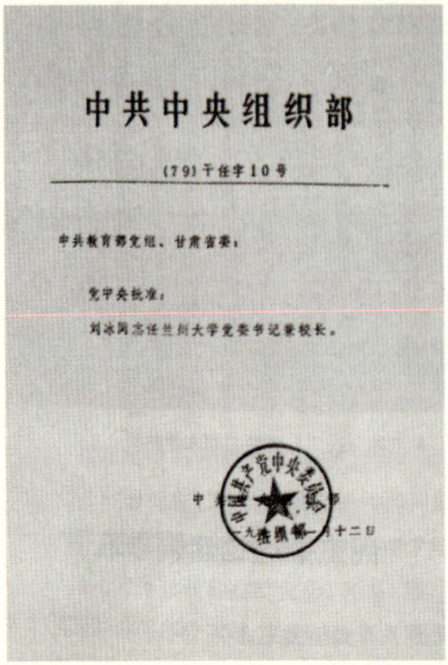

中共中央组织部

(79)干任字10号

中共教育部党组、甘肃省委：

党中央批准：

刘冰同志任兰州大学党委书记兼校长。

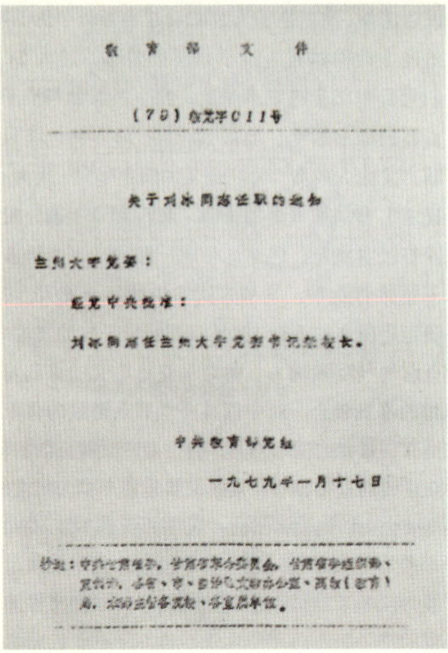

教育部文件

(79)教党字011号

关于刘冰同志任职的通知

兰州大学党委：

经党中央批准：

刘冰同志任兰州大学党委书记兼校长。

中共教育部党组

一九七九年一月十七日

中共中央组织部、教育部党组关于刘冰同志任命的文件

他亲自查看了校园内的每一座建筑，发现其多为20世纪50年代中期所建，年久失修，已显得灰暗陈旧，破败不堪。兼作校医院和职工住房的“化工楼”，二楼厕所管道堵塞，污水沿着楼梯流淌到楼下，又被冻成冰溜子，一片狼藉。

他走进教室、图书馆、实验室，看到实验室内的各种设备，大都是五六十年代，甚至更早的产品，很多甚至年久失修，残缺不全。教室太少，学生上自习找个座位都很困难，有的同学为抢占座位，经常连晚饭也顾不上吃；教师办公条件很差，不少教师都挤在一个小房间里备课；理科的许多骨干教师没有相对独立的实验室。图书馆的藏书有许多是“文革”中的出版物，师生普遍反映无好书可看。

走进学生宿舍，同学们一致反映臭虫肆虐，使大家夜里无法正常入睡。学校澡堂不仅狭小而且年久失修，锅炉老化，已不能正常使用，师生要跑很远的路去街上的公共浴池或外单位澡堂洗澡。食堂里没有桌凳，吃饭时学生或蹲或站。教工住房更加紧张，许多三四十岁的中年教师全家六七口人只能挤住在跃进楼十多平方米的小屋子里，一些年轻教师领取结婚证几年却无处安家。

除了这些触目可及严重的“硬件”缺失，他更为关心和注重学校的各级领导班子、教师队伍建设。他深知如果没有过硬的各级领

“文革”结束后的兰大校园、建筑

刘冰同志看望教师

导班子和大批优秀教师，是无法办好兰州大学的。在很短的时间内，他逐一登门拜访朱子清、郑国锠、刘有成、徐躬耦、段一士等知名教授和老教师，走访辛安亭、林迪生、聂大江等学校的各级领导干部，征求他们对学校现状、问题及发展的看法、意见和建议。同时，他还十分关心广大青年学生的思想状况，通过各种渠道了解他们的所思所想，尽最大可能为他们营造良好的学习和生活环境。

为了更多地接触广大师生员工，他让秘书分别买了校内理科、文科等各个食堂的饭票，挨个到不同食堂就餐，与教师、学生交谈。每天晚上，看完中央电视台的《新闻联播》后，他都要披上大衣，和秘书一起，到校园内有灯光、有人声的地方，如教室、实验室、图书馆、学生宿舍、锅楼房等处，与在这些地方读书、工作的师生、后勤职工亲切交谈。对于师生们反映强烈的一些具体问题，他都一一记在心上。在他的直接督促下，这些问题很快开始得到解决。

刘冰同志与后勤职工亲切交谈

通过大量深入细致的调查研究，刘冰同志在半个多月内即初步掌握了学校存在的主要问题。

第一，“文革”和极左路线对学校造成严重破坏，虽然按照中央的统一部署，已对许多教职工的冤假错案予以平反，但仍遗留了不少老大难问题没有解决。特别是许多教师、干部的思想上还顾虑重重，心理上负担过重，未能放下各种政治“包袱”，工作的积极性还没有完全调动起来，无法全身心地投入学校的教学、科研等各项工作。

第二，学校和系、处两级班子中，还有一些人派性作祟，闹不团结，群众意见较多，缺乏威信，难以发挥组织、领导作用。

第三，学校教师队伍以往受冲击较大，不少人在“文革”及各种政治运动中受到迫害，一些人被迫调离、流失，或提前退休，致使全校教师人数严重不足；还有一些教师由于各种原因长时间无法从事教学、科研工作，虽然有部分“文革”中的工农兵学员毕业留校任教，但他们普遍存在专业基础和业务水平较低的问题，难以保证教学质量，无法适应经过高考入校学生和新教学内容的要求，大家意见较多。

第四，党的知识分子政策落实还不到位，中年骨干教师的职称过去十多年一直没有晋升，许多很有水平、成果的教师仍然仅是讲师甚至助教职称；不少教师子女上山下乡回城或毕业后找不到工作，在家待业。

第五，学校的办学条件急待改善，校园环境脏、乱、差，教学、科研设施严重不足，师生员工的工作、生活和居住条件极差，“欠账”过多；学校的教学秩序、校园治安等方面仍有不少问题。

…………

面对调研的结果、发现的问题，秘书曾问过他，以前是否想到过会有这么多困难，对选择到兰大工作有没有后悔过？刘冰同志坚定地说：不后悔，正因为有这么多困难，才需要我们这些共产党员挺身而出，和大家一起去克服 。

刘冰同志的信心，也在于他能够用一分为二的辩证方法做出合理的分析和准确的研判。

通过深入调研和与众多师生的密切接触，他认为兰州大学是一所好学校，“广大教职员工多年来为建设兰大做出了很大的努力；‘文化大革命’前，以江隆基同志为首的兰大党委是执行毛主席革命路线的，是做出了很大成绩的”。“打倒‘四人帮’以后，在中共甘肃省委的领导下，兰大校领导和广大师生员工在落实政策等方面做了大量工作”[①]。

---

① 陈国祥、赵长才：《紧紧跟上工作重点的转变》，载《甘肃日报》1978年12月25日第1版。

他在较短时间通过调研做出的判断，是完全符合实际的。兰州大学作为一所很有底蕴和深厚积淀的全国重点高校，“文革”前学校经过江隆基校长的整顿和领导，曾在教学、科研等各个方面都形成过很好的局面，打下了相对坚实的基础，有一支很不错的基本教师员工队伍和良好的学风、传统。这些虽然在“文革”中遭受了严重的破坏、摧残，但大家对于江校长所表现出的崇敬、对学校发展和他自己给予的深切期待及急迫心情，都说明兰州大学的优良传统、教学和科研等各方面基础还依然存在；绝大多数教师、干部的素质是好的，经受住了“文革”的严峻考验，他们具有明确的是非观念，渴望为党和人民教育事业、为学校的振兴发展建功立业，做出奉献。

经过高考入校学习的七七、七八级学生，具有良好的素质、丰富的社会经验、如饥似渴的学习精神，充满了朝气和希望。

他认为兰州大学有教育部和中共甘肃省委的正确领导，特别是宋平同志对兰大的关心和重视，有全校各级干部和师生员工的支持，做好兰大工作是完全可能的。

特别是1978年12月中国共产党十一届三中全会的胜利召开、党和国家的工作重心转移到发展经济上来，正在开启一个全新的时代。作为一位入党多年、具有丰富工作经验的老干部，刘冰同志已经敏锐地感受到神州大地正在孕育着前所未有的改革春潮，必然为兰州大学带来一个全新的历史机遇期，促使它彻底告别“文革”噩梦，大踏步地走向新的辉煌。而这些，正需要自己来团结和依靠学校全体师生员工，通过不懈的努力去实践和创造。“有困难，不怕；没有条件，创造！”从登门拜访时郑国锠老教授这掷地有声的话语中，他似乎已经清晰地感受到兰州大学的蓬勃活力及美好未来。

五、紧锣密鼓的开局亮相

经过大量的调查研究，刘冰同志以他丰富的高校工作经验，不仅很快掌握了兰州大学的现状、问题和症结，而且感受到学校内在的潜力、基础及其发展前途。

他认为："首先应当建立健全兰大各级领导班子，选配好新长征的带头人；并着手解决学校最关键的一个问题——教师队伍的建设问题：一是扩大队伍，二是提高质量。"他特别强调：现在学校教职工中四十岁上下的中年人，既是教学第一线的骨干力量，又是科研第一线的中坚力量，还是家庭生活第一线的主要力量。这三个重担同时压在他们肩上，就吃不消了。这些人正是精力旺盛的时候，应当充分发挥他们的才华。而他们大都工资低，上有老人下有儿女，吃饭、住房等生活问题却缠住了他们的手脚。在这种情况下，要让他们的精力全部投入教学和科研这两个"第一线"，目前就必须想办法尽快把他们从家庭生活这第三个"第一线"上解脱出来。因此，党委必须下决心回过头来狠抓一下师生员工的吃饭、住房、托儿所等问题。这些后顾之忧的问题解决好了，校党委就能把主要精力放到教学、科研第一线上了。①

正是出于这样的认识和判断，他立即大刀阔斧地着手解决1978年终学校面临的紧迫任务及各种重要事务和关键性问题，开始进行各种卓有成效的工作。

他充分发挥集体智慧，在1978年岁末仅半个月时间内，就主持召开了4次校领导班子及工作会议，讨论研究了诸多重大事项。

12月15日，他主持召开校党委常委会，研究了1979年的招生工作、学生宿舍和基础课教师的补充、研究生招生、外语教学、添置图书资料、选派优秀中青年教师出国留学和进修等许多重大问题，

① 陈国祥、赵长才：《紧紧跟上工作重点的转变》，载《甘肃日报》1978年12月25日第1版。

并分别指定专人负责、规定具体截止日期并逐一落实。

21日，他又主持召开党委常委扩大会，各系、部、处、室、馆、工会、共青团、落实政策办公室等方面负责人参加。会上研究了落实政策工作、教学秩序问题、教职工生活问题、住房问题等。

24日（星期天），在党的十一届三中全会刚刚闭幕、三中全会公报发表的次日，刘冰同志在第一时间组织学校党政班子和系、处领导，以及老教授们，认真学习三中全会公报，交流心得体会，统一思想认识。他在这次会议上强调，学习十一届三中全会公报，一定要联系学校实际，转变思想观念，团结一致，把工作搞上去。《甘肃日报》派出记者到兰大专题采访和报道了这次学习、座谈三中全会精神的学校党委扩大会议，并刊登在第二天的《甘肃日报》头版上。①

25日，刘冰同志再次主持召开学校党委常委会扩大会议，专题学习十一届三中全会公报。

12月30日，刘冰同志又主持召开学校党委工作会议，讨论了年终评奖、落实政策等工作，以及民主推荐学校领导班子、维护学校安定团结等重要事宜。

由此，全校师生员工开始明显感到新校长领导工作的效率、雷厉风行的作风和善于提纲挈领、统筹全局的工作方法，以及给学校带来的明显变化。大家看到了希望，树立起信心，也逐渐高度认同、认可新校长的谋篇开局和工作方法、领导艺术，并且从内心深处开始滋生出对刘校长的爱戴和拥护。正如记者所感叹的："是啊，把全党工作的着重点转移到现代化建设上来，人们多么希望有更多的像刘冰同志这样经常把自己置身于群众中间的领导者带领群众前进。"②

---

① 陈国祥、赵长才：《紧紧跟上工作重点的转变》，载《甘肃日报》1978年12月25日第1版。

② 同上。

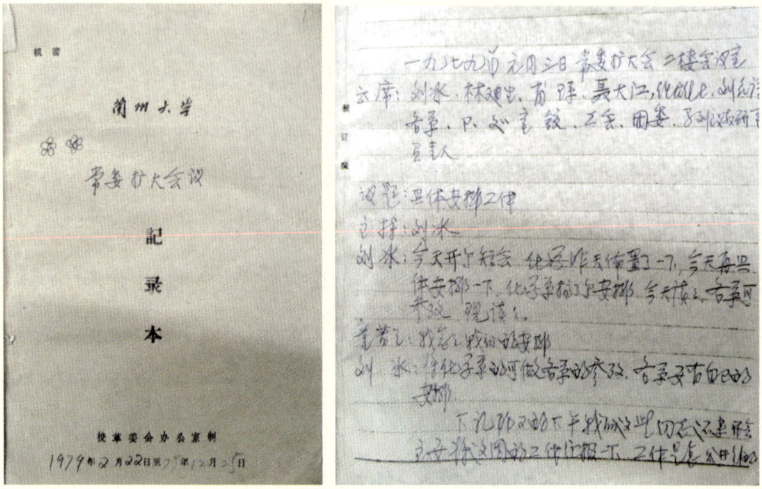

学校党委党委扩大会议纪要照片

在党和国家、教育部及中共甘肃省委领导的关怀下，经历了十年动荡的兰州大学，在改革开放之初的关键时期，又像在20世纪50年代末、60年代初江隆基校长全面主持学校工作那样，再次幸运地遇到了一位好校长，并在他的带领下，克服各种困难，重新创造辉煌，走向新的未来。这是历史对兰州大学的眷顾，也是兰大师生的幸运。

第三章　全面落实知识分子政策

1976年10月，以华国锋、叶剑英、李先念等人为代表的中央政治局，执行党和人民的意志，取得了粉碎“四人帮”的胜利，结束了“文革”十年内乱。但是，“文革”及历次政治运动积累下许多严重的政治问题和社会问题，其影响仍然存在。为此，党和国家立即采取措施，稳定秩序，清除“四人帮”的残余势力和影响，逐步开始拨乱反正，平反冤假错案。

一、堆积如山的冤假错案

从20世纪50年代开始，先后出现了反右派、反右倾、“四清”等一系列政治运动，直到“文化大革命”，兰州大学许许多多干部、师生和普通群众遭受迫害或株连，积累了无数的冤假错案。受到冲击、迫害的知识分子及其家属，长期背负着沉重的“政治包袱”，有形无形的思想压力使他们在“文革”结束后仍难以轻装上阵，极大地影响了其积极性、主动性和创造性的发挥。

自从反右派斗争开始，接连不断的政治运动对兰州大学的教学、科研工作造成很大的冲击。据1959年统计，在反右斗争中，学校共划了262名右派。其中，教职员工右派60人，学生右派202人。[①]兰州大学副校长陈时伟、化学系系主任左宗杞夫妇等被打成“陈左反党集团”。虽然后来学校根据中央关于给右派分子摘帽的三个条件[②]，分批给一些符合条件的右派分子摘帽，但他们作为“摘帽右派”，政治上仍然受到歧视和压制，特别是在“文革”初期，他们又首当其冲受到批判，成为被迫害的对象。到1960年，学校仍有“戴帽”右派分子74人，其中教学人员18人、行政干部5人、学生51人。他们中间有19人在校工作、24人在校学习外，其余31人，除个别在家闲居，大多都被送到校办农场或国营农场，以及农村人民公社劳动改造[③]。有的人甚至被折磨致死，悄无声息地长眠在酒泉夹边沟农场那样的地方，连一块墓碑也没有留下。

经过1958年5月29日《人民日报》社论和6月1日《红旗》杂志创刊号社论的宣传，各地掀起了“拔白旗、插红旗”运动。文化教育领域成为运动的重灾区。在“左”的思想指导下，提出“要破除对教授、专家、书本、文献的迷信”，“要拔掉学校阵地中的资产阶级白旗，插上无产阶级的红旗”，批判“外行不能领导内行”[④]。全校共拔掉“白旗”481面（人），对他们分别采取撤职、降薪等处理。同时，在运动中还制造了所谓的“林（迪生）、任（雄士）、康（士臣）反党集团”和“林迪生右倾机会主义路线”等冤案。由于对“白旗”性质不明确，划“白旗”的标准以及审批手续等政策都没有经过认真研究并做出明确规定，就草率地开展了“拔白旗”运动，扩大了打击面，严重地挫伤了师生教学的积极性，“出现了教师不敢讲课、学生不敢学习的不正常现象。因而学校原定的教学计划、教

① 张克非：《兰州大学校史（上编）》，第260页。

② 1.真正认识错误，心服口服，确实悔改；2.在言论行动上积极拥护党的领导和社会主义道路，拥护总路线，“大跃进”和人民公社；3.在工作和劳动中表现好，或者在工作和劳动中有一定的贡献。

③ 《右派分子统计》，兰州大学档案馆藏，全宗号4-分类号文书1-案卷号288。

④ 张克非：《兰州大学校史（上编）》，兰州大学出版社，2009年，第288页。

学秩序全被打乱了”[①]。“白旗”问题直到江隆基校长主持工作期间才得以纠正。

“文革”十年间，兰州大学同全国其他高校一样，遭受了一场空前的浩劫。学校党政主要领导和各级干部被扣上“走资派”的帽子，多数教师，特别是很多老教师被打成“牛鬼蛇神”“反动学术权威”后受到了残酷的打击迫害。学校的校舍、教学设备、大批珍贵图书和仪器也遭到了严重破坏。“文革”期间，兰州大学正常的教学、科研秩序遭到破坏，广大师生员工的积极性受到挫伤，尤其是受到冲击、迫害的师生长期受到政治歧视和精神折磨，其身心受到极大伤害。

二、“文革”后开始平反工作

粉碎“四人帮”清除了当时阻碍中国社会发展的势力。但是，由于左倾错误和历次政治运动所造成的影响并未完全消除，许多人仍然背负着沉重的政治包袱，影响我国当时社会的进步与发展。这就要求党和国家亟须拨乱反正，从政治上和精神上将广大干部群众解放出来。当时，中央开始大刀阔斧地推动平反各种冤假错案工作。

1978年6月，中组部创办《组工通讯》，首刊第一篇文章题为《抓紧落实党的干部政策》，《红旗》杂志也同时刊发。这篇文章对统一思想，冲破阻力，推动落实干部政策，发挥了重要作用。9月，中共中央下发55号文件，明确指出：凡不应划右派而被错划了的，应一律实事求是地予以改正[②]。给右派甄别改正，标志着平反冤假错案

① 郑国锠：《江校长对我的科研课题的挽救与支持》，载《纪念江隆基文集》编辑委员会：《纪念江隆基文集》，兰州大学出版社，2005年，第128页。

② 中共中央通知：《批准中共中央组织部、中共中央宣传部、中共中央统战部、公安部、民政部贯彻中央关于全部摘掉右派分子帽子决定的实施方案》中发〔1978〕第55号文件。

工作向历史纵深发展，在海内外引起了极大反响[①]。1979年1月4日，《人民日报》头版刊登署名“特约评论员”的文章《完整地准确地理解党的知识分子政策》。随后，全国开始大规模为曾经遭受迫害的知识分子正名、平反。

为了落实党的干部政策和知识分子政策，兰州大学党委对历史上长期造成的各类积案进行复查、处理。首先，为江隆基同志进行了平反昭雪，并举行隆重的追悼会，彻底推倒“文革”初期强加给他的罪名和一切污蔑之词。与此同时，学校党委依靠各级党组织和广大群众，集中时间、精力，认真清理和复查以往的积案，落实党的干部政策和知识分子政策。

学校党委分别在校、系设立落实政策工作班子，挑选立场坚定、作风正派、办事公道的同志参加落实政策办公室的工作，打破过去少数人关门办案的常规方式，发动广大党员、群众参与各种积案的复查工作。全校很快形成了全面铺开、上下结合、层层办案的局面。学校各系、各单位也陆续召开了落实政策大会。

对于“文革”中强加在干部、教师身上的一切诬蔑不实之词予以推翻，一些冤假错案得以平反，为受到打击、迫害或处理不当的教职员工，恢复了名誉。对于十多年来未安排工作的干部、教师，边复查边安排。著名细胞生物学专家、生物系主任郑国锠教授，在落实政策中被推翻了一切莫须有的罪名，恢复职务、名誉。数力系主任赵继游教授曾遭受迫害，被迫退休，在平反中也已恢复职务，并重新担任系主任。

学校还认真做好已平反职工、学生和家属子女的善后工作，消除影响，确保落实政策成效。学校落实政策办公室改正、清除了六六届到七〇届毕业学生个人档案中的各种不实之词和不恰当的结论、评语，并专门发公函到学生所在单位，请求协助清理。为105名因受左倾错误影响而被迫中断学业的学生补发了毕业证书。很多受

① 梁仲明、王浩：《论新时期党平反冤假错案的非凡经历与伟大意义》，文章来源：http://news.nwu.edu.cn/article_list/1354151740_4414.html。

迫害教职员工的家属、子女档案中装有不实之词的证明材料，影响了他们的入党入团、升学、参军、招工等。学校主动向有关单位寄发处理善后工作的通知，请对方协助清理有关人员档案中的错误材料。

1978年12月17日，记者曾把兰州大学作为全省高校中平反冤假错案工作的典型，在《甘肃日报》头版进行了专题报道。

但是，由于长期受到左倾错误思想的影响，加之历次运动中人与人之间形成的各种矛盾、积怨，平反中仍有些工作难以开展。此外，“文革”中兰州大学的领导班子受到了严重冲击，党委领导地位被严重弱化，许多领导干部还背负着各种有形无形的政治、思想“包袱”，对于平反敏感的冤假错案，尤其是一些老大难问题瞻前顾后，缺乏魄力和担当。所以，学校一些较为复杂、敏感的冤假错案迟迟得不到改正；或平反不彻底，留有“尾巴”，当事人及其亲属难以接受，反复申诉。

三、解决老大难遗留问题

1978年12月13日，邓小平同志在中共中央工作会议闭幕会上做了《解放思想、实事求是、团结一致向前看》的讲话。这次会议为随即召开的十一届三中全会做了准备。三中全会以后，全国上下开始有步骤地继续解决1949年以来的许多历史遗留问题，深入推进平反工作。

刘冰同志主持兰大工作后，高度重视并全力推动正在进行中的平反冤假错案工作。他提出：“我们过去搞的许多政治运动，就是人为地制造阶级斗争，伤了许多人，所以我们才平反冤、假、错案嘛！”[①]这不仅与他长期从事革命工作，在“文革”中多次遭受“四人帮”严重迫害的切身经历有关，而且也是把这项工作与全面贯彻

---

① 《刘冰同志在省委召开的大专院校思想政治工作座谈会上的讲话》，第8页，甘肃省档案馆藏，全宗号093-目录号003-案卷号0092。

党的十一届三中全会精神，恢复党的实事求是优良作风，改善党的领导，落实知识分子政策，团结全校师生员工，调动一切积极因素，努力实现学校工作重心向教学、科研转变的战略需要紧密联系，从政治高度关注、全力推动学校进一步平反冤假错案工作，尽可能解决各类遗留问题，还曾经在“文革”和历次政治运动中遭受迫害的同志以清白。

从1979年初开始，他多次召开学校党委常委会议，研究平反和落实政策工作，并且抓住一些带有典型性的案件，反复深入研究，统一大家的认识，打破僵局，积极推动平反冤假错案，深入解决遗留问题的，使兰州大学拨乱反正工作取得新进展。如为“大跃进”时期兰大所谓的“林（迪生）、任（雄士）、康（士臣）反党集团”和林迪生右倾机会主义路线冤案彻底平反等。这与刘冰同志的自身经历和思想认识是分不开的。首先，刘冰同志在清华大学就受到“四人帮”及其爪牙的残酷迫害，而其平反过程阻力重重，比较曲折，直到粉碎“四人帮”两年后，才解决了他的问题，重新分配工作。所以，对那些在“文革”以及历次政治运动中受到错误处理，不公正对待，却迟迟不能平反、改正的人们，他抱有发自内心的深切同情，能够理解他们的苦衷。其次，刘冰同志初来兰大，与兰州大学此前历次政治运动及任何人与事都没有交集。所以，在拨乱反正、平反冤假错案的过程中，他能够相对超脱，坚持实事求是、根据党的政策秉公处理各种复杂问题，没有夹杂个人的恩怨和偏见，更不会党同伐异。

在他的关心和推动下，学校党委进一步加强落实政策办公室及各系、部等基层单位落实政策工作小组的力量，先后调集大量专职、兼职干部和学生党员，全面开展清档、复查工作。在坚决平反“文革”中冤假错案的基础上，全面复查了“反右派”“反右倾”“拔白旗”运动中遗留的各种申诉案件，有重点地复查了20世纪50年代中后期以来所形成、积累的重大历史案件，妥善处理了不少“老大难”案件及许多历史遗留问题。

（一）妥善解决“文革”疑案

1979年5月，落实政策办公室负责人周芹香同志向党委常委会汇报近期落实政策工作进展的情况，其中“文革”时期仍未解决的案件里，仅有学校原副校长李轲的历史遗留问题尚未落实[1]。省委也打电话给刘冰同志，全省高校中所有“文革”中的案件均已清理完毕，唯独卡在兰州大学这件积案上，影响了省委向中央汇报清理“文革”冤假错案工作的进度，要求兰大党委在6月底之前必须就此事做出结论。

李轲1937年参加革命，曾在部队敌工科工作，受组织指派潜入日伪军队，策反过一个敌伪小队长。后来一度与党组织失去联系，1945年返回部队。1946年，审干后恢复党籍。“文革”中，他被打成内奸、叛徒。1975年，学校曾派人前往山西他工作过的地方调查、取证。当时的被调查者都是按照“文革”的思维和口径，提供的证明材料，给李轲罗列了许多所谓罪名。

在落实政策过程中，校领导班子中仍有人坚持以“文革”后期的调查材料为依据，认定李轲有“叛变”嫌疑，不同意给他平反。这也表明，“文革”给人们思想所造成的影响在短时间内很难消除，一些人仍抱着“宁‘左’勿右”的态度。为给李轲平反，刘冰同志几次召开校党委常委会，统一大家的思想。他从当年自己参加抗战，对残酷复杂斗争环境的切身体验出发，实事求是地分析抗战中李轲的情况及后来的调查结论。他认为，“文革”中被调查的对象，限于当时的环境和氛围，所提供材料的真实性存在很多疑点，缺少可信证据，不能作为主要依据。抗战中李轲能够打入敌人内部，肯定是最受党组织信任的。他1945年重返部队后，知情的同志已为他提供了证明。1946年审查、恢复党籍时，也有人做了证明。而从现有的材料以及后来“文革”中形成的调查材料里，都未发现他有背叛革命、出卖同志的确切证据。我们应该相信有关当事人早年的证

① 《1979年5月16日学校党委常委会会议记录》，兰州大学档案馆藏，全宗号4-分类号文书9-案卷号109。

明材料和审查结论，注重考查该同志在长期工作中的表现，以对同志负责的态度，不应该偏信“文革”中根据所谓调查材料捏造的“罪名”。在一些人尚未转变看法，党委会暂时无法形成一致意见时，刘冰同志明确表示，我保留个人意见，有问题我负责。辛安亭、林迪生等老领导也赞同他的意见。经过反复的思想工作，最终，学校党委会一致采纳了刘校长的意见，根据现有材料对李轲同志的问题做出“维持早期的原有结论，恢复党的组织生活，分配工作，材料给他本人说清楚，按上级规定政策处理”的决定。该案的最终平反，标志着兰州大学“文革”中形成的冤假错案已被全部否定。

从1978年开始，学校共复查各类案件两千一百多件，平反了一大批冤假错案。其中“文革”中的一千五百多件全部复查结案。

（二）复查改正错划“右派”等历史问题

1978年，党中央决定对尚未摘帽的错划“右派分子”全部摘帽。十一届三中全会后，中央加快了对错划右派的复查、改正和落实政策工作。

1979年1月3日，在新年伊始召开的首次党委常委扩大会议上，刘冰同志就强调“落实政策问题”。12日校党委又召开常委扩大会议，他明确指出，“右派”复查改正问题，工作量大，任务还很重。各个系也分别抽调些人，和学校结合将右派改正问题狠抓一下；有的可下放各系去搞，放到哪个系，就由哪个系负责认真解决，坚决按党的政策办，实事求是，认真做好“右派”改正工作。经过努力，凡是在过去被定为“中右”的结论全部加以否定。[①]

为了尽快搞好错划“右派”复查改正工作，学校将副教授以上“右派”的复查改正工作划归学校落实政策办公室负责，其他教职员工、学生的“右派”复查改正工作，由所属各系、各单位分别负责。

2月22日，学校召开党委常委扩大会议，刘冰同志在谈到右派改

① 《1979年1月12日学校党委常委扩大会议记录》，兰州大学档案馆藏，全宗号4-分类号文书9-案卷号109。

正问题时明确提出："'右派'改正工作，地理系搞得好。应快刀斩乱麻，特别是对学生中的'右派'问题，要进一步解放思想，尽快给他们摘帽。"①

刘冰同志组织校党委率先认真学习中央有关文件，统一认识，解放思想，掌握政策，决定把该项工作当作恢复党的优良传统，调动一切积极因素，加快实现社会主义现代化的一件大事来抓。随即召开党委扩大会议，组织各级党组织负责同志和搞具体工作的同志认真学习文件，掌握政策界限，明确方法要求，动员干部群众一起去做这项工作。既坚持实事求是的原则，又采取"分工负责，办案人员与群众相结合"的方式，各系党总支还把任务分到各个支部，发动党员参与该工作。许多教师在教学、科研任务十分繁重的情况下，加班加点，积极参加复查改正工作。同时，为了加快复查的审批工作，校党委研究决定，将原来由学校审批的学生错划"右派"问题，全部下放到系党总支审批②。

一些曾被错划为"右派"，后来得到"摘帽"、改正，或当时虽未戴"右派"帽子，但却被定为"中右"的教师，都进一步根据中央政策，做了深入细致的复查善后、恢复名誉、消除影响等工作，使他们能够心情舒畅、精神振奋地投入教学、科研工作中去。

如化学系教授朱子清（1900—1989）③，安徽桐城人，1926年毕业于东南大学理学院化学系。1929年前往美国伊利诺伊大学研究院留学。1933年获博士学位后，由该研究院化学系主任R. Adams推荐，先后到德国慕尼黑大学、奥地利格拉兹大学，师从诺贝尔化学奖得主H. O. Wieland、F. Pregl做有机化学研究。1935年学成回国，先后担任暨南大学、同济大学、上海交大化学系教授，中央研究院

① 《1979年2月22日学校党委常委扩大会议记录》，兰州大学档案馆藏，全宗号4-分类号文书9-案卷号109。

② 李绍莲、刘郁采：《党委重视 加强领导 注意方法 兰州大学错划右派改正工作基本结束》，载《甘肃日报》1979年4月11日第3版。

③ 据黄飞跃：《朱子清》，载白春礼：《20世纪中国知名科学家学术成就概览·化学卷》第3分册，科学出版社，2013年，第47～57页。

化学研究所研究员，对马钱子碱、钩吻素、贝母素等开展了创新性研究，成为中国有机微量分析和天然产物化学研究的先驱者之一。共和国成立后，他作为化学一级教授，1955年响应国家号召，与全家及助手从复旦大学调往兰州大学工作，创建了西北第一个有机微量分析实验室，为兰大有机化学专业的发展奠定了坚实基础。1956年，他率先成功合成贝母植物碱，获得中国科学院科研成果奖，并被授予“全国先进生产者”荣誉称号，应邀前往民主德国等东欧国家讲学。

刘冰同志看望朱子清教授（右一）

这样一位卓有成就的爱国化学家，却在1959年被错划为“右派”。“文革”中又被作为“反动学术权威”而遭到批斗、抄家。刘冰同志来兰大后，非常关心朱子清教授，前往他家中看望、拜访。学校党委也彻底改正了他当年被错划“右派”问题。

正如1979年4月11日《甘肃日报》的报道中所说：“这些同志的错划问题得到改正后，大家深受教育，感到党的实事求是的光荣传统又恢复和发扬了。一些得到改正的同志更是对党感激不尽。化学系教授朱子清，年近八十高龄，这次复查改正后，精神面貌焕然一新，表示要把有生之年贡献给祖国的社会主义现代化建设。他担任了学校有机化学研究所主任后，每天坚持上班，积极做好研究所工作和研究生培养工作。原化学系讲师、共产党员陈耀祖，在复查改正后，激动地说：党给了我第二次生命，我一定要把自己的一生贡献给祖国的现代化事业。不久前他被提升为教授，积极编著《有机微量定量分析》一书。”[1]后来，他当选为中国科学院院士。

郑国锠、刘有成、陈耀祖、李吉均（右起）四位中国科学院院士在一起（1993年）

陈耀祖教授（左一）在实验室工作

① 李绍莲、刘郁采：《党委重视 加强领导 注意方法 兰州大学错划右派改正工作基本结束》，载《甘肃日报》1979年4月11日第3版。

赵俪生教授

著名史学家赵俪生教授（1917—2007）同样是如此。他早年就读于清华大学外文系。1935年参加“一二·九”学生爱国运动，1937年投笔从戎，到山西中条山参加抗战。两年后因病改做中学教师。1947年应聘为河南大学历史系副教授。1957年8月由山东大学调往兰州大学工作。1958年被他以前工作的山东大学错划为“右派”，取消教授职称，工资降4级，还被下放到山丹一农场劳动，险些成为饿殍。1961年初春，因正在兰大附中读高三的女儿不幸遇难，他被江隆基校长安排返校处理女儿后事而获救。随后，江校长又让他给历史系本科生讲授“中国通史”课，对他的教学及才华颇为肯定，并在1963年春为其摘掉“右派”帽子。“文革”中，他作为摘帽“右派”又屡遭批判，并在1970年，与原数力系主任周慕溪等老教授一起，被工宣队强迫提前“退职”离开学校。两年后才重新回校。

1979年，学校对他当年被错划“右派”问题做了彻底改正，恢复其二级教授待遇，并成为“文革”后首批研究生导师，招收专门史中国土地制度史和农民政治史方向的研究生，培养出清华大学教授秦晖等优秀学者。政治上获得新生的老教授工作热情如火山喷发，他以顾炎武“苍龙日暮还行雨，老树春深更著花”的诗句自勉，全身心地投入教学、科研，在中国土地制度史、思想文化史等领域先后出版十多本著作，发表近两百篇论文；并应邀到复旦大学等全国二十多所高校讲学。当时，山东大学为落实知识分子政策要调他回去，刘冰同志知道后亲自登门执意挽留。[①]刘冰同志的诚恳态度感动了这位山东籍、在全国史学界有重要影响的老教授，使他最终放弃了调回山东大学工作的想法，继续留在兰州大学，培养了许多优秀史学人才，为兰大历史学的学科建设及奠定其学术地位做出毕生贡献，直到2007年冬以91岁高龄在兰州逝世。

赵俪生教授在灯下工作

① 高昭一：《我与俪生走过的路》，载《赵俪生文集》第5卷，兰州大学出版社，2002年，第313页。

在刘冰同志的推动下，校党委改正了当年左宗杞、刘古杰的右派问题，否定了兰大“反右”运动中所谓的“陈左反党集团”案，为他们恢复了名誉。地理系教授王德基、数力系教授段子美、经济系教授段重希、原银行会计系副教授盛大同、体育教研室教师吴南儒等一批老教师的错划“右派”案，在复查中也做了彻底否定和改正。复查中还推翻了当年给许多在校学生错划的“右派”案件，撤销了给刘昶丁、李思聪、时正新、谢成、江国联、杨贤勇等许多学生所做的右派结论，补发工资，恢复待遇。到1979年4月初，已有264人的错划“右派”问题得到改正，其中涉及不少当年的重大冤案。11日《甘肃日报》对此进行了专题报道①。

1. 陈时伟教授“极右”问题的改正

陈时伟（1907—1973），湖北英山县人，1931年毕业于中央大学化学系，随后到中央军官学校任教。抗战期间，针对日军实施的毒气战，与夫人左宗杞合作编译《化学战剂》（共上、中、下三册）一书，由商务印书馆出版，并被教育部指定为大学用书，为抗战做出

1956年，陈时伟副校长在做科学研究

① 李绍莲、刘郁采：《党委重视 加强领导 注意方法 兰州大学错划右派改正工作基本结束》，载《甘肃日报》1979年4月11日第3版。

了贡献。后来，他到内迁至四川金堂的东北大学化学系任教授。1945年，受教育部派遣，到美国伊利诺伊大学做访问教授兼研究员，侧重于光化学中紫外光化学作用、红外线吸收光谱等课题的研究，先后发表、完成学术论文5篇。1949年2月回国后，受辛树帜校长聘请前来国立兰州大学任教，任理学院院长兼化学系教授。他和夫人左宗杞教授为兰大化学系的建设做出过重要贡献。1951年4月，

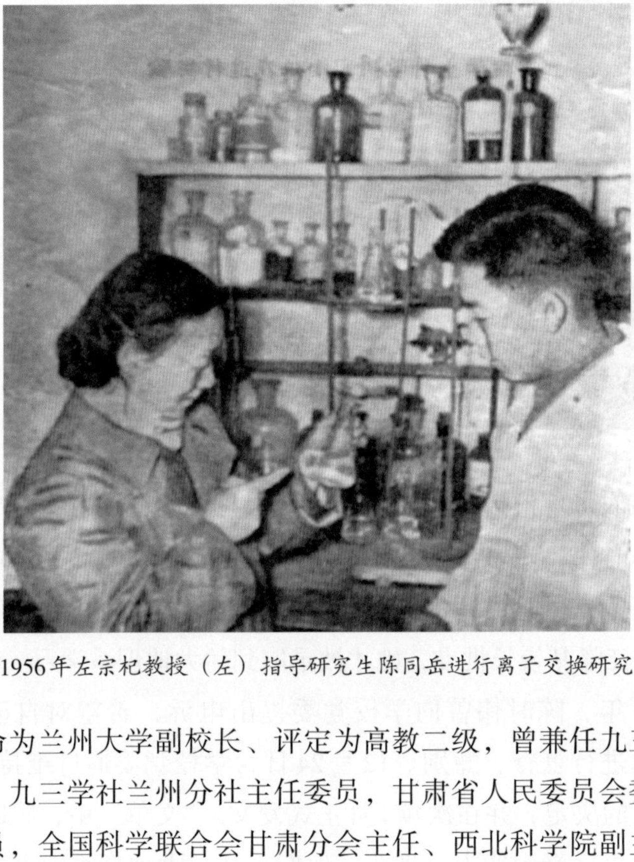

1956年左宗杞教授（左）指导研究生陈同岳进行离子交换研究

他被任命为兰州大学副校长、评定为高教二级，曾兼任九三学社中央委员、九三学社兰州分社主任委员，甘肃省人民委员会委员、省政协委员，全国科学联合会甘肃分会主任、西北科学院副主任委员等重要职务。“反右”运动中受到批判，在《甘肃日报》上多次公开他的所谓“右派”“反动言行”[①]。1957年12月被错划为“极右分子”。次年2月27日，兰大党委决定给予陈时伟撤销一切行政职务、开除公职、劳动教养处分，被遣送至酒泉夹边沟农场劳动改造。

① 见《甘肃日报》1957年7月13日第3版、9月5日第3版等。

1954年陈时伟与妻子左宗杞在兰州

1961年该农场解散后被批准返回兰大，在化学系资料室从事临时性工作。陈时伟、左宗杞的女儿陈绪明是兰大附中的优秀毕业生，连年参加高考，尽管成绩优异，却因父母是大右派而一次次落榜。最后，还是江隆基校长批准，她才被录取到兰大地理系学习。

1963年，陈时伟曾向学校党委提出申诉，希望对自己的“右派”问题进行复查、甄别。12月24日，学校党委通过维持原处分，不予变更的决定，并在次年1月正式发文。“文革”中，陈时伟和夫人左宗杞再次受到冲击、批斗，他们正在兰大地理系读书的女儿陈绪明也不堪凌辱，离校出走而失去踪影。1973年5月1日，陈时伟在极度失望中病逝，未能等到1978年5月为其摘掉“右派”帽子的那一天。1980年7月22日，兰大党委召开常委会，通过了“关于陈时伟同志右派问题的复查改正结论”并上报甘肃省委。1984年5月4日，根据中央〔1984〕1号文件精神，学校党委又重新讨论修改了该

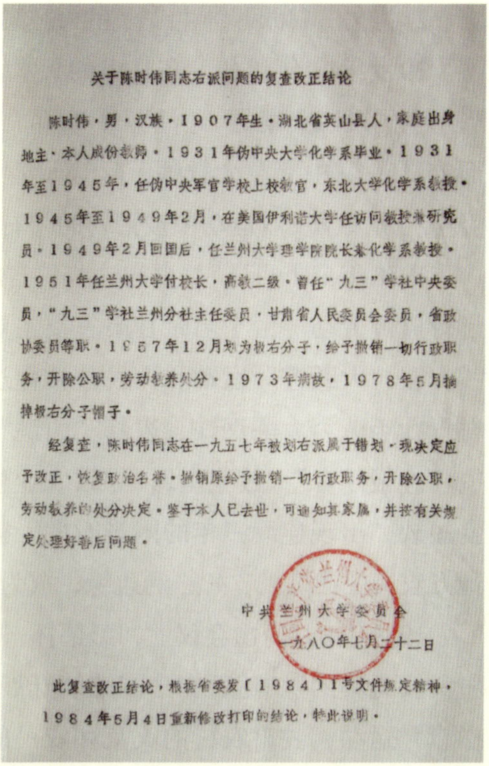

关于陈时伟同志右派问题的复查改正结论

陈时伟，男，汉族。1907年生。湖北省英山县人，家庭出身地主。本人成份教师。1931年伪中央大学化学系毕业。1931年至1945年，任伪中央军官学校上校教官，东北大学化学系教授。1945年至1949年2月，在美国伊利诺大学任访问教授兼研究员。1949年2月回国后，任兰州大学理学院院长兼化学系教授。1951年任兰州大学付校长，高教二级。曾任“九三”学社中央委员，“九三”学社兰州分社主任委员，甘肃省人民委员会委员，省政协委员等职。1957年12月划为极右分子，给予撤销一切行政职务，开除公职，劳动教养处分。1973年病故，1978年5月摘掉极右分子帽子。

经复查，陈时伟同志在一九五七年被划右派属于错划。现决定应予改正，恢复政治名誉。撤销原给予撤销一切行政职务，开除公职，劳动教养的处分决定。鉴于本人已去世，可通知其家属，并按有关规定处理好善后问题。

中共兰州大学委员会

一九八〇年七月二十二日

此复查改正结论，根据省委发〔1984〕1号文件规定精神，1984年5月4日重新修改打印的结论，特此说明。

为陈时伟教授彻底平反的兰大党委文件照片

复查结论，明确提出，“陈时伟同志1957年被划右派属于错划，现决定应予改正，恢复政治名誉。撤销原给予撤销一切行政职务、开除公职、劳动教养的处分决定”[①]。学校党委本着实事求是、有错必纠的原则，最终盖棺定论，还陈时伟教授以历史公道和政治清白。1986年5月28日，学校还为陈时伟教授举行了隆重的追悼会。从5月中旬到6月上旬，学校还先后为王德基、王庭芳、周慕溪、王培桐、曹觉民、王戢武等6位教授举行了追悼会或重新安放了骨灰，受到了广大知识分子的好评。《甘肃日报》也对此进行了报道[②]。

① 兰州大学党委：《关于陈时伟同志右派问题的复查改正结论》，据兰州大学档案馆藏《干部档案·陈时伟》第48页，全宗号4-分类号文书10-案卷号364。

② 《实行责任到人　加快处理历史遗留问题——兰大落实知识分子政策工作成绩显著》《陈时伟追悼会在兰州举行》，载《甘肃日报》1986年7月10日第2版。

2. 兰大“右派”师生“《星火》案”的平反

20世纪60年代初，在甘肃的天水、武山等县曾发生过一起号称当年全国第四大案的“《星火》反革命集团案”。涉案人员43人，判刑25人，其中有兰大教师2人、研究生1人、学生12人，他们都是当年兰州大学反右运动中被错划的“右派分子”。

1958年5月6日，兰大的这些“右派”师生被下放到天水、武山进行监督劳动。由于当时甘肃省委主要负责人执行“左”倾错误路线，在“大跃进”运动和人民公社化过程中，要求各地强行组织农村青壮年劳力大炼钢铁、兴修“引洮”工程等大型水利项目，竞相搞“虚报浮夸”“放卫星”，导致农业生产严重滑坡，经济衰退，粮食短缺，出现连续三年的困难时期。整个甘肃农村一片萧条，不少地方农民处在饥饿、死亡的边缘，成为当时全国的“重灾区”。

1959年8月庐山会议上，彭德怀、张闻天等人被打成“右倾机会主义反党集团”。随后在全国继续开展“大跃进”和“反右倾”“拔白旗”运动，甘肃农村的灾荒和农民的生存问题更为严重。目睹和感受了这些严重灾难的兰大“右派”师生，不能不对之认真地思考。张春元、谭婵雪、顾雁、苗庆久、向承鉴、梁炎武、陈德根等“右派”师生不顾个人安危，理智地分析、思考“大跃进”运动中的某些错误做法及其原因，抨击极“左”思想。为了记录、反映自己的看法，引发更多人的思考，他们从微薄的生活费中省出钱，悄悄托人从外地买来蜡纸和简单的手推油印机，写文章，刻蜡纸，秘密油印出地下刊物《星火》。《星火》第1期中不仅收录了部分兰大师生写的8篇文章，还收录了北大“右派”学生林昭的1首长诗。此事也得到时任武山县委常委、书记处书记兼城关公社第一书记杜映华，县委农村工作部部长罗守志等地方领导的同情。

《星火》第1期油印了100份，在私下秘密流传，但很快即被人告发。就在《星火》第2期尚在组稿还未及刊印时，所有参与者、支持者和知情人相继被捕入狱。在当时特定的政治环境中，该案件被定为1960年全国重大“反革命集团案”。后来，张春元等被判无期徒刑，其他人分别被判有期徒刑或劳动改造。“文革”中进行“一打三反”运动，原天水地区革命委员会保卫部于1970年3月，判处尚被关押在狱中的张春元、杜映华死刑，立即执行。与该案有关的林昭也在上海被枪决。该案涉及的其他人，在刑满后被相继释放。

1979年下半年，学校根据中央精神对这些师生的右派问题做了复查、改正。随后，这些涉案师生又开始一次次向天水地区中级人民法院和甘肃省高级人民法院进行申诉，要求平反“《星火》案”。但由于各种原因，天水中院起初仍坚持原判。面对这样的答复，他们又纷纷返回学校，直接向学校领导陈述当年被错划右派，下放农村监管劳动后所发生的一切，要求学校出面关心此案的平反。

在学校党委的关心下，兰大落实政策办公室周芹香主任等多次与甘肃省政法系统有关单位联系。历史系党总支还派组织专干朱承华老师和刚留校的党员教师王希隆，专程到天水市中级人民法院调阅了当年“《星火》反革命集团案”的全部档案，并向学校提交了有关该案情况的书面报告。学校领导及落实政策办公室一再向甘肃省有关部门反映情况，敦促对该案重新进行复查。经过各方面的共同努力，使该冤案平反工作有了很大进展。据说，当时省委的内参上曾反映了该案情况，引起省委主要领导同志的关注。1980年5月，上海市静安区法院发出平反通知，为曾经涉案的顾雁、梁炎武平反。同年8月，上海市高院宣告林昭无罪。1981年4月，天水地区（现天水市）中院宣告张春元、向承鉴等无罪。至此，《星火》案终于得到平冤昭雪。

学校在冤假错案复查中，有一部分人没有留下原来的定性材料，尤其是“反右”等运动中曾经挨整的学生，因为退学、离校等原因，当初的大部分材料是残缺不全的。学校首先尽量寻找原始档案等文字材料，对确实找不到文字材料的，通过访问当时的主管负责人、知情人、同班同学，并听取本人意见，在当时特定的环境和条件下落实并重新审视他们当年的“右派”言论、事实等所谓“定罪”依据，做出相对符合实际的结论。原历史系调干生、共产党员张孟蛟，曾因对系上个别干部的工作作风提出意见，被错划为右派，开除学籍。后来，他精神失常，妻子离婚，家属和子女备受歧视。学校在复查中发现这一问题，很快予以改正，并两次派人前往他的家乡协助安排他治病，帮助解决其家庭经济困难，使他本人和家属深受感动。①

原生物系助教田春如因右派问题，在"文革"中再度遭受迫害。1968年清理阶级队伍中出走失踪。1980年7月17日，学校党委常委会复议认为："田春如同志的问题，决定予以改正，恢复助教职称。"1981年7月9日，学校还专门给省劳动局打报告，希望按照甘肃省有关政策，给田春如高中毕业的女儿安排工作。②

经过两年多的不懈努力，学校对错划的"右派"、"中右"和"白旗"等516人的案件，全部予以改正、平反；其他类型的一百多件冤假错案也复查结束。从而解除了历次运动中给大批师生员工强加的各种罪名和伤害，使他们在政治上获得新生，也顺应了人心。

此外，"文革"前受"阶级斗争为纲""左"的路线影响，有的教师被诬告"有历史问题"，因所谓的"对组织不忠诚老实"而被开除党籍，留用察看，调离学校。有的学生因日记被人偷看，或遭人检举有所谓"反动言论"而被审查，不予分配，甚至被定为"政治思想反动""反社会主义敌对分子"等，开除团籍、学籍，劳动教养。对于这些冤假错案，学校党委也在复查中认真改正，撤销原决定，为他们恢复名誉，并给予安排工作，按同届大学毕业生待遇发给工资，从毕业时间开始计算工龄等补偿。③

兰州大学还在1983年下发32号文件，并在1984年1月4日校行

---

① 李绍莲、刘郁采：《党委重视 加强领导 注意方法 兰州大学错划右派改正工作基本结束》，载《甘肃日报》1979年4月11日第3版。

② 兰州大学文件·校人字〔1981〕045号《关于田春如同志右派改正后子女参加工作的报告》，兰州大学档案馆藏，全宗号4–分类文书号12–案卷号11。

③ 中共兰州大学委员会文件·校党发〔1978〕35号《关于×××同志政治历史问题的复查结论》、中共兰州大学委员会文件·校党发〔1979〕053号《关于×××等三同志问题有关情况的报告》，兰州大学档案馆藏，全宗号4–分类文书号5–案卷号197、全宗号4–分类号5–案卷号197。

政办公会议上，先后两次做出为学校“文革”前“凡因过去错案而复查平反，现给予改正的学生”，按照他们在校学习是否满两年，分别补发毕业、肄业证书的规定，并由教务处具体负责落实。[①]

兰州大学在“文革”后连续几年的平反冤假错案工作是卓有成效的，尤其是一些老大难问题，基本上都重新得到了妥善处理。这些离不开刘冰同志和学校党委的领导、支持，以及落实政策办公室工作人员，各系、各部门的不懈努力。尤其是当时学校落实政策办公室的同志们，在周芹香主任的带领下，以认真负责的态度，耐心细致地接待大批前来申诉、请求复查和平反冤假错案的师生员工，夜以继日地认真清理、复查堆积如山的人事档案和各种积案，为平反不同时期的许许多多冤假错案付出了艰辛的努力，也为很多在历次政治运动中蒙受冤屈的师生员工洗刷了“罪名”，恢复了名誉，使他们能够卸去沉重的政治包袱，全身心地投入学校的教学、科研和建设中。这些同志的功绩是不应忘记的。尤其是时任学校落实政策办公室主任的周芹香同志，她为人正派，很好地掌握党的政策，泼辣干练，敢于担当，在平反冤假错案的过程中坚持实事求是的原则，辛勤工作，赢得了大家的好评。后来，她曾担任兰州大学副校长，主管后勤、基建等工作。2016年4月2日逝世，享年85岁。

四、为教师卸去“政治包袱”

历次政治运动及“文革”中立案的许多冤假错案虽然逐渐得到改正平反，但还有很多教职员工因为出身于非劳动人民家庭、社会关系复杂或本人的某些历史、工作经历等，也曾经受到过各种冲击、审查，存在不少没有立案或尚无结论的各种问题、“疑点”，甚至“污点”。这些在他们的个人档案中体现为大量所谓检举揭发、外

---

① 兰州大学校长办公室编《会议纪要》1984年第1期《兰州大学行政办公会1983—1984学年第1学期第14次会议纪要》，兰州大学档案馆藏，全宗号4-分类号5-案卷号588。

调材料、被迫做出的自我检查、交代等不实之词，还有当年由所在单位党团组织做出的有关处分决定、政治鉴定，等等。

过去，个人档案中的这些东西，长期如影随形般地始终跟着人们，就像美国作家霍桑小说《红字》中，女主人公胸前那个象征耻辱的“红字”，成为他们身上沉重的“政治包袱”，不仅影响着他们个人的发展、进步，乃至前途和命运；而且对其亲属、子女在就业、上学、入党、参军、提干等重要关口，必须由所在单位进行的政治审查及提供的证明材料具有决定性的影响。

如原马列教研室的杨振中老师，20世纪40年代后期就读于复旦大学教育系，50年代中期在甘肃省委宣传部工作，经常在报刊上发表文章。后到北京大学由任继愈等名师授课的唯物主义研究生班进修后，调至兰大马列教研室任教。但因为在审干、肃反运动中他曾被原所在单位做出“受限制使用”的鉴定意见并载入档案，自此一生蹭蹬，命运多舛。“大跃进”中曾被下放到酒泉柳湖农场劳动1年；1961年又被直接下放到定西一所中学教语文，直到1978年落实政策归队，52岁时才重返兰大马列教研室做助教，两年后晋升为讲师。虽然早年所学专业因长期下放中学教书而大半荒废，但他仍对教学工作充满热情。1984年4月，学校党委经过研究，做出《关于解决一些干部历史上受限制使用问题的决定》，从其档案中清除了“受限制使用”这一伴随其大半生的“紧箍咒”。仅仅过了两年，这位出自名校，能写善画，擅长体育运动并且性格开朗，颇有风度，被学生们称为“最像教授”的老教师即因年届60而退休。但他退而不休，满腔热情地承包了学校本部家属院里所有的黑板报，整天乐此不疲地写写画画，向过往行人传递着知识、信息和“正能量”，孩子们都亲切地喊他“杨爷爷”。

每天清晨，这位酷爱体育运动、身材健硕的老人必定身穿背心、短裤，或在操场上挥舞用长柄铁锹自制的“大刀”，或旁若无人地跳迪斯科，舞健美操，转呼啦圈，偶尔还在双杠上倒立，甚或悠然自得地骑着一辆旧自行车在大操场上双手撒把疾驰，无论寒暑，从不间断，成为当时校园一景，常常引得人们驻足观看。1996年4月

19日，体魄强健的杨老师却因食物中毒而溘逝。[1]

由此可见，这些多由非本人因素引起，甚至本人根本不知情却长期保存在个人档案袋中的材料、组织意见等，所具有的潜在“杀伤力”。这些东西不清除，许多教师就难以走出历次运动、家庭出身、以往经历、组织鉴定等造成的政治阴影和思想负担，影响全身心投入教学、科研的积极性和主动性。

因而，刘冰同志和学校党委研究决定，从学校和各系、部抽调党员干部和学生，集中清理教师的个人档案，清除其中各种不实之词，为他们彻底卸下“政治包袱”。

截至1979年5月，学校落实政策办公室按规定清理了2275人在“文革”中所形成的不实档案材料，对879人不应归档的六千多页材料取出，有的做了技术处理，有的直接销毁。[2]

老校长林迪生同志“文革”后虽然再度担任学校领导，但档案中仍保留着1959年反右倾时及“文革”中的所谓“处分”决定。1979年7月20日，刘冰同志主持召开常委会，对林迪生同志以前的所谓问题重新做出组织结论，经中共甘肃省委批准，撤销了过去对他的错误处分。

当时学校的一大批骨干教师也都存在类似情况。

钱伯初（1933—2014），江苏无锡人，1950年考入清华大学物理系，1952年随全国院系调整进入北大。1953年提前毕业并攻读北京大学理论物理专业硕士研究生，师从自英国爱丁堡大学留学归国的杨立铭教授，1956年研究生毕业。1957年调入兰州大学，原本是要参加“两弹一星”研制工程，但因政审未过关被转到物理系任教。他长期主讲《力学》《量子力学》等主干基础课，深受学生欢迎。

“文革”期间，他以所谓“思想反动”的罪名，遭到审查批判，

① 关于杨振中老师的故事，兰大1987级校友、人民文学出版社副总编周绚隆所写的《兰州大学的奇人往事》一文（载《中华读书报》2017年2月15日）中亦有绘声绘色的传神描写。

② 据《1979年5月16日学校党委常委会会议纪要》，兰州大学档案馆藏，全宗号4-分类号文书9-案卷号109。

后被定性为犯有严重政治错误。“文革”结束后，生性豁达的他又精神抖擞地投入自己毕生钟爱的教学工作。学校于1979年春提升他为副教授。1981年3月，学校为他做了复查结论，对“文革”中强加给他的“罪名”予以彻底否定，恢复其名誉。1983年，还清除了过去曾经对他做出的“受限制使用”的组织意见，为他彻底卸下“政治包袱”。这些都进一步激发了钱伯初教授的工作积极性。

当时，他作为指导教师，负责辅导物理系选拔出的优秀学生，准备参加由诺贝尔物理奖获得者李政道博士发起、美国一些大学联合选拔中国赴美物理学专业留学生的CUSPEA[①]考试。在他的悉心帮助下，七七级学生胡青取得全国总分第一名的好成绩，其他几名同学也在考试中胜出。由此极大地提升了兰州大学在国内外的知名度。

这里还有一段小插曲。CUSPEA考试结束后，CUSPEA委员会开会讨论最后的结果，当时徐躬耦校长在美国，学校派钱伯初老师去开会，因为他是主要的考前辅导教师。开会的时候，有关人员可以查阅考卷，看看阅卷方面是否存在什么问题。他临走时，胡青找到他并请求仔细查阅自己的试卷。胡青说：“您查阅考卷的时候注意看一下，有一道题我前面做得不满意，画了一个框把它框掉，后面重新做了一遍，您看看这道题的分数是按哪个给的。”钱老师在查阅胡青的试卷时发现，阅卷者果然是按照前面框掉的地方判分的，后面重新做的部分则没有给分。钱老师立即向有关人员指出该问题，对方一看，这道题后面确实答对了，阅卷时少给了近20分。经过改判加分，胡青的考试总成绩从原来的第二变为第一。[②]

他还主编了《量子力学》和《量子力学习题精选与剖析》，成为该课程最重要的教材及学习材料，培养了大批优秀学生和教学骨干，深受师生尊敬，被称为“钱先生”。他主讲的《量子力学》课程

① CUSPEA，是China-U.S. Physics Examination and Application的简称，即中美联合培养物理类研究生计划，是1979—1989年十年间中国用来选拔派遣学生到美国攻读物理专业研究生的考试。

② 《讲好基础课是教师的责任，更是一大赏心乐事》，《读者》原创版《兰大人》，2017总第1期，第8页。

及其教学研究项目，1989年和1993年先后两次荣获“国家级教学成果奖”。2003年，他先后获得兰州大学、甘肃省及首届国家级教学名师奖。2004年，《量子力学》课程被评为国家级精品课程，成为兰州大学本科教学中的品牌课程。

当时，学校党委多次开会并做出明确决议，从个人档案中彻底清除以往历次运动及政审中强加给师生员工的各种不实之词、政治鉴定，甚至处分决定等，使他们能够卸下包袱，解除后顾之忧，在教学、科研和学校各项事业中充分发挥自己的才能和智慧。

五、认真贯彻知识分子政策

20世纪70年代末、80年代初，许多在历次运动中曾被打入“另册”，受到迫害的师生员工，通过复查改正恢复了名誉，在政治上得到了解放。刘冰同志和学校党委还进一步贯彻、落实党的知识分子政策，消除各个方面对这些教师、干部的歧视、成见，对他们高度信任、放手使用，尽可能创造条件，解决他们工作、生活中所面临的各种实际困难，充分调动他们的工作积极性，让他们心情舒畅、无后顾之忧地投身教学、科研及学校工作，甚至担任系和研究室负责人，创造出兰州大学校史上少有的良好局面及发展成果。

学校还在政治上充分信任知识分子。截至1985年，学校先后任用124名教师到校、系两级领导岗位工作，让他们作为“双肩挑”干部，在学校管理工作和关键岗位发挥重要作用。其中，著名力学家叶开沅教授前后截然不同的遭遇，就是一个典型的例子。

叶开沅（1926—2007），浙江衢州人，1951年毕业于清华大学电机工程系，成为钱伟长教授的研究生；并随导师在院系调整中转入北京大学数学力学系研究生部，1953年毕业后留校任数学力学系讲师，参与创建北大力学研究所。钱伟长于1947年提出求解德国科学家西奥多·冯·卡门（Theodore von Kármán）37年前得出的大挠度方程的摄动方法，为解决非线性力学与板、壳构件的大挠度、稳定性问题，提供了一种新的思路和方法。20世纪50年代，叶开沅在钱伟长指导下开始专攻这一在当时还很少有人涉足的课题。1953年，他的第一篇论文《边缘载荷下环形薄板的大挠度问题》发表于《物理学报》和《中国科学》上。其后，他在这一领域内做了一系列工作。他的研究生毕业论文《矩形板的大挠度问题》在第九届国际应用力学大会上发表。1955年，他与钱伟长等人合著的《弹性圆薄板大挠度问题》一书被译成俄文出版。1956年，他和钱伟长、胡海昌一起获得中国科学院优秀科研成果二等奖。1958年，他与清末名门之后、当年在北师大有“校花”之誉的葛诒禔女士结为伉俪。

叶开沅教授

1959年，他随江隆基校长调往兰州大学数学力学系，为创建兰大力学专业做出重要贡献，并创造了加快收敛的修正迭代法和减少推导工作的解析电算法等求解大挠度方程的新方法。正当他要继续在自己的专业研究领域取得更多突破时，突如其来的“文革”风暴却给他本人及其恩爱的家庭带来了毁灭性打击。1966年5月，时任兰大附中地理课教师的妻子葛诒禔因家庭出身、生活习惯等遭受冲击，被迫自杀身亡。1970年3月，他本人又以所谓的“现行反革命”罪被捕，长期身陷囹圄，直到1977年7月才获释出狱。其间，两个孤苦伶仃、年幼的儿子只能寄养在亲戚家。1978年12月初，甘肃省高级人民法院改判他为无罪释放，恢复名誉、公职、职称，补发工资，才使他重返兰州大学力学教研室。

刘冰同志和学校非常关心、信任饱受冤狱之灾的叶开沅，1979年将其工资由高教7级上调为6级。次年5月，他申请赴加拿大出席学术会议，刘冰同志亲自签字同意。此后，他又多次赴美国、丹麦、瑞典、法国等进行学术交流，校、系党组织在政审中也都一路绿灯。1980年12月5日，学校党委还专门做出《关于叶开沅同志问题的复查结论》，认定他在“文革”中没有问题，“原强加给叶开沅同志的一切诬蔑不实之词，全部推倒，彻底平反，恢复政治名誉，恢复原讲师职称……按规定清理销毁有关材料”[①]。刘冰同志多次与

钱伟长（前排右一）教授和叶开沅（前排右二）教授出席
兰州大学博士研究生学位论文答辩会

① 兰州大学党委：《关于叶开沅同志问题的复查结论》，兰州大学档案馆藏，全宗号4–分类号文书9–案卷号199。

叶开沅老师谈心，听取他对学校工作的意见和建议。学校领导和党组织、同事、学生们的关心与信任，使叶开沅老师重新振作起来，焕发出旺盛的科学创造力，全身心地投入教学和科研工作。1980年，他与钱伟长合作，创办了《应用数学和力学》杂志，由他担任该杂志的副主编。1981年，他被学校由讲师破格提升为教授，并被国务院学位委员会批准为第一批博士指导教师，先后培养出该领域11位优秀博士，其中郑晓静等3位博士荣膺中国科学院院士。1982年，为了推动甘肃省力学事业的发展，他发起成立甘肃省力学学会，历任副理事长、理事长、名誉理事长等职。自1983年起，他又当选中国力学学会理事、常务理事。1985年起，他还担任了甘肃省政治协商会议常务委员。1986年，兰州大学力学系成立，叶开沅教授被任命为首届系主任，很快将力学系带入了鼎盛时期。截至1989年，他已在国内和苏联、日本、荷兰等国出版专著7部，完成、发表论文80多篇。1991年，叶开沅教授又被推举为力学系名誉系主任，以感谢他为兰州大学力学系发展所做出的巨大贡献。

钱伟长、叶开沅教授向通过博士论文答辩的郑晓静表示祝贺

多年来，叶开沅教授与他的合作者在板、壳研究方面共完成了多部专著，发表论文三十多篇，其内容涉及板、壳理论的各个方面，为板、壳大挠度理论在中国的发展和应用做出了承前启后的贡献。叶开沅教授还致力于非均匀弹塑性力学的研究，发表了一系列文章，对柱、梁、板的变形、振动、稳定性及结构优化设计进行了完整的探讨，并于1987年获得甘肃省科技进步二等奖[①]。

对于曾被错划"右派"复查改正的朱子清教授，1979年学校党委常委会推荐上报他和郑国锠、刘有成、黄文魁等7位教师为中国科学院学部委员（院士）候选人。1982年春，年过八旬的朱教授提出要去看望离别三十多年，已在美国定居的女儿。按照当时高校教师出国探亲、开会都要事先上报教育部批准的规定，学校还专门向教育部外事局打报告，请批准朱教授在该年9月至次年5月赴美探亲，并提出"届时我校将派人送至广州"[②]。这种充满真诚关心的人性化安排，不仅使这位老教授深受感动，也使学校广大知识分子很受鼓舞和激励。

化学系讲师胡晓愚，1954年由北大研究生毕业后分配到兰大工作，1957年被错划为右派，遣送至天水农村劳动。后因牵涉"《星火》反革命集团案"被判刑劳改多年，刑满获释后被安排在永昌红光园艺农场工作。"文革"后落实政策，学校在1980年3月将他调回兰大，"并对上述右派等问题予以改正和平反"。其母亲、弟妹等都在美国定居，他申请赴美探亲，与家人团聚。学校研究同意他去美国探亲，在美国停留1年，并在1982年5月13日专门为此给教育部外事局打报告请予审批。[③]这些也充分体现了学校对得到复查改正教

① 有关叶开沅教授的内容，除查阅、利用兰州大学档案馆所藏有关档案资料外，还参考、借鉴了百度百科上由俞焕然教授所写的《叶开沅》词条有关内容；此外，王德基教授哲嗣王家纯老师也提供了一些有关资料和帮助。特致谢忱。

② 兰州大学文件·校外字〔1982〕013号《关于朱子清教授去美国探亲的报告》，兰州大学档案馆藏，全宗号4-分类号文书12-案卷号244。

③ 兰州大学文件·校外字〔1982〕016号《关于胡晓愚去美探亲的报告》，兰州大学档案馆藏，全宗号4-分类号文书12-案卷号244。

师的关心和信任。

1984年3月到1985年12月，学校又对落实知识分子政策工作做了一次全面检查，在全校范围内共征求到1870条意见。其中的建设性意见和反映现实问题的意见，学校多数予以采纳或给予了必要说明；并对要求复查解决历史遗留问题的324条意见，大部分也进行了落实。

20世纪70年代末、80年代初，兰州大学之所以能够如同全国各个行业那样，迅速治理“文革”造成的严重破坏，出现欣欣向荣、百舸争流的可喜局面，在很多方面走到了国内高校的前列，一个极其重要的原因，就是刘冰同志和学校党委认真执行党的知识分子政策，真正尊重、爱护广大教师，紧紧依靠广大教师，有效医治了历次政治运动对广大教师、干部造成的伤害，解除了强加在他们身上的精神桎梏，使他们能够真正卸下包袱，消除顾虑，解放思想，轻装前行，激活、迸发出使不完的劲，要把以往被耽误的时间和损失抢回来，以主人翁的精神义无反顾地投身于教书育人、科学研究的事业中去。

认真、彻底平反冤假错案，落实知识分子政策，也让广大师生深切感受到中国共产党能够以人民利益为重，以认真负责、实事求是、有错必纠的态度，坚决纠正“文革”严重失误，改正以往工作中极“左”错误的决心和勇气。这也有效地维护了党的形象和威望，进一步激发了学校师生坚定不移跟党走、齐心协力建设兰州大学、投身社会主义现代化的决心和热情。这种前所未有的局面和精神，是非常可贵的，也是新的历史时期仍然需要认真总结和继承的。

第四章　牢牢把握学校的政治方向

办好中国社会主义大学，必须始终坚持党的领导，牢牢把握政治方向。这在二十世纪七八十年代改革开放初期，具有更加重要的意义，直接关系到正处在拨乱反正、百废待兴的兰州大学究竟要走向何方、培养什么人这一根本问题。

时任学校党委书记兼校长的刘冰同志旗帜鲜明地主张："坚持正确的政治方向，仍然是学校第一位的事。"[①]他带领学校党政班子，坚定不移地贯彻执行党的教育方针和社会主义教育路线，始终坚持、自觉加强和改善新形势下党对高校的领导，冷静、科学地应对随着改革开放，在社会上和学校师生中出现的新情况、新问题、新挑战，使兰州大学在恢复、发展的关键时期，能够牢牢把握社会主义大学的办学方向，积极、稳妥地探索自身在新时期健康、快速的发展道路和方式，并在认识和实践上积累了许多宝贵经验。

---

① 刘冰：《关于目前学校的思想政治工作问题》1981年1月13日，第15页，甘肃省档案馆藏，全宗号093-目录号003-案卷号0106。

一、贯彻三中全会精神和改革开放路线

就在刘冰同志到兰州大学工作的当月，具有历史意义的中共十一届三中全会在北京召开。“会议的主要任务是确定把全党工作重点转移到社会主义现代化建设上来”，“全会高度评价关于真理标准问题的讨论”，“提出了改革开放的任务”，“还讨论了民主法制问题”。①

作为在“文革”中深受“四人帮”迫害的老党员和高校领导，刘冰同志坚决拥护三中全会把全党工作重点转移到社会主义现代化建设上来的战略决策和改革开放的方针政策，并把认真学习、全面贯彻三中全会精神，用三中全会精神统一全校干部、师生员工的思想，作为学校各项工作的统领和最重要的政治保证。

1978年12月24日是星期天，也是三中全会公报发表的第二天。刘冰同志即召集学校领导班子、干部、教师和学生代表参加的座谈会。他在发言中就三中全会的重大深远意义谈了自己的认识。他说：“这次会议解决了许多全国人民早就盼望解决的重大问题，特别是党中央决定从明年起把全党的工作重点转移到社会主义现代化建设上来，这是全国人民最关心的大事，这是一个划时代的伟大转折。……我们一定要珍惜这个来之不易的大好时光，加倍努力工作。”

座谈会结束时，已经是下午6点多钟了。他顾不上吃晚饭，继续兴致勃勃地接受了记者的采访。他从自己在“文革”后期写信反映迟群、谢静宜等人的问题，履行党员的正常权利和义务，却遭受“四人帮”残酷迫害的切身感受和遭遇出发，一针见血地指出“三中全会公报强调要保障人民民主，加强社会主义法制，这太重要了。这是我们国家安定团结，完成党的中心工作的顺利转移，实现四个

① 中共中央党史研究室：《中国共产党的九十年·改革开放和社会主义现代化建设时期》，中共党史出版社、党建读物出版社，2016年，第655～657页。

现代化的宏伟目标的重要保证。……没有民主和法制，就没有真理；没有民主和法制，就不可能实现四个现代化；没有民主和法制，我们党和国家就要灭亡。”

他还明确表示：“实现四个现代化，科技是关键，教育是基础。处在这样重要的位置上，作为全国重点高等学校的兰州大学，毫无疑问，更应当及时地组织好这一工作重心的转变，紧紧跟上这一转变。”“怎样加快步伐，组织好这一转变，就应当是兰大党委目前压倒一切的中心任务。只有这样，兰大才能跟上全国高校的步伐，无愧于党和人民对兰大的期望。”[①]这篇有关兰大和刘冰同志学习三中全会精神的报道见报后，对全省教育界学习贯彻三中全会精神产生了很大的影响和示范带动作用。

1979年新年伊始，他还多次召开学校党委会议，认真学习三中全会精神。并在以后的各种会议上、工作中，反复强调全面贯彻落实三中全会精神的极端重要性。

2月6日是农历正月初十，刘冰同志即主持召开有党委委员和各系、部、室、馆及工会、团委负责人参加的兰州大学党委扩大会议，在寒假期间集中安排学习十一届三中全会精神。他明确要求：“我们要把三中全会的精神领会好，然后再讨论怎么将学校工作转到实现四个现代化的轨道，我们要借这东风好好学习，机不可失，时不再来，文件吃透还要结合实际，以系为单位搞好。”“总之，大家要通过学习使自身的思想认识更提高一步，通过学习分清是非、提高觉悟，同时提出工作转变的办法。”[②]

此后，凡是中央出台改革开放的大政方针、邓小平等中央领导人发表的重要讲话，学校党委都会在第一时间组织党政班子、各系处室负责人认真学习讨论，紧密结合学校和自身工作的实际部署贯

① 陈国祥、赵长才：《紧紧跟上工作重点的转变——访兰州大学党委负责人刘冰》，载《甘肃日报》1978年12月25日第1版。

② 《1979年党委会会议记录》，兰州大学档案馆藏，全宗号4-分类号文书9-案卷号109。

彻执行，并且通过学校宣传部、党团组织及时向全校师生员工进行传达，使大家在教学和各项工作中准确了解、掌握党中央的最新精神和要求，明确改革开放的政治方向，始终与中央的精神和政策保持一致。在他看来，“加强党的领导，首先是加强领导班子建设。领导班子建设最重要的是要把思想统一到党中央的政治路线、思想路线、组织路线上来，这是领导班子的基本建设和战斗力的源泉”①。

正是因为具有这样高度的政治自觉和原则立场，刘冰同志在主持兰大工作期间，始终自觉认同、坚决拥护、认真贯彻党中央改革开放的方针路线和实事求是、解放思想的思想路线及各项政策，并且带头做好、高度重视学校党委会对党中央方针、路线等重要文件精神的学习、贯彻，以此来统领学校的各项工作，指引学校事业健康、快速发展，确保了学校在政治方向、路线上的正确和稳定。

二、民主推荐学校各级党政班子

刘冰同志在兰州大学走马上任之后，面临和完成的一桩大事，就是重建学校及系处各级领导班子。由于受到“文革”的破坏和影响，当时学校的校、系两级党政班子都不够健全，班子中有的人群众意见很大，不适合继续留任。刘冰同志认为只有把领导班子配强、建好，十一届三中全会的路线、方针和政策才能得到全面贯彻落实，学校的发展和各项工作才能有坚强的组织保证。

“文革”之前，在著名教育家江隆基校长多年的努力下，兰州大学形成了一支以他为代表的素质优、作风好、威望高、懂教育的党政干部队伍，其中许多校、系党政领导，都是有长期革命经历的老同志或老教授，保持、体现了党的优良传统和作风，具有较高的理论和政策水平，具备很强的责任心和敬业精神，确保了当时学校在各方面的健康发展。这些优秀干部也是学校的宝贵财富。很多年之

① 《刘冰同志关于当前高等教育的几点意见》（1980年4月），载《甘肃省教育工作会议简报》第10期第2页，甘肃省档案馆藏，全宗号247-目录号005-案卷号0056。

后，一些师生、校友回忆起他们仍印象深刻，评价颇高。“文革”十年对兰州大学造成的严重破坏之一，就是否定、摧残了以江隆基校长为代表的优秀干部队伍，以及由他们所代表的良好作风。江校长甚至因此而付出生命的代价。其他党政领导干部也分别受到株连、冲击和迫害。

粉碎“四人帮”以后，“文革”后期形成的原学校班子主要负责人受到群众揭发和批判，已不适宜继续担任领导工作。在中国共产党甘肃省委员会领导下，成立了以辛安亭同志为首的兰大新党委。新党委发动群众进行“揭批查”运动，落实政策，整顿干部队伍，并在1978年7月指定、宣布了22名临时负责人，组成校系两级班子。

辛安亭同志作为老干部，虽然以副书记临时受命主持学校工作，却尽心竭力带领兰大新党委克服重重困难，拨乱反正，为江隆基校长等一批同志平反昭雪，落实政策。在1978年下半年起，还根据党中央的战略部署，在学校开展了真理标准问题的讨论和对“两个凡是”的批判；11月，召开由各系主要负责人参加的批判“两个估计”座谈会，推动全校工作的重心逐步向教学、科研转移。但辛老毕竟已年过七旬，学校工作千头万绪，自己感觉“力不胜任”。[①]

当时，经过“文革”长达十年的破坏，受极“左”思想和派性斗争的干扰，整个学校存在错综复杂的矛盾，干部队伍参差不齐，人心涣散，群众意见纷纭、众说不一。学校各级班子成员尚未得到正式任命，也无明确分工。一些领导干部还背负着“政治包袱”，并未完全落实政策，有的人思想上存在顾虑，不敢主动负责。在各基层单位，班子普遍不够健全，严重影响了学校工作的正常运转，降低了工作效率。基层干部对待行政工作缺乏热情，有些干部直接抱怨说“他们的权利就是‘跑腿’‘说好话’”；很多人更愿意转而从事教学、科研工作。因而，尽快解决好领导班子和干部问题，显然已成为学校工作的当务之急。

---

① 向叙典：《亲切的长者，高尚的品格——悼念辛安亭同志》，载《吕梁高等专科学校学报》，2002年第4期，第10页。

1978年12月，刘冰同志刚到学校就对健全各级领导班子问题十分重视。次年1月，中共中央批准他任兰州大学党委书记兼校长的文件下达后，包括省直机关、地方干部，还有兰大的部分教职工都通过各种渠道向他反映学校各级班子和干部的问题，推荐自己看好的人选。他凭借多年担任领导工作的经验，认为健全领导班子虽迫在眉睫，却不能操之过急，草率行事，更不可偏听偏信，受少数人影响，否则会造成严重后患，不利于安定团结和学校工作的大局。

刘冰同志为此做了充分调研，召开校党委扩大会议认真分析具体情况。他认为，兰州大学的干部总体是好的，没有这些干部的努力，就没有当下安定的局面。他们受了许多挫折和委屈，却仍然这样努力。对于群众、干部反映各级领导的问题，应鼓励、欢迎，支持他们行使自己的民主权利。但不能拉帮结派，人云亦云，而应坚持五湖四海、德才兼备的原则。所以，他提出干部工作和班子建设，必须坚持走群众路线，广泛听取教职员工的意见。他还以改革创新的极大勇气和政治担当，率先大胆提出通过群众推荐、民主选举组建学校各级领导班子。

辛安亭同志公道正派，曾先后两度主持兰大工作，在群众中具有较高威望。刘冰同志先找他谈了自己的想法，并提出自己虽然是中央任命的，如果由广大师生推荐学校新的领导班子成员，自己也同样应当接受群众的监督、推荐。系、处一级班子候选人可以先在支部书记、党小组长、团支部书记和工会小组长以上的干部里提名。辛老对此深表赞成。最终，这个民主推荐的办法由党委会确定下来。

当时，全国各个单位选拔干部、组建班子，多由上级机关决定，还没有群众推荐、民主选举的先例。校内外不少同志也担心会出现派性作祟，干扰推荐选举，无法真正体现“民主”。因此，敢不敢、能不能采用民主推荐方式选拔干部、组建班子，对于刘冰同志这位学校党政一把手的决断和魄力，无疑是一次最好的检验。长期的革命工作经历、丰富的领导经验，尤其是“文革”中“四人帮”

破坏法制、践踏民主的严重危害及深刻教训，使刘冰同志高度重视走群众路线和发扬社会主义民主的重要性。他在学校党委常委会上强调说：搞不搞民主不是一般的问题，没有民主，就不能调动大家的积极性。领导班子要众望所归，才能很好地开展工作。我们一定要相信群众，采取走群众路线的方式民主推荐校、系两级领导班子。教研室班子可否用民主选举方法产生？支部书记可否由党员直接选举产生？

1979年2月中旬到3月中旬，校级党政领导班子成员的产生，是在全校新选出的党小组长以上党员干部会议、教职工代表大会、吸收党外干部参加的教职工党员大会上，经过了三次民主推荐，每个与会者都可以按照自己的意愿，提出自己满意的校党委常委名单和副校长人选名单并投票。这些会议先后约有六百余人参加投票，刘冰同志也带头参加投票。每次投票结果都由刘冰、辛安亭亲自统计，秘书赵洪涛参与计票。经过民主推荐产生的学校领导班子人选，得票相对集中，与校党委事先掌握的情况十分接近。刘冰同志说，群众的眼睛是雪亮的，每个干部的德才、素质如何，群众心中都有一杆秤。在干部工作中必须体现党的群众路线，必须坚持民主与集中的结合。

兰州大学作为教育部直属重点高校，校级干部的任命归教育部干部局批准，同时又要征得中共甘肃省委的同意。1979年3月19日，刘冰同志、辛安亭同志向甘肃省委递交了《关于建立兰州大学领导班子的报告》，报告称“我们做了多次研究之后，建议兰州大学党政领导班子由下列同志组成：一、党委常委：刘冰、辛安亭、林迪生、聂大江、刘众语、任雄士、陆润林、童若兰（女）。二、副书记：辛安亭、聂大江、刘众语。三、副校长：辛安亭、林迪生、聂大江、任雄士、陆润林、徐躬耦。以上名单经省委审查同意后，副书记、副校长由兰大报教育部审批”。[①]

① 《关于建立兰州大学领导班子的报告》，兰州大学档案馆藏，全宗号4-分类号文书9-案卷号118。

但在省委研究该名单时，有人对名单中的个别人选提出了不同意见。

不久，甘肃省委第一书记宋平同志和省委第二书记、兰州军区政委肖华同志带领部队官兵、机关干部到兰州大学参加卫生大扫除，与刘冰同志和师生共同劳动。在中间休息时，他向宋平、肖华汇报了兰大班子人选情况，得到他们的支持。随后，他又向教育部部长蒋南翔同志在电话里汇报了此事。蒋南翔同志对该人选名单也表示同意。

1979年6月19日，兰州大学向教育部党组递交了《关于建立兰州大学领导班子的报告》。此报告是在3月19日递交中共甘肃省委的报告基础上修改而成的。同时，领导的职务、排名顺序略有变化。[注：一、党委常委：刘冰、辛安亭、林迪生、聂大江、陆润林、刘众语、任雄士、童若兰（女）。二、副书记：辛安亭、聂大江、陆润林。三、副校长：辛安亭、林迪生、陆润林、徐躬耦、聂大江。根据工作需要，还建议陆润林同志兼任兰州大学教务长，任雄士同志任兰州大学总务长。][1]

1979年11月5日教育部下发通知：经党中央批准，辛安亭、聂大江、陆润林同志为兰州大学党委副书记、副校长；徐躬耦同志为兰州大学副校长；陆润林同志兼任兰州大学教务长，任雄士同志任兰州大学总务长。[2]同一天，中共甘肃省委员会也向兰州大学党委下发《关于任雄士等同志任职的批复》："你们的报告收悉。经省委讨论同意：任雄士、刘众语、童若兰同志任兰州大学党委常委。"[3]

① 《关于建立兰州大学领导班子的报告》，兰州大学档案馆藏，全宗号4-分类号文书9-案卷号118。

② 《教育部关于辛安亭等同志任职的通知》，兰州大学校长办公室：《兰大公报》（第1期），兰州大学档案馆藏，全宗号4-分类号文书9-案卷号203-4。

③ 《关于任雄士等同志任职的批复》，兰州大学校长办公室：《兰大公报》（第1期），兰州大学档案馆藏，全宗号4-分类号文书9-案卷号203-4。

林迪生（中）与辛安亭（右）、刘冰（左）同志在一起

实践证明，这届经群众民主推荐产生的学校党政班子，有效排除了“文革”中派性的影响及一些人的成见，真正选出了政治立场坚定，具有理论水平、实干精神和领导能力，经受过长期考验、群众威信高、想干事并能干实事的好干部。他们没有辜负群众的期望和信任，经受住了实践和时间的检验。这也确保了学校领导层的平稳过渡和工作连续性，为改革开放初期兰州大学的迅速发展提供了必不可少的政治和组织保证。其中有的同志后来还被调到甘肃省委、广播电视部、中央宣传部担任领导工作。这也是刘冰同志主持兰大工作后做出的重要探索和贡献。

兰州大学通过民主推荐选拔领导干部的做法及其显著成效，在全国开了先河，受到各方面广泛关注。时任中央政治局委员、组织部部长的宋任穷同志专门致电刘校长，邀请他在全国组织工作会议上做主题发言，介绍兰州大学民主推荐领导班子的成功经验。

在民主推荐校级领导的同时，学校也在着手重新恢复和建立系、部（处）一级的领导机构，并确定了五条方针。首先，用3个月左右时间，积极稳妥、自下而上地先打基础，从教研室开始逐层建立健全各级领导班子。第二，采取深入调查研究与广泛发动群众选举、推荐相结合的办法产生中层领导班子。第三，搞五湖四海，团结一切可以团结的同志，包括犯了错误愿意改正的同志一道工作。第四，必须吸收政治思想好的业务内行参加各级领导，教研室和系一级行政主要领导干部均应由懂业务的内行担任。第五，追随“四人帮”，搞阴谋诡计者，或在思想上认同“四人帮”的人不能进入领导班子。①

按照这些原则，教研室一级的党政负责人一律经民主选举产生。从1979年1月开始到2月底，已全部选举完毕。系一级行政领导，通过职工代表大会评议推荐，报上级批准。党的总支委员会由党员大会选举产生。从1979年2月中旬开始截至3月底，全校11个系的党政领导班子，除个别特殊情况外，已全部完成推荐、评议工作。

1979年3月31日，学校党委向中共甘肃省委文教政治部上报《兰州大学关于各系党总支正、副书记，系正、副主任任职的报告》。这份名单经过广大党员、教师民主选举和党内外群众民主评议，由校党委常委会研究通过。徐躬耦、郑国锠、刘有成、段一士、赵继游、张咸恭、李国杰、胡垲、汤季芳、何天祥等威望高、业务强的教授，分别担任现代物理、生物、化学、物理、数学、地理、经济、中文、历史、外语各系的系主任。这对于各系及全校的学科建设、专业发展和教学、科研工作，都发挥了极其重要的作用。

1979年12月29日，校党委常委会和校长办公会议还讨论决定了

---

① 《关于建立兰州大学领导班子的报告》，兰州大学档案馆藏，全宗号4-分类号文书9-案卷号118。

学校党委各部，行政处、室、馆党政领导班子；并将马列主义教研室和体育教研室提升为处级建制。

1980年1月2日，甘肃省委同意并批复了兰州大学徐躬耦等同志的职务任免。

通过民主推荐、民主评议的方式，兰州大学健全了各级领导班子，产生了深远影响。首先，由党内外群众对全校干部进行了一次深入细致、客观公正的考评、鉴定，为建立健全学校各级领导班子，选拔优秀干部打下了基础。其次，增强了干部队伍的团结、威信和责任感，提升了大家做好工作的信心和积极性。第三，在学校党委的领导下，通过民主推荐领导干部的大胆改革，在全校进行了坚持群众路线、发扬政治民主的成功尝试，有效恢复、发扬了党的优良传统和作风，有利于加强广大群众对学校工作的民主管理和监督。第四，这对于干部自身也是一次很好的学习、教育和提升，密切了干群关系，改进、提高了学校干部队伍的工作作风和政治、业务水平。

学校各级领导班子的建立健全，不仅有利于维护学校安定团结的局面，保证了各项工作的顺利开展，也为党的领导和中央一系列方针政策在兰州大学的贯彻实行，提供了强有力的组织保证。

三、始终坚持党对高校的领导

在改革开放初期，受"文革"中"踢开党委闹革命""造反有理"等各种错误主张的残余影响，以及当时社会上民主化、自由化思潮的波及，在教育界及有些高校中也一度出现了弱化党的领导，怀疑高校中党委的重要性，甚至提出实行"校长治校""教授治校"等主张。

对于当时错综复杂的各种社会动向，当时身兼兰州大学党政"一把手"的刘冰同志，以他坚定的政治立场、成熟的领导经验和深厚的理论积累，始终保持着清醒的头脑和认识。他认为："粉碎'四人帮’以后，经过两年多的工作，兰州大学政治形势是好的，但‘文革’中‘踢开党委闹革命’的余毒，在某些人身上还时有反映，派性和无政府主义的残余在某些人的‘神经末梢’还时有颤动。党的领导的观念在一些人的思想上淡薄了，民主与集中、自由与纪律的正确关系，在一些人的思想上混乱了。对社会主义的优越性，一些人怀疑了，马克思主义在某些人那里好像不时兴了。这些情况尽管是大好形势下的支流，或者说是偶然激起的一点浪花，也还是应该引起我们注意的。”①

他还强调：“把高等教育办好，核心是加强党的领导。在高等学校，如果党的领导不加强，党的政治路线、思想路线、组织路线不能贯彻执行，那就根本谈不上提高教育质量。”②他始终自觉坚持、加强党对学校的领导，并使之在四个方面得到了充分落实和体现。

一是强化和突出学校党委的核心地位。

他在兰州大学工作的5年多时间里，学校党委的领导核心作用得到充分的发挥和保证。当时，学校的大政方针、重要工作及事项，都是通过召开党委常委会、常委扩大会议等方式集体讨论、决定的。作为“班长”，他很好地团结、带领党委一班人，尊重辛安亭、林迪生等年长的党委常委，在会上虚心征求他们及长期在兰大工作的聂大江、陆润林、刘众语等同志的意见，尽可能地统一大家的思想和认识，做到民主决策、集体决策、科学决策，避免出现因决策失误而给学校工作造成损失。即便是在他担任了中共甘肃省委副书记等重要领导职务后，他仍然想方设法抽出时间，尽量参加学校党委常委会议。在他的带动、领导下，学校党委始终是一个团结一致、高度负责，充满生机、活力，富有效率和权威性的领导班子，在学校各方面工作中充分发挥了核心作用，不仅确保了党的各项方针政策在学校的深入贯彻和落实，也充分体现了党对学校的领导。

---

① 《按照教育规律办大学》，载《刘冰文集》，第123～124页。

② 《刘冰同志关于当前高等教育的几点意见》（1980年4月），载《甘肃省教育工作会议简报》第10期第2页，兰州大学档案馆藏，全宗号247-目录号005-案卷号0056。

二是牢牢把握社会主义办学方向。

党对高校的领导，就是要确保严格遵循党的教育方针，培养德智体美全面发展的社会主义事业合格建设者和可靠接班人。这也是办好中国社会主义大学的根本方向和任务。刘冰同志明确提出：“我们是社会主义大学，是要培养有社会主义觉悟、又红又专的革命事业接班人。如果放弃对学生进行社会主义、共产主义人生观、世界观和理想前途的教育，那我们的学校和资本主义国家的学校还有什么不同！……我们决不能忽视思想政治工作，忽视德育教育，必须坚持德智体全面发展的教育方针，坚持又红又专的方向。这是一个重大方针问题。党的这个方针，对教育工作者来说，应该时刻不忘，不仅要牢记，而且要贯彻到工作中去。在这个问题上有任何摇摆，都会使我的事业受到损失。”[①]“高等学校党委坚持四项基本原则，说到底是要保证和落实到贯彻德智体并重的教育方针上，培养出合格的高质量的又红又专的人才。如果说学校党委的领导、学校的政治思想工作不能保证培养出拥护党的领导，坚持社会主义道路，具有共产主义理想，掌握建设‘四化’的专业知识，体魄健全的合格的各种人才，我们就没有完成自己的任务。”“学校党委就要在德、智、体三者之间弹出动听的协调的音乐，培养出我们党和社会主义事业要求的合格的接班人，这也许就是学校党委最主要的政治责任，或者是政治思想工作最主要的任务。”[②]

1985年5月发布的《中共中央关于教育体制改革的决定》中也明确要求：“教育必须为社会主义建设服务，社会主义建设必须依靠教育。社会主义现代化建设的宏伟任务，要求我们不但必须放手使用和努力提高现有的人才，而且必须极大地提高全党对教育工作的认识，面向现代化、面向世界、面向未来，为九十年代以至下世纪初

① 刘冰：《关于目前学校的思想政治工作问题》1981年1月13日，第6～7页，甘肃省档案馆藏，全宗号093-目录号003-案卷号0106。

② 《刘冰同志在省委召开的大专院校思想政治工作座谈会上的讲话》，第5～6、7～8页。甘肃省档案馆藏，全宗号093-目录号003-案卷号0150。

叶我国经济和社会的发展，大规模地准备新的能够坚持社会主义方向的各级各类合格人才。……所有这些人才，都应该有理想、有道德、有文化、有纪律，热爱社会主义祖国和社会主义事业，具有为国家富强和人民富裕而艰苦奋斗的献身精神，都应该不断追求新知，具有实事求是、独立思考、勇于创造的科学精神。这就向我国教育事业的发展和教育体制的改革，提出了伟大而又艰巨的任务。”①

在担任兰州大学党委书记、校长期间，刘冰同志始终如一地牢牢把握学校的社会主义办学方向。这不仅是在学校历次党委常委会上反复强调的重要内容，而且贯穿于学校的管理、人才培养、教学工作和学生成长的各个环节。他始终坚持又红又专、德才兼备的人才培养目标，并通过加强思想政治工作、评选“三好”、奖励先进等方式，鼓励学生全面发展，做有理想、有道德、有文化、有纪律的社会主义建设者和接班人。这样做，既恢复、接续了兰州大学在“文革”前由江隆基校长所培育的良好传统，也带入了以往清华大学在创建优秀社会主义大学、培养又红又专高素质人才的成功经验，而且为学校在改革开放新时期更好地适应新任务、新要求和环境变化，提供了正确的办学方向和重要的政治保证。

三是不断加强马克思主义理论的指导。

“文革”十年动摇了马克思主义的指导地位和党的威望，导致社会各个阶层、群体，都程度不同地出现了信仰危机和思想混乱。“文革”结束后和改革开放初期，在高校师生中同样存在着类似现象和问题。

刘冰同志作为优秀的共产党人，在社会转型的复杂阶段，能够“不畏浮云遮望眼”，旗帜鲜明地主张：“巩固和发展安定团结的局面，就必须加强党的领导，必须在政策上统筹兼顾，必须坚持政治挂帅。要对师生员工进行解放思想、开动机器、实事求是、团结一

① 《中共中央关于教育体制改革的决定》(1985年5月27日发布)，载《江苏教育》，1985年22期，第6页。

致向前看的教育；进行实践是检查真理的唯一标准的教育；进行四项基本原则的教育；进行国民经济三年调整方针和民主与法制的教育。总之，要把大家的思想统一到党中央的路线、方针、政策的轨道上，统一到马列主义、毛泽东思想的基础上来。一个几千人、上万人的大学，如果没有一个基本上或大体上统一的思想，任何事情都是办不成的，更谈不上发展和提高了。”[①] “加强党的领导，实质上是加强马克思列宁主义的思想政治领导。”[②]学校“不管在什么时候，都一定要坚持正确的教育方向，一定要用马列主义、共产主义、社会主义、爱国主义思想教育青年。这种教育就是‘四有教育’。通过思想政治教育，使青少年真正成为有理想、有道德、有文化、有纪律的社会主义建设者”[③]。

他多次强调学校要加强马列教研室的力量，配备优秀教师，提高全校政治理论课的教学质量，大张旗鼓、理直气壮地宣传马克思主义，鼓励有关专业教师深入研究新形势下青年学生思想的变化，以及改革的实践与深入发展，对坚持、发展马克思主义理论的新要求，确保马克思主义的指导地位。

他提出：“要坚持理论联系实际的原则。要把共产主义的理想教育和热爱祖国、热爱党、热爱社会主义、热爱劳动、热爱自己的工作和学习联系起来；要把道德教育和自己待人处事的行为联系起来。”“要注意政治课教学工作，要通过政治课向学生进行马列主义、毛泽东思想教育，树立共产主义的人生观、世界观。政治课应当成为检验学生质量的必修课。加强政治课，是学校思想政治工作的一项基本建设，这一环抓好了，学生中的许多思想问题就比较容

① 《按照教育规律办大学》，载《刘冰文集》，第123～124页。

② 《刘冰同志关于当前高等教育的几点意见》（1980年4月），载《甘肃省教育工作会议简报》第10期第2页，甘肃省档案馆藏，全宗号247-目录号005-案卷号0056。

③ 《加强学校思想政治工作　加快全省教育体制改革步伐》，载《刘冰文集》，第240～241页。

易解决了。”[①]

四是强化学校的思想政治工作。

深入系统的思想政治工作，是中国特色社会主义教育事业的基本特征，也是培养社会主义事业的建设者和接班人所必不可少的。1980年4月29日，教育部与共青团中央联合发出《关于加强高等学校学生思想政治工作的意见》，就高校思想政治工作的重要性，从实际出发正确分析学生的特点，思想政治工作的重点，进行思想政治工作要坚持正面教育原则，建立坚强的、有战斗力的政治工作队伍，加强学校党委对思想政治工作的领导等6个方面，提出了明确要求。7月7日，教育部印发了《改进和加强高等学校马列主义课的试行办法》，进一步明确了高等学校马列主义课的地位和任务，马列主义课的教学方针，课程、学时、大纲和教材，教学制度、教学环节和教学方法，开展科学研究、提高教学质量，马列主义教研室的设置和任务，教师队伍建设，加强领导、健全领导体制等重要问题。1981年8月，教育部还召开学校思想政治工作会议，教育部长蒋南翔做了题为《贯彻六中全会精神，为加强和改善思想政治教育而努力》的报告，强调思想政治教育的基本内容为坚持四项基本原则的教育，坚持马列主义、毛泽东思想的教育，共产主义道德教育，重视劳动教育；系统的政治理论课、时事政策教育和党团组织的日常思想政治工作，是高校思政教育的主要渠道。[②]

这些精神和要求，在兰州大学得到了有效贯彻。刘冰同志认为："教育体制改革的基本任务是逐步建立具有中国特色的社会主义教育体系。各级各类学校培养出来的人才，除了有文化、懂技术以外，还必须有理想、有道德、有纪律。学校不仅是传授知识的场所，而且是用马列主义、毛泽东思想，用共产主义、社会主义思想

① 《加强学校思想政治工作　加快全省教育体制改革步伐》，载《刘冰文集》，第241页。

② 据《中国教育年鉴》编辑部：《中国教育年鉴1949—1981》，中国大百科全书出版社，1984年，第420～421，833～837等页。

塑造青少年灵魂的重要阵地。一代一代的人都要经过学校的培养、教育和熏陶，学校肩负着社会主义精神文明建设的重任。……改革和加强思想政治工作应当是教育体制改革的一个重要内容，从长远看，这个问题不解决，将会影响我们的事业。”[①]

兰州大学党委每年都要专门召开多次会议，经常结合学校师生中出现的新情况、新问题，把加强思想政治工作作为重要议题予以研究。

1979年上半年，针对学校思想政治工作队伍不够稳定，有关教师、干部情绪低落等实际问题，刘冰同志召开党委常委扩大会议，商议应对之策。一方面统一大家对学校思想政治工作的重要地位和作用的认识。另一方面采取有效措施，如加强、完善教师、学生党支部、团支部的建设及活动；明确从事思想政治工作教师、干部的职责，在各系建立相对稳定的政治辅导员队伍，切实提高、改善他们的待遇，使他们在学校评优、奖励、晋升等方面，能够和从事专业教学、科研的教师享受同样机会、待遇，让他们在学校有为、有位；同时，还鼓励、引导和培养专业水平高、政治素质好的中青年教师，成为兼事思想政治和管理工作的“双肩挑”干部；从外单位调来年轻有为的干部，出任学校的团委书记等；并从各系七七级本科毕业生开始，选留优秀学生，充实思想政治工作队伍，帮助他们在校内外攻读与思政工作有关的双学位或研究生，以提高其工作水平和专业素养。他们很快即成为全校思政工作的骨干和生力军，其中一些人还逐渐成为各系主管学生思政工作的党总支副书记、校系团委干部等。

这一系列行之有效的做法，很快就改变了学校思想政治工作的被动状态，使全校的思想政治工作出现了崭新局面。

① 《加强学校思想政治工作　加快全省教育体制改革步伐》，载《刘冰文集》，第240～241页。

四、探索新形势下党在学校的工作

党的十一届三中全会之后，全党、全国工作的重心转向经济建设，开启了四个现代化和改革开放的新时期，国家的形势、任务和社会环境也随之出现了重大的变化。这种巨大、深刻的变化也必然反映到高校和师生中间，并且给新时期坚持党的领导和社会主义办学方向提出许多新要求，需要面对和解决许多新的问题及挑战。在这种复杂的情况下，刘冰同志非常注意从兰州大学的实际出发，根据形势、任务的变化，一方面身体力行，努力恢复党的优良传统；一方面通过发展、完善和创新，积极探索加强和保证党对高校领导权的有效途径，并且取得了显著成效。

一是坚持民主集中制原则，营造良好的工作环境和氛围。

刘冰同志在兰州大学工作期间，带头执行党的民主集中制原则，凡是召开党委会，一直坚持提前确定、提出议题，请党委常委和与会人员提前准备，在开会时畅所欲言，充分发表意见。他在充分听取和综合大家意见、建议的基础上，再提出相应办法、对策，由党委集体做出决定。他自己从来不搞“一言堂”和个人专断。对于不同意见，他也总是耐心听取，对的就采纳。当遇到重大问题意见不一致时，他往往不急于做出决定，会后再反复与有关同志沟通。但在原则问题上，他又自觉坚持党性原则，绝不让步、通融。

1979年，甘肃省委一位书记的孩子在西安某高校读书，这位领导希望将孩子转学到兰大就读。有人找到刘冰同志。但此事因不符合国家有关政策，他始终没有答应。

在这一年的新生录取过程中，贺龙元帅的孩子考试成绩虽然比兰大规定的分数线低了1分，仍被学校录取了。在党委常委会上，有人对此提出异议。刘冰同志耐心解释说，贺老总功勋卓著，“文革”中被迫害致死。我们不能因为一分之差拒招他的孩子。这也是出于对老一辈革命家的崇敬之情。最后，大家都对此事表示理解并取得一致意见。联想到“文革”期间，一些遭受迫害、所谓“问题”尚未做出结论的老一辈革命家的孩子被推荐上大学，刘冰同志顶着压力，力排众议，毅然决然地拍板批准他们到清华学习。由此可见刘冰同志对老一辈革命家发自内心的崇敬和深厚感情，及其领导方法中原则性与灵活性的有机结合；也从一个侧面体现了他的阶级感情、原则立场和担当精神。

刘冰同志自觉坚持民主集中制原则和重大事项集体决策的做法，有利于充分调动“班子”每位成员和各方面负责人的积极性，使每个人都能够尽职尽责，避免在决策和工作中出现失误；同时也有效地维护了领导班子的团结，使大家能够心情舒畅地共同为学校的发展贡献力量。

二是一心为公，带头开展批评与自我批评，自觉接受群众监督，充分发挥共产党员的模范带头作用。

刘冰同志能够带头严格要求自己，发挥一位老共产党员的先锋模范作用，严格遵守党的纪律，从来不为自己谋私利，搞特权，而是殚精竭虑地忘我工作。这也使他自己在学校党政班子和干部、师生中享有很高的威望。

他来兰大后不久，即先后担任了副省长、省委副书记等重要职务，工作非常繁重。白天多数时间要忙省上的工作，他就常常在晚上加班加点地处理学校的工作。本来，学校要安排他住在家属院校领导住的四居室宿舍，但他考虑到学校教师住宅十分紧张，就坚持住在15号楼拐角处一套只有两间半的普通单元房，直到他后来完全调离学校后才搬到省委宿舍。

他的夫人苗既英老师从北京乘火车来兰州探亲，他没有动用学校的汽车，仅让秘书赵洪涛骑着自行车到火车站去接，推着行李陪苗老师一路走回学校。

为腾出教室和学生宿舍，确保七九级新生进校后能顺利上课、入住。他在学校党委常委会上做出决定，并带头将自己的办公室搬到校园东北角原校办工厂简陋、低矮的土坯房中。在他的带动下，校部机关腾出了一直占用的文科教学楼南侧和理科学生宿舍楼里的办公室，全部迁到那些破旧的平房中办公。

身为领导干部，刘冰同志还以普通党员的身份，尽可能抽出时间参加他所在的化学系分析化学专业党支部的组织生活和学习，自觉接受党员监督，与师生打成一片，并以自己参加革命的经历、在“文革”中的遭遇等为例，对支部的青年教师现身说法，进行革命传统教育。

他还多次在学校党委常委会上，开诚布公地带头开展批评与自我批评。一次在讨论党员的党性原则时，刘冰同志客观地讲述了“文革”中同“四人帮”及其在清华爪牙的斗争，并坦率地承认当时在“反击右倾翻案风”的巨大政治压力下，自己也曾经不得不违心地做检查，并以此为例说明在各种复杂情况下坚持党性原则的重要及不易。

面对因学生被家属子弟打伤引发的校内突发事件，他不仅在和学生对话时坦承学校没有做好相应工作，自己作为党委书记应该承担责任；而且在学校党委常委会上进一步检讨自己平时对学生关心不够。这种彻底的自我反省精神和“不讳过”的磊落态度，既赢得了大家的尊重，也深深教育了出席会议的每一个人。

对于班子成员，他同样是既当面肯定别人的长处，又诚恳地指出其不足，从来不搞无原则的“一团和气”。对于因工作中不负责任造成负面影响的干部，或在个人操守上出现问题的人，他更是爱憎分明，严肃批评，绝不护短。

同学们说：“从他身上，我们看到了一个共产党领导干部的形象。”[①]这也说明，提高党组织的威望，真正发挥党员的模范带头作用，往往主要是通过各级领导干部和党员的所作所为体现出来的。正是刘冰同志和学校主要领导的高风亮节、以身作则，才进一步促进了那时学校各级党组织建设和广大党员先锋模范作用的发挥，营造出全校风清气正、勤奋学习、努力工作的良好氛围和整体环境。

① 梁平、龚龙泉：《刘冰校长和同学们》，载《中国青年报》1981年4月7日第2版。

这是当时绝大多数师生都能够切身感受、竭诚欢迎并共同认可的。

三是密切联系群众，关心师生诉求，做师生的贴心人。

群众路线是中国共产党全心全意为人民服务根本宗旨的集中体现，也是党的优良传统和极其重要的工作方法。刘冰同志在兰大工作期间，自始至终自觉坚持群众路线，紧密联系群众，关心广大师生的利益和诉求，尽最大可能争取条件，为师生排忧解难，营造良好的工作、学习和生活环境。这不仅使他赢得了全校师生的尊敬和爱戴，也进一步密切了学校的党群、干群关系，强化、落实了党的领导。

说到刘冰同志的平易近人、关心师生，有许许多多的故事。在他心中，事关学校师生利益的需要、意见都是大事，都必须认真对待，尽快解决。在学校党委常委会会议记录中，保留了许多这样的记载。如学生反映：教室灯光偏暗，容易造成视力下降；现物系食堂办得不好；校园绿化美化和卫生、治安环境差；学生宿舍里臭虫多；师生洗澡难……诸如此类大大小小的问题，他都会第一时间在学校党委常委会上提出要求，进行讨论，做出决定，并尽快落实，责任到人，定期检查，直到妥善解决。

当时，师生们无论在哪里，见到刘冰同志都可以反映情况，提意见。在学校党委常委的一次会议上，有人反映学生对校领导有议论。刘冰同志当即表示，这是好事，要鼓励学生提意见；并要求校团委、学生会干部要深入学生，了解、征求学生对学校工作的意见、建议，至少每个月向学校党委汇报一次。对于学生的意见和要求，能够办到的，各部门必须尽快解决；即便暂时无法解决的，也要向学生解释清楚，积极想办法，创造条件争取逐步解决。

他自己也想方设法抽出时间，经常到教室、实验室、图书馆、学生宿舍和食堂，看望老师、学生和后勤职工，与大家沟通，征求、了解各方面的意见和建议。

为了尽快改变校园脏、乱、差的情况，创造美好的工作、学习和育人环境，他还在党委常委会上提议，组织全校师生在周末参加卫生大扫除、修建人工湖等义务劳动，党委常委中60岁以下的领导都带头参加劳动。当时，每到周末，校园里都会出现热火朝天的劳动场面，很多师生都放弃休息，加入清除杂草、垃圾和美化校园环境的劳动中来。而年近花甲的刘冰同志和很多老领导也都身先士卒，带头参加，为大家树立了榜样。与此同时，他还调集专人，专门成立学校绿化队，在校园里植树、栽花、种草，很快就使校园面貌发生了显著变化。

同时，刘冰同志还尽可能地向上级部门反映情况，争取教育部、甘肃省委和地方政府对兰州大学的关心与帮助。所以，那些年可以说是兰大校史上校园环境变化最为明显、基建项目最为集中的时期，也是教学楼、学生宿舍、教工住宅兴建较多，教学、科研和生活条件显著改善的时期。随着新的师生宿舍、职工子弟小学、幼儿园、澡堂等陆续竣工启用，学校食堂饭菜品种、质量全面提升，师生员工满意度不断提高。这些工作有效地解除了广大教职员工生活上的后顾之忧，使大家可以全身心地投入学校的教学和科研工作当中，有力地促进了学校教学质量、科研水平和学风教风、社会形象的全面提升与好转，并为此后兰州大学的崛起和可持续发展奠定了重要基础。

四是注重以民主、法制方式处理各种矛盾和问题。

经过对“文革”及其惨痛教训的深刻体会和认真反思，刘冰同志非常注重党对高校的领导及高校的管理工作，反复强调要将之纳入民主、法制的轨道，而不是像过去那样采取群众运动、阶级斗争和批判处分等简单粗暴的极端方式来解决问题。这也是他在兰州大学工作期间，适应时代变化，在加强和改善党对高校领导方面做出的重要改革和创新。

他认为：“我们要健全社会主义民主和法制，对每一个公民来说，既要行使宪法和法律赋予的权利，又要执行宪法和法律规定的义务。权利和义务也是对立统一的。……只要权利，不尽义务，我认为是小资产阶级的利己主义的反映，表现在干部身上就成为官僚主义的倾向，表现在群众身上就成为无政府主义倾向。如果我们把民主与法制、民主与集中、自由与纪律、权利与义务等关系处理不好，我们的社会主义民主与法制将会流产。”“在对待民主与集中、自由与纪律的关系问题上，一些人容易表现只要民主不要集中，只要自由不要纪律，搞无政府主义；或者是只要集中不要民主，只要纪律不要自由，扣帽子、打棍子，搞一言堂、‘家长制’。我们要记取过去的教训，要正确处理民主与集中、自由与纪律的关系，建立中国式的真正的社会主义民主。这也就是民主基础上的集中，集中指导下的民主，人民享受最广泛的民主。”①

在他看来，高校工作要坚持民主，首先就是要尊重、信任广大教师，把他们真正当作工人阶级的一部分，作为办好兰州大学的主体力量，而不是把他们作为利用、改造的对象，更不能采用“四人帮”全盘否定、敌视知识分子的荒谬做法；真正按照高等教育的客观规律，充分调动、保护教师的工作积极性，使他们能够全身心地投入教学、科研，而不是去人为地束缚他们的手脚，干扰和影响学校的发展。因而，党对高校的领导和基本工作，就是落实好知识分子政策，尊重、保护教师的合法权益，充分调动、发挥他们的聪明才智和积极性，确保教学、科研这“两个中心”的建设，培养又红又专的优秀人才，最终保证党的教育方针在高校的贯彻、执行，为国家的现代化事业多做贡献。同时，要客观、公正地看待恢复正常高考后入校的大学生，充分认识他们在本质、主流上是热爱党、热爱社会主义，甘愿为国家的现代化事业努力学习、建功立业的；要尽可能地爱护学生，满腔热情地为学生服务，关心、引导他们在思想道德、专业学习、身体健康等各个方面全面发展，引导他们健康成长。

他还认为，高校的管理必须纳入法制轨道，以宪法和法律为准绳，用法制精神、方式处理各种问题和矛盾，在师生中间树立法制

① 刘冰：《关于目前学校的思想政治工作问题》1981年1月13日，第11、13～14页，兰州大学档案馆藏，全宗号093-目录号003-案卷号0106。

意识，遵纪守法，自觉维护校园秩序和安定团结，克服管理中的主观随意性，彻底清除无政府主义、无视法纪等“文革”残余影响，把大学生真正培养成有理想、有道德、有文化、有纪律的社会主义建设者和接班人。

五是坚持正面引导和耐心细致的思想教育。

刘冰同志在兰州大学工作期间，面对当时复杂多变的社会环境和校园情况，始终坚持按照民主、法制原则管理高校，用正确的立场、方法，妥善处理、解决学校的各种问题和矛盾。尤其是对于学生中出现的问题，他认为绝大多数都是人民内部矛盾，不能简单、粗暴地采取打压或行政处分的方式，而应该通过坦诚的对话、正面的引导和耐心细致的思想工作，既要保护学生的政治热情，又要旗帜鲜明地严肃批评其中不当之处，甚至错误之处；在严格要求学生的同时，给他们时间和机会，引导他们弄清是非，明确危害，转变认识，认真改正；并且在毕业、分配等各个环节，尽可能地减少对其个人的影响。所以，尽管在20世纪70年代末、80年代初，由于社会上和校内外各种原因，兰大如同当时全国许多高校一样，也不可避免地出现了一些学生思想上的混乱，以及自发的游行、学潮等，但都能在较短的时间内得到妥善解决，没有对学校的安定团结和正常工作造成大的冲击，也没有在社会上造成不良影响。而相关学生绝大多数也能够由此而受到教育，提高自身的思想觉悟和政治辨别力。

兰州大学在这些方面的做法及成效，也受到媒体和相关政府部门的关注，认为学校在化解矛盾、做好深入细致的思想政治工作方面是成功的，收到了显著效果，也逐渐探索出新形势下高校学生思想政治工作的一些新规律、新方法和新途径。

第五章　做好新形势下高校思想政治工作

1978年党的十一届三中全会前后，中国社会开始发生一系列深刻、巨大的转变。这也必然引起人们思想、道德、信仰和价值观念上的深刻变化。正如邓小平同志所说："实现四个现代化是一场深刻的伟大的革命。在这场伟大的革命中，我们是在不断地解决新的矛盾中前进的。因此，全党同志一定要善于学习，善于重新学习。"①

在空前活跃的思想文化领域，当时也不可避免地出现了许多困惑和问题。如对党的领导、社会主义道路、马克思主义和毛泽东思想等出现了一些模糊认识，甚至是错误的认识。为此，1979年3月30日，邓小平同志在党的理论工作务虚会上发表讲话，旗帜鲜明地提出"必须坚持四项基本原则"，要求"各级党委一定要把思想理论工作放在正确轨道和重要地位上"，切实加强思想理论工作；并且再次重申："思想理论问题的研究和讨论，一定要坚决执行百花齐放、百家争鸣的方针，一定要坚决执行不抓辫子、不戴帽子、不打棍子的'三不主义'的方针，一定要坚决执行解放思想、破除迷信、一

---

① 《解放思想，实事求是，团结一致向前看》，载《邓小平文选》第2卷，第152、153页。

切从实际出发的方针。"[①]

类似情况，在当时的兰州大学也同样存在。能否有效应对全校师生思想观念上出现的新问题，开展、加强思想政治工作，帮助、引导广大师生分清是非、坚定信念、正确面对社会上各种思潮的影响，就必然成为学校党委及各级组织一项极其重要的政治任务。刘冰同志和学校党委在这方面做了许多工作，取得了一系列成功的经验。

一、掌握思想政治工作主动权

刘冰同志认为："做思想政治工作是一个党员义不容辞的义务。""放松思想政治工作是最严重的官僚主义，或者叫作最大的官僚主义。我们和国民党官场衙门里的官老爷有什么区别？我看无非是我们的党和干部，是反映了人民的意志与愿望，代表人民的利益的。第一，我们给人民以物质文化利益。第二，我们用马克思主义、列宁主义、毛泽东思想的真理去教育人民，把人们团结起来，指出政治上前进的方向，为社会主义、共产主义的胜利而奋斗。如果对这两点我们不能清醒地注意起来，并见诸行动，就会隔离我们与群众的联系，就会变质。……我们现在放松思想政治工作，就是表现在我们不敢理直气壮地宣传四项基本原则，不敢同错误倾向做斗争，政治工作干部不愿做政治工作。"[②]

他还对当时包括青年学生在内社会上很多人在思想、信仰上的混乱做了深入分析："当前，为什么有些人会对党、对马克思主义、对社会主义发生动摇？我认为，这是由于我们国家正处在一个历史的转折时期。每逢历史的转折时期，总是有各种社会势力和各种思潮表现出来。""我们国家目前虽然还有不少困难，但这是暂时的，我们的前程是光辉灿烂的。有人经不起困难的考验，在困难面前对

---

① 《坚持四项基本原则》，载《邓小平文选》第2卷，第183页。

② 刘冰：《关于目前学校的思想政治工作问题》1981年1月13日，第1、4页，甘肃省档案馆藏，全宗号093-目录号003-案卷号0106。

党、对马克思主义、对社会主义发生动摇，这不奇怪，并不可怕，但我们还要正视它、克服它。”①

因而，他特别重视学校思想政治工作队伍建设，强调思想政治课的重要性，经常要求马列主义教研室的教师提高理论修养，关注和研究现实生活和学生思想上的新问题，尽可能改进思政课的教学效果。

1980年4月，兰州大学召开思想政治工作会议

他还在学校党委和师生中及时传达中央有关会议、文件及重要精神，组织认真学习和贯彻落实，为思想政治工作提供理论指导。

他鼓励学生走向社会，向工农大众学习，树立为他们服务的精神。在他的认可、帮助下，学校团委、学生会比较早地与参加过中越边境自卫反击战的解放军驻天水某部队结成对子，组织同学们到部队与指战员座谈、联欢，相互学习，接受教育。

他还强调要把坚持四项基本原则贯穿到爱国主义教育之中。1981年，“五一”“五四”期间，团委、学生会举办了《我爱祖国》诗歌朗诵，把爱国主义和四项基本原则结合了起来。

① 刘冰：《关于目前学校的思想政治工作问题》1981年1月13日，第9、10页，甘肃省档案馆藏，全宗号093-目录号003-案卷号0106。

这年7月，正值“七一”建党60周年，为纪念学校在1949年为共和国牺牲的7位烈士，继承、发扬光荣的革命传统。学校在校园人工湖畔举行兰州大学烈士碑亭修复落成纪念典礼，用兰大自身的革命传统教育学生，并每年清明节进行祭奠活动。同时，学校还组织了不同类型的报告会，请老同志讲述革命斗争经历，进行革命传统教育。从6月开始，全校动员组织了近千名同学和教师，利用1个月的业余时间，排演了大型音乐舞蹈史诗《党领导我们胜利前进》，以文艺的形式，热情地歌颂了党的光辉历程和丰功伟绩。[①]

1981年3月20日深夜，中国男排在香港战胜韩国男排，取得参加世界杯排球赛资格的消息传来，北大学子在燕园集队游行，高唱国歌，欢呼胜利，喊出了80年代的时代最强音“团结起来，振兴中华”[②]。引起兰大学子的关注和热烈响应。11月，中国女子排球队在日本东京参加第三届世界杯比赛，先后战胜巴西、苏联、韩国、美国和古巴等强队。16日晚，又以3：2的比分最后战胜了上届冠军日本队，以七战七捷的成绩首次夺取世界杯冠军，实现了中国在世界篮、排、足三大球比赛中的历史性突破，为祖国赢得了荣誉。喜讯随着无线电波传遍校园，极大地点燃了同学们的爱国热情，大家争先恐后地走出教室、宿舍，敲打着脸盆、簸箕，点燃笤帚当火把，在校园中游行庆贺。兰大党委、团委、学生会也在全校发起、组织了学习女排精神、努力学习、为国争光的活动。

通过这些活动，兰州大学创造性地开展政治思想教育，把思想政治工作落到实处，并转化为同学们勤奋学习的强大精神动力。

刘冰同志还强调说：“要努力在青年中提倡个人利益服从集体利益、党的利益、人民的利益、社会主义祖国利益的自我牺牲精神；提倡热爱劳动、热爱劳动人民的观点；提倡艰苦奋斗、勤俭节约的精神；提倡个人服从组织，少数服从多数，下级服从上级，局部服

① 《从学生实际出发，采取多种形式开展四项基本原则教育》，兰州大学档案馆藏，全宗号4-分类号文书9-案卷号255。

② 《“团结起来，振兴中华！”》，载《人民日报》，1981年3月22日第2版。

从整体的严守纪律的精神；提倡团结友爱、敬老扶幼、尊师爱生的道德观念；提倡遵纪守法、依法办事的法制观念；提倡解放思想，开动机器，实事求是的科学作风；提倡发扬民主，密切联系群众的作风；提倡严以律己，勇于批评与自我批评的作风；以及理论联系实际，刻苦学习，努力钻研的学风。总之，要把我们人民的光荣传统恢复起来，教育青年一代做一个具有共产主义理想的人，高尚的人，纯粹的人，有道德的人，脱离了低级趣味的人，一个有益于人民的人。”①

二、抓住倾向性问题做好思想工作

刘冰同志到兰州大学后，带领各级领导，深入群众当中，做过细的思想政治工作，帮助大家正确处理民主与集中、自由与纪律、个人利益与整体利益的关系，树立顾大局、识大体、向前看的思想，使混乱和动荡了十多年的兰州大学出现可喜局面。

1979年4月5日，数学力学系几个工会会员在校园里贴出一张大字报，“强烈要求”校领导把被总务部门占用的原工会俱乐部退还给工会。第二天，全校11个系的工会联名贴出响应大字报。

对大字报这种多年来习以为常的做法，刘冰同志没有当场批评，而是采取具体问题具体分析的科学态度。他首先和总务处负责人一起察看了原工会俱乐部的用房情况，提议把堆放在里面的教学设备搬出来，给工会和教师们腾出一个进行业余活动的地方。然后，他和党委其他领导同志又分别召开机关党员会议和校、系工会负责人会议，旗帜鲜明地谈了自己的看法。他说，归还俱乐部的意见是对的，领导上应该考虑，不加考虑是官僚主义。但是，各系工会组织联名写大字报，提出“强烈要求”的“文革”式做法却不可取，作为各级领导同样应该指出来，否则就是尾巴主义，是放弃了

① 刘冰：《关于目前学校的思想政治工作问题》1981年1月13日，第15页，甘肃省档案馆藏，全宗号093-目录号003-案卷号0106。

领导。他问大家，“文革”之前有没有这种现象？大家回答说没有。他恳切地说，工会是党领导下的群众组织，我们党与群众休戚与共，血肉相连，一般的意见和建议，工会完全可以随时随地反映给各级党组织和领导，用不着以工会名义贴大字报，更用不着采取什么“革命行动”。一些同志这样做，不利于安定团结，也不利于加强党的领导。他要求大家抛弃这种不适当的做法，团结一致，同心同德搞教学、搞科研。他的这一番话，说得大家心悦诚服，一场大字报风波很快平静下来。

刘冰同志说：“当前的思想政治工作主要是群众工作。领导同志必须一件一件地去做，切忌急躁和草率。”他自己就是这样把思想政治工作渗透在日常工作和生活之中的。

4月12日晚，忙碌了一天的刘冰同志刚回到住处，秘书就告诉他，白天校印刷厂的一批工人登门找他，并声称“非见不可”。这件事引起了刘冰同志的重视。第二天一上班，他就和党委及有关部门负责人一起到印刷厂，听取工人同志的意见。大家发言以后，他当场对其中的合理意见表示赞同，答应给比较拥挤的打字车间盖几间简易平房，给光线较暗的车间多安装一些照明灯泡。同时，他又把学校面临的困难实事求是地告诉大家，希望职工们体谅国家和学校的苦衷。最后，他直言不讳地指出他们要求中的不合理部分，批评他们不该放下工作，成群结队地去找领导；鼓励他们发扬艰苦奋斗的革命精神，把党和人民的利益时刻挂在心上，兢兢业业做好本职工作。座谈会开了两个多小时，大家自始至终都很认真。散会时，气氛变得非常活跃，一些原来怨气较大的同志也露出了满意的笑容。

刘冰同志在做思想政治工作的时候，总是虚心地倾听群众的呼声，关心群众的疾苦，尽可能地解决群众迫切需要解决的问题。1978年12月他刚来兰大时，师生员工对学校没有洗澡设施意见很大，他就建议因陋就简，先尽快修复旧澡堂，并亲自带头到工地参加劳动，多次看望施工的同志，很快解决了师生员工的洗澡问题。当时学校的教室很紧张，在他的提议下，党委决定把校部机关从文科楼搬到简陋的旧平房，腾出了可供八百多名学生上课用的二十多个教室，解决了七九级新生上课没有教室的燃眉之急。

1979年3月，校党委决定在家属院新建一座教工宿舍楼时，要拆除少量的旧平房，同时妥善安排了拆迁户的住房问题。可是有个别职工过分计较个人利益，不仅迟迟不肯搬家，还说了一些错误的话。刘冰多次派人去做工作都不见成效，他就在一次大会上严肃地批评了这种现象，指出如果个别人再不顾全大局，一意孤行，就要予以纪律处分，并通报全校！这就使原来不肯拆迁的少数人按规定时间搬了家。在这同时，刘冰同志还严肃批评和处理了两起违反校纪的事，向师生员工做了一次遵纪守法的教育。

他深有感触地说："思想政治工作要理直气壮，高屋建瓴，抓住一些带倾向性的苗头，从原则上尖锐地指出来，划清正确与错误的界限；否则，就会被一些人所左右，而放弃了领导者的责任。"这样做，有效地统一了师生员工的思想，使学校各方面工作很快就有了新的起色。这也引起了新华社记者的兴趣，他们专程到学校进行采访，并在《光明日报》上刊发专题文章做了报道。①

刘冰同志善于抓住群众中出现的倾向性问题，能够通过深入细致的思想工作来解决问题，以点带面、影响和把握全局，从而起到教育广大群众的作用及效果。这也是刘冰同志在高校做思想政治工作中摸索、总结出的一整套有效方法。

三、做青年学生的知心朋友

刘冰同志作为长期在高校工作的领导干部，深深地了解广大学生，对青年学生有很深的感情和长者的仁爱之心。1981年4月，他曾在中共甘肃省委召开的大专院校思想政治工作座谈会上说，对20岁左右的这一代人，"我的看法总的是好的，比我们年轻的时候懂的事

① 屈维英：《兰州大学党委书记兼校长刘冰同志带头做过细的思想政治工作》，载《光明日报》1979年5月2日第1版。

多，知识也多，视野也开阔些，是我们国家的未来和希望”。“在高等学校学习的一百多万大学生是这一代青年中比较优秀的有知识的一部分。……从发展的观点看，将来他们的大多数都会是科学技术、教育文化、党、政府各方面的干部。现在他们是我们干部的预备队。对于这一代青年人，我是乐观的”[①]。他还在学校党委常委会上说：“我们当领导的，要和学生交朋友，要与青年有共同语言，否则怎么去教育他们？与广大青年学生团结在一起，我们做工作才会主动。”他到兰大后，利用各种机会，想方设法地和学生们打成一片。他作为党委书记兼校长，后来又担任副省长、甘肃省委副书记等繁忙的党政工作，但却始终心系学校师生，尽可能为师生们排忧解难，留下了许多感人的故事。

1979年暑假结束时，外语系的一位新生从南方农村前来报到后，去学校理发室理发。一位头发花白的长者进来后就按顺序坐在他的后面，一边排队等候，一边亲切地询问他来自什么地方，录取到哪个专业，并提醒他在宿舍里要和同学们友好相处，鼓励他好好学习。很快就轮到这位同学了，他请这位和善的师长先理发。对方却摆摆手，认真地说：“这可不行，总得有个‘先来后到’嘛！”第二天，这位同学参加开学典礼，这才认出昨天在理发室遇到的那位长者，就是大名鼎鼎的刘冰校长。这件小事，给这位新同学留下了终生难忘的印象。多年之后，他还向别人深情地回忆起初进兰大时，老校长给自己上的这第一堂课。

从刘冰同志晚年所写的回忆录中，我们还看到了这“先来后到”一语的出处。1938年8月，他刚到延安抗日军政大学学习时，毛泽东同志应邀前来学校做报告，当时只有十几岁的他因个子小坐在第一排。报告结束后，他满怀敬意地把自己的笔记本递到讲桌上，请求毛泽东同志题字。其他同学见状也争先恐后地把各自的笔记本放到讲桌上，眨眼间堆了高高的几摞子，他的本子反而被压到了最

① 《刘冰同志在省委召开的大专院校思想政治工作座谈会上的讲话》，甘肃省档案馆藏，全宗号093-目录号003-案卷号0150。

下面，急得他直想喊叫。毛泽东同志好像看透了他的心思，一边说“总要有个先来后到吧”，一边随手将面前这几摞本子全都翻过来，并最先在他的笔记本上写下了“向斗争中学习”六个遒劲的大字，还签上了自己的名字。他接过笔记本，心里高兴极了。①

刘冰同志不仅始终把学生当作亲人，切实解决学生学习、生活中的各种实际问题，替他们排忧解难。他更加关心的，是从思想上帮助学生成长。他常说：“年轻人的思想，关键在于引导。”他善于利用各种场合，一点一滴地言传身教。每当校团委和学生会请他做报告，他总是非常认真地准备，一遍一遍地修改讲稿，从不让秘书代笔。他的报告简明扼要，言之有物，学生们总是早早来到会场，他们说：“我们爱听刘校长的报告。”②

刘冰同志还非常善于通过一些小事，对青年学生循循善诱，引导他们正确对待遇到的问题与困难，在思想认识、心理上逐渐走向成熟，积累并掌握处理各种复杂情况的能力。后来成为中国科学院院士、副院长的兰大核物理专业七七级毕业生詹文龙，当时是校篮球队队员。有一次校篮球队与外校球队比赛，由于裁判的原因，让兰大队输了球。一心要为学校争光的队员们都感到窝囊和愤懑。刘冰同志闻讯后来看望大家，最后语重心长地说道：“人要学会受委屈。”当时，在场的同学还不太理解。但后来在工作中，老校长的这句话却让詹文龙终身受用。他从自身的成长经历中深深感受到：“的确如此！人要长大、做更大的事情，如果没有这种包容的心态，是很难做上去的。几十年下来，这句话对于我做人是非常好的帮助。”③由此可以看出一位睿智长者的拳拳仁爱之心，以及对年轻人成长的深情关注与人生启迪。

历史系七八级有一位来自四川农村的同学，当小学教师的父母

---

① 刘冰：《求索：难忘的历程》，中央文献出版社，2004年，第82页。

② 梁平、龚龙泉：《刘冰校长和同学们》，载《中国青年报》1981年4月7日第2版。

③ 王兴东采访整理：《詹文龙院士：做好从“跟着走”“一起走”到“领着走”的转变与储备》，2015年5月16日。

因为历史问题在“文革”中被迫害致死，他和家人也因此受到牵连，在村里备受歧视和凌辱。恢复高考后，他想方设法偷偷报名参加考试，并以较高的分数被兰州大学录取。他按照录取通知书上的报到日期，提前在夜色中悄悄乘火车到了学校。但开学后，他家所在的生产大队却给学校发来公函，强烈要求学校取消“反革命狗崽子”的学籍，将他遣返回农村继续劳动改造。这位同学闻讯后忧心如焚，坐卧不安。无奈中，他到家属院刘校长住的楼下等候。刘冰同志回来时把他带到住所，仔细听了他的倾诉，略加沉思即拍着他的肩膀说，你能上学真是太不容易了，以后就安心学习，学校一定会保护你的。听到刘校长这朴实、诚恳但却决定其命运的回答，这位已过而立之年、饱经忧患且忐忑多日的男同学，竟像遭受委屈后遇到亲人的孩子般号啕大哭。

后来，刘冰同志还要求学校有关部门，多为像这位同学那样年龄大、家庭负担重的学生提供各种勤工助学的机会。这位同学卸下了沉重的思想包袱，以感恩之心努力学习，取得很好的成绩。毕业时他谢绝了学校图书馆要留他在校工作的机会，主动要求回到家乡一所中学任教。多年以后，刘冰同志还一直关心着这位身世坎坷的兰大毕业生，与他始终保持着联系；凡自己出版新书，都会亲笔签名后让家人寄给他。他也不辜负老校长的关心、期望和母校的培养，在平凡的教学工作中刻苦钻研，很快成为颇有名气的特级教师，被调到全省一所重点中学担任了教导主任。

四、教育、引导青年学生

1980年10月26日是星期天，兰州大学礼堂放映电影。其间，经济系七八级1位学生劝说几个待业的教工子弟不要在礼堂抽烟。对方非但不听，反而将这位同学殴打得满脸是血。该学生去找学校保卫部部长，对方却推说不归他们管，让他去找系总支书记。但总支书记对此事也难以处理。被打学生无奈地回到宿舍，学生们看到自己的同学无辜挨打却得不到公正处理，都十分气愤。当晚，上百名学生冲进学校家属院3个肇事者家中，进行打砸；随后又到学校图书馆门前集会，提出条件要校党委立刻答复。次日，还组织学生罢课并在校园内游行，要求学校严惩打人肇事者，保护在校学生人身安全。

学校领导果断采取措施，刘冰同志亲自与学生对话，允诺严肃查处肇事者及有关责任人，加强校园的治安保卫工作；并派人对受伤学生进行治疗和慰问。28日上午，同学们已照常上课，校园也恢复了平静。在此期间，校团委、学生会都配合党委，做了许多疏导工作。但少数领头的学生担心学校追究他们的责任，继续鼓动一些不明真相的学生造校学生会的“反”，说学生会在罢课中未能代表、维护学生利益，并张贴大字报，要求提前改选学生会。学校党委根据《全国学联章程》相关条款，坚持在12月中旬校学生会任期届满后，按规定进行改选，用正常的组织程序阻止了少数学生要提前强行改组校学生会的企图。

刘冰同志（右一）深入学生宿舍与经济系七八级同学促膝谈心

刘冰同志和学校党委对学生中这一群体性突发事件非常重视，不仅在坚持原则、态度鲜明的前提下，审时度势，把原则性与灵活性有机结合，以循循善诱、充分说理的方式，用四项基本原则启发教育青年学生，把处理问题的过程变成提高学生思想觉悟，进行社会主义民主、法制教育的过程。刘冰同志和学校党委其他成员在与学生对话时都明确指出：一定要按法制和法律规定办事，绝不能采取“文革”中撇开政法公安机关，用自发暴力手段去解决校园治安问题。否则，只能带来更大的混乱。罢课、游行，既不利于安定团结，不利于问题的尽快解决，也不利于同学们的学习。尤其是在学校已答复要依法惩处肇事者，妥善安排受伤同学的情况下，罢课、游行更是不必要、不应该，也是不对的。同时，也认真地检查了学校保卫工作中存在的缺点与不足，接受了学生提出的惩办肇事者、追究失职人员责任等合理意见。并且注意兼顾学生的情绪及心理承受能力，避免“上纲”“上线”，说过头话，用刺激性言辞激化矛盾。经过耐心细致、入情入理的说服和解释，绝大多数同学都心服口服，并且否定了个别人的错误意见，事态很快得到了控制。

刘冰同志和学校党委还透过该突发事件及其直接原因，深入分析、查找学校在治安保卫、后勤服务等方面存在的问题，认识到要想稳定绝大多数学生，除了做好思想工作外，还必须解决学校工作中存在的各种实际问题，尽可能消除容易引发学生不满情绪的根源。因此，出现学生罢课后，刘冰同志等进一步主动深入学生听取批评意见，代表党委主动承担学校工作方面的责任，对大家提出的意见和要求，合理的、能够办到的立即去办，暂时办不到的也尽量解释清楚；对于一些过分的要求，则耐心地进行说服教育。与此同时，还雷厉风行地切实解决各种实际问题，如派专人看望、慰问和医治受伤学生，通过公安部门拘留肇事者，责令推诿失职的保卫部长停职检查，组建校卫队并严格门卫制度；学校教务部门召开师生座谈会，研究教学改革等问题。为了避免扩大矛盾、引起连锁反应，学校还有意识地推迟进行整顿教工、干部队伍和分配职工住房等原定的敏感性工作。

该校园突发事件的顺利解决，充分证明“解决思想问题的同时解决实际问题很重要。群众希望解决的实际问题都解决了，解决不了的问题又弄清了解决不了的原因，他们的不满情绪也就消除了，就会和党组织很自然地站在一起。如有少数人再继续纠缠，也就失去了借口，从而脱离多数，受到孤立”[①]。

刘冰同志妥善处理突发事件及学潮的过程，表现了处变不惊的政治坚定性、很高的理论政策水平，以及娴熟的领导艺术和思想工作方法，能够以平等、坦诚的态度对待、理解和爱护学生，尽可能通过沟通疏导，以理服人，以批评教育为主，而不是简单地对学生进行压制或给予行政处分。就在26日当晚学生集会他亲自出面疏导时，一个学生在气头上，当着众多人的面，很不礼貌地顶撞了他。事后，那个同学心怀忐忑，害怕被学校处分。但出乎他意料，刘冰同志反而在会上表扬他提意见的积极性。那个同学感动得说道：“刘校长的这种气度，使我更觉得他可尊敬了。”后来，这个同学和另外几个学生一起，主动找刘校长进行了一次长谈。刘冰同志严肃地指出他们思想观点上的片面性和行为上的不妥之处，也检讨了学校工作中的缺点。同学们感到由衷的信服。[②]

刘冰同志以丰富的领导经验和魄力，真诚地对待犯了错误的同学，尽可能在不扩大事态的前提下保护青年学生，并且让参与突发事件的有关方面都得到妥善处理，吸取相应的教训。由此可以看出，他在处理这类问题时，总是以一种仁爱之心来对待犯了错误的学生，既严格要求，严肃批评，又以惩前毖后、治病救人的态度慎重处理，给他们改正错误的机会，并通过耐心细致的思想工作，让他们从中接受教育，提高认识，吸取教训，促进他们的健康成长。

五、抵制错误言行和思潮

1980年11月下旬，全国开始进行县区人大代表选举换届工作。兰州大学经济系七八级、中文系七九级的个别学生分别组织竞选班子，出面竞选兰州市城关区人大代表。他们还分别印发了《告选民

① 《兰州大学党委在学生罢课、竞选事件中是怎样进行疏导工作的》（1981年3月10日），甘肃省档案馆藏，全宗号093-目录号003-案卷号0106。

② 梁平、龚龙泉：《刘冰校长和同学们》，载《中国青年报》1981年4月7日第2版。

书》，在校内进行演讲，对于政治体制、经济体制、教学体制的改革，本选区选民的文化生活等，发表自己的看法，其中有些言论不符合四项基本原则。当时，个别学生提出“要民主、要自由”的口号，甚至喊出“偌大的校园摆不下一张平静的课桌”，还准备上街游行。为阻止事态进一步严重，团委书记唐伟同志在旧文科楼前与同学们对话，尽力劝说大家回去上课。后来，刘冰校长直接出面，与同学们对话。他心平气和地同大家交流，谈民主与法制、自由与纪律的关系，耐心细致地做学生的思想工作。同时，针对“偌大的校园摆不下一张平静的课桌”的说法，进行了严肃的批评。他强调，这句话是1935年“一二·九”运动中清华学子面对国家生死存亡时发自肺腑的呐喊。那正是日本帝国主义侵略中国，中华民族面临亡国的危险时刻。如今，引用这句话是大错特错的。大家都应该珍惜国家改革开放的大好时机，安心回到课桌前，为中国的现代化努力学习，绝不能做影响安定团结、扰乱学校秩序的事情。学生们听后，都自觉惭愧，心服口服，纷纷回到教室上课。

个别学生的竞选事件引起了刘冰同志和学校党委的高度重视，通过研判，清楚地认识到个别学生的活动“是有一定目的，一定步骤、策略和一定的组织的，总倾向就是要摆脱党的领导”。因而有针对性地采取了3项对策：一是在校、系两级重点做少数学生工作的同时，争取做好多数学生的工作，团结、教育大多数学生，以稳住学校的多数人、多数系，孤立少数闹事者，从一开始就全面掌控局势；二是依法办事，通过相关法律和选举投票等民主程序，挫败少数人的企图，使大多数人接受社会主义民主与法制教育，认识到依法办事和维护安定团结局面的重要性；三是审时度势，讲究策略，既心中有数，但一开始不急于点破，采取审慎、渐进、循循善诱的方针，创造有利时机，先做好教师骨干、学生党员和团员的工作，逐步引导广大师生分清是非，彻底认识个别人违反四项基本原则言行的本质错误。[1]最终，以中文系竞选者在群众投票选举中落选、经济系竞选者也未能当选校学生会主席的结果，证明学校在处理个别学生竞选事件中的疏导工作取得了预期效果。

1981年1月13日，刘冰同志在甘肃省召开的专题会议上做了《关于目前学校的思想政治工作问题》的讲话，不仅对近期高校出现的学生事件进行了深刻分析，而且深入地探讨、论述了高校思想政治工作的许多根本性问题。这是一篇很有价值的重要文献，既真实地记录了当时全省高校学生和思想政治工作的普遍情况及书记、校长们的态度和对策，也全面体现了长期担任高校领导工作的刘冰同志对新时期学生思想政治工作的理论思考和认识水平，涉及办好中国社会主义大学的本质特点和许多带有普遍性、规律性的东西。即便是三十多年后的今天，对于创建一流的中国社会主义大学，仍然具有重要的理论参考价值和借鉴意义。如果它能够被收入《刘冰文集》，一定会引起更多的关注，产生重要的影响。

在这篇讲话中，刘冰同志结合兰大和省内其他高校中出现的问题，总结出当时这些学生事件的3条基本原因：第一条是我们工作上的官僚主义作风。第二条是我们的思想政治工作放松了。第三条是"四人帮"极"左"路线在学校这个阵地上流毒还很深，加上资本主义世界的影响和最近波兰事件的影响。他还由此提出了4个需要高校认真关注的问题：一、关于坚持德、智、体全面发展的教育方针问题。二、关于坚持正确的政治方向问题。三、关于社会主义民主问题。四、关于献身精神问题。并且提出了对待学校中少数人闹事应该采取的措施，第一要正确分析两类不同性质的矛盾；第二要疏导不要堵塞；第三要原则性与灵活性结合。最后，他还再次强调："要贯彻好党的教育方针，加强学校的思想政治工作，必须努力培养和建立一支得力的思想政治工作队伍。""我们是社会主义大学，要走自己的路，我们培养的人应该是第一流的，他们不仅掌握了先进的

---

① 《兰州大学党委在学生罢课、竞选事件中是怎样进行疏导工作的》(1981年3月10日)，甘肃省档案馆藏，全宗号093-目录号003-案卷号0106。

科学技术，而且还要有社会主义的精神文明。因此，我们必须坚持德智体全面发展的教育方针，坚持又红又专的方向。只有这样，才能把我们的学校办好。”①

刘冰同志和学校党委还在事后的总结中，提出要“充分认识学生闹事问题的严重性”，“学生闹事，是由于我们工作中的具体问题引起的，但这仅仅是导火线，实质的问题是深受‘四人帮’极左思潮的影响，追求资产阶级自由化”。由此也“向我们提出了：在加强政治思想工作中，有必要重视抓好思想理论斗争和整顿党团组织、重建政工队伍两个突出的问题”②。

经过周密的调查研究，根据所掌握的材料和数据，刘冰同志判断，兰大学生闹事中真正积极活动、组织串联的仅占全校学生总数的1%左右；其中真正有些“观点”和“见解”的不到学生总数的0.5%。受这些人号召、跟着闹事的不足学生总数的10%。即使那些少数闹事的人当中，经过学习、教育，不少人的认识也发生了变化，开始认识到自己的错误。

1981年4月12日，刘冰同志还在中共甘肃省委召开的大专院校思想政治工作座谈会上指出，学生“闹事暴露出来的思想问题，是一种历史现象，短时期不会消失”。“闹事中冒出来的思想绝不是偶然的东西，而是一种社会现象，是在一定的历史条件下形成的一种观念形态”。“我们必须去研究这个现象，寻找它的历史原因，抓住它的本质，认真地、坚忍不拔地去解决它。这样才能提高自觉性，避免盲目性”③。他还凭借长期从事高校和学生工作的丰富经验和历史教训，多次提出采用疏导方针合理解决学生闹事问题，尤其是其中少数领头者的问题。他说，对待少数学生闹事，“第一，要正确分

① 刘冰：《关于目前学校的思想政治工作问题》1981年1月13日，甘肃省档案馆藏，全宗号093-目录号003-案卷号0106。

② 《兰州大学党委在学生罢课、竞选事件中是怎样进行疏导工作的》（1981年3月10日），甘肃省档案馆藏，全宗号093-目录号003-案卷号0106。

③ 《刘冰同志在省委召开的大专院校思想政治工作座谈会上的讲话》，第2、3、5页。甘肃省档案馆藏，全宗号093-目录号003-案卷号0105。

析两类不同性质的矛盾。闹事，有种种原因，有思想上的、工作上的，更多的是由于我们工作没做好引起的。一般都要按人民内部矛盾对待。闹事的人，多数是好人，少数是有偏激情绪的，只要耐心地做好工作，群众是会通情达理的。对极少数有错误思想观点的，也要教育争取，坚持耐心说服，积极诱导，不要放弃他们。如果我们对这些人不争取教育，把他们推向对立面，就会使矛盾转化。这一点务必注意。对于个别属于'四人帮'的余孽，或实质上的反党反社会主义的所谓'持不同政见者'，存心和社会主义捣乱的人，应当把他们从闹事的人群中划分出来，另作别论，但也不要草率处理，要有理有据，依法谨慎从事。"[①]"从1957年以来在对待大学生的问题上，我们混淆两类不同性质的矛盾，搞阶级斗争扩大化。……大学生中错划的右派，我们所平反的大量冤假错案，一般都是这些人。两类矛盾混淆的界限一般是把思想问题和政治问题完全等同了起来。当然思想问题和政治问题之间并没有隔着万里长城，但毕竟还是有区别的。我们过去常常不注意这个区别，结果就导致了阶级斗争扩大化，把一些犯了思想错误可以争取教育的青年推向了政治上的对立面，结果孤立了我们自己。这个教训一定要记取。现在我们应当学得聪明一些，能不能这样说：着眼于大多数，不忽视极少数，不要把极少数和大多数截然地完全地对立起来，应当看到两者之间的相互联系。对于这些人总的方针还是教育。""第一条，对这些人反映的思想观点要看得严肃一些。第二条，允许青年人说错话，允许他们改正错误。第三条，要耐心细致地工作和教育。第四条，对屡教不改、坚持错误者要绳之以纪律。第五条，真正构成反党反社会主义的要严格限制在个别人或者极少数人，而且如何处置，一定要依法办事。"[②]

① 刘冰：《关于目前学校的思想政治工作问题》1981年1月13日，第16页。甘肃省档案馆藏，全宗号093-目录号003-案卷号0106。

② 《刘冰同志在省委召开的大专院校思想政治工作座谈会上的讲话》，第12～13页。甘肃省档案馆藏，全宗号093-目录号003-案卷号0105。

这些论述，对于正确引导新时期高校青年学生的思想问题，具有重要参考价值和借鉴意义。由此，也能够看到刘冰同志实事求是、一切从实际出发的精神、原则性与灵活性结合的科学态度，以及这位仁厚长者爱护青年学生，对他们立足教育、争取的拳拳之心。

刘冰同志关心青年学生的思想状况，经常从思想上引导、帮助他们，使他们能够树立科学的人生观、世界观和坚定正确的政治方向，能够健康地成长。他常说："年轻人的思想，关键在于引导。"但同时又满腔热情地帮助学生，甚至那些犯过错误的学生，尽量给他们提供改正错误的机会。

1982年夏天，正是毕业季，大批学生被分配到各自的工作岗位上。而那位曾带头参与竞选和闹事的学生，学校鉴于他在校期间的表现，迟迟未给他分配工作。过了一段时间，学校决定把他分配到新疆某单位工作。这位同学来自江苏，家庭条件困难，而且父母年事已高，需回家照料。分配方案公布后已几个月了，他仍未前往新疆报到，一直留在学校争取改派回江苏工作。此时，刘冰同志虽还兼任兰州大学党委书记，但主要精力已经转到甘肃省委工作。这位同学设法找到了省委办公厅，向工作人员诉说了自己家庭的困难，对于自己以前所犯的错误表示歉疚，并表示希望能改派到江苏省工作。

工作人员向刘冰同志汇报了这件事。老校长意味深长地说："年轻人嘛，难免会犯错误，要以教育为主，不要采取惩罚措施。既然已经认识到自己的错误，考虑到他的实际困难，能改派就改派吧。"刘冰同志的意见很快被转告学校有关部门。学校经过研究，鉴于该学生本人的特殊情况和实际困难，便改派他回江苏工作。他回到江苏后写来了一封信，一是表示感谢，二是对自己所犯的错误进行忏悔。信中还专门感谢刘冰老校长，感激他不计前嫌，给自己改过自新的机会，并保证一定在新的岗位上认真工作，不辜负兰州大学的培养。

其实，这样的事情还有很多，刘冰同志曾说过，学生毕业分配就像父母嫁姑娘一样，学生有些小问题、小错误，在所难免，不能因为这些影响他们的前途。

也是在1981年，电影文学剧本《苦恋》及文艺、思想理论界和意识形态领域中出现的一些问题，引起中央领导的高度重视。3月27日，邓小平同志提出："要加强坚持四项基本原则的宣传、教育，要多写这方面的文章。要批判'左'的错误思想，也要批判右的错误思想。""对电影文学剧本《苦恋》要批判，这是有关坚持四项基本原则的问题。"[①]7月17日，邓小平同志又强调，"当前更需要注意的问题，我认为是存在着涣散软弱的状态，对错误倾向不敢批评，而一批评有人就说是打棍子。"那些错误言论，"一句话，就是要脱离社会主义的轨道，脱离党的领导，搞资产阶级自由化"[②]。随之，在文化思想领域开始进行反对资产阶级自由化的斗争。

1983年，兰州大学哲学系有位在国内美学界有一定影响的副教授，"文革"后因研究人道主义和马克思的"异化"理论，被点名批评。他提出暂停在这年秋季学期给本科生讲授的"美学"课程。哲学系和学校随之决定暂停他在翌年招收1名美学专业中国美学研究方向硕士研究生的计划。后来，这位教师要求并调离兰州大学。

在此过程中，学校党委和刘冰同志都做了大量工作。先是按照上级部门的要求组织相关人员，对其学术论著及主要观点进行了梳理，指出其中不符合四项基本原则的一些问题。哲学系、学校党委成员也多次找他谈话，希望他能够改变自己的观点。1983年12月，刘冰同志和聂大江校长，约他面谈，但他没有赴约。次年2月25日上午，刘冰同志再次专门找他谈话。一开始，刘冰即诚恳地说："今天找你来，想和你谈谈心，交流交流看法。我不是以领导的身份和你谈话，而是作为同志交换意见。"接着，又提到以前在这位教师被借调到中国社会科学院哲学研究所工作前后曾与他有过两次谈话，"当时我赞成你到那里去专门做研究工作"。"我说这些话的意思是想

① 《关于反对错误思想倾向问题》，载《邓小平文选》第2卷，第379、382页。

② 《关于思想战线上的问题的谈话》，载《邓小平文选》第2卷，第389、390页。

说明我和过去一样想帮助你。今天我们开诚布公地谈一谈，你放心，我不会抓辫子，打棍子，扣帽子。”谈话中，那位教师表示自己同意胡乔木文章中的基本观点，但在一些具体问题上，还有商榷的地方；认为研究人道主义和异化问题，对社会主义、经济建设还是有用的。那位教师还提出，广州近期有一个关于人道主义和异化问题的讨论会，参加会议的名单中有他。他打算写个发言提纲，先到北京找主持会的同志交换一下意见。

刘冰同志说：我赞成你去参加这个会，你想先去一下北京这也可以。今天，我想讲几点意见，供你参考。一、对你的基本观点，我是不同意、不赞成的。我希望你认真学习胡乔木同志的重要文章，对比自己的观点，看看哪些地方有错误，把思想清理清理，使你自己的思想和观点能够符合马克思主义的科学原理，这对于你今后正确地进行理论研究和创作有好处。二、你要多听听学术界、理论界和其他同志对你的文章、创作中理论观点的批评意见，要依靠组织和集体。三、你的错误，我们认为是属于思想问题、认识问题，当然是些原则问题。对于你的问题，我们坚决按中央的方针政策办，要帮助你提高思想，提高认识，清理错误，绝不是要整你。这一点要和你说清楚，请放心。

……那位教师最后表示，回去后要好好考虑。[①]后来，哲学系有的同志提议中止他所讲授的课程。系领导向刘冰同志请示时，刘冰同志明确表示，他是教师，课还是让他上，他自己也会总结经验教训的。

由此，也能看到当时刘冰同志和学校党委对这方面工作的鲜明态度和负责精神，以及认真执行中央有关政策的谨慎做法。

① 《刘冰同志找×××同志谈话做工作》，中共甘肃省委宣传部编《情况汇报》第3期（1984年2月28日），兰州大学档案馆藏，全宗号4-分类号文书10-案卷号466。

第六章　教师是决定性因素

作为经验丰富的高校领导者，刘冰同志深谙遵循教育规律对于办好大学的极端重要性，1979年9月，他发表“按照教育规律办大学”的署名文章，提出“回顾三十年高等教育所经历的曲折历程，最重要的一条，我认为是必须按照教育规律办大学”；并且从坚持质量第一、教师是决定的因素、以教学为基础、巩固安定团结的政治局面、加强后勤保证工作等5个方面进行了论述。他还特别强调：“高等教育的发展必须从国民经济的需要和可能出发，必须从学校实际出发，必须按照教育本身的客观规律办事。只有这样，才能充分发挥我们的主观能动性，才能使高等教育有一个扎实可靠的基础。否则，主观能动性就会变成主观随意性、主观盲目性。借鉴历史的经验，我们应当提高自觉性，避免盲目性，解放思想，实事求是，按照教育规律来办高等学校。”[①]这既是他对自己多年经验和思考的总结，也是他主持兰州大学工作的“治校纲领”。当时，学校之所以能够健康发展、迅速崛起，最重要的原因也就在于刘冰同志能够自觉遵循教育规律，紧紧抓住并切实做好了办大学最根本的基础性、

① 《按照教育规律办大学》，载《刘冰文集》，第118～124页。

关键性工作，师资队伍建设就是其中的重中之重。

一、学校师资队伍存在的问题

当年，刘冰同志作为党委第一副书记协助蒋南翔校长工作时，清华大学就特别重视又红又专的高素质教师队伍建设，采取了许多行之有效的措施，积累了许多宝贵经验。他主持兰州大学工作后，同样始终把提高、改善师资队伍质量，建设优秀的教师队伍作为头等大事而常抓不懈。

在“文革”前，经过几任校领导的长期努力，兰州大学已初步形成一支政治、业务素质都比较过硬的教师队伍。“文革”期间，学校原有的教师队伍饱受摧残，许多老教师和学术带头人横遭批判、迫害，教师流失严重，后继乏人；许多人不敢也没有条件钻研业务，从事科研，致使许多教师知识老化，业务荒疏。教师队伍遭受的摧残与破坏，兰州大学也不能幸免。

“文革”结束后，邓小平同志代表党中央在全国教育工作会议上明确指出：“一个学校能不能为无产阶级培养合格的人才，培养德智体全面发展、有社会主义觉悟的有文化的劳动者，关键在于教师。”[①]严肃地指出了加强教师队伍建设的重要性与必要性。

刘冰同志也充分认识到：“办好高等学校，需要许多条件，最要紧的还是教师。”教师决定着学校工作的成败。“如果说科学技术是实现四个现代化的关键，教育是基础，那么教师队伍就是基础的基础。”“要办好学校，要提高整个民族的科学文化水平，就要依靠教师这支力量，这就是我们办好教育的根本。我们应当把建设教师队伍这个事关全局的问题，提到重要的日程上来。”[②]

当时的兰州大学，同样面临“文革”后教师队伍数量和质量都

---

① 邓小平：《在全国教育工作会议上的讲话》（1978年4月22日），载《人民日报》1978年4月26日第1版。

② 《按照教育规律办大学》，载《刘冰文集》，第120页。

无法适应学校发展要求的突出矛盾。

1977年，全校共有教师602人，其中教授8人、副教授9人，仅占2.8%，不仅数量少且老龄化趋势严重；[①]1978年后通过恢复实行学衔和职称晋升制度，逐年分批提高符合条件教师的职称，1980年教授、副教授增长为62名，也才占教师总数的6.4%[②]。具有高级职称的教师不但人数少，而且许多人已年迈力衰。各系、各专业都缺乏水平较高的学科带头人，在全国有名望的专家、学者为数较少。

讲师等中级职称教师水平亟待进一步提高。1977年，全校有讲师146人，占全校教师的24.3%。到了1980年，全校讲师数量上升到教师总数的一半以上，承担着主要的教学、科研任务。但其中不少人在"文革"中被荒疏了学业，原有知识趋于老化，知识更新不足，大多数人的外语未能过关，有些教师甚至尚未达到现任职称应具备的能力和水平。

全校教师的学历结构偏低。1977年，全校教师中有研究生学历的为92人，仅占12.76%；还有相当一部分是"文革"后期留校的青年教师，普遍未学完大学必修课程，其中多数人不能适应教学工作要求。据统计，当时全校教师中有30%无法承担教学工作。

新设专业师资极度匮乏。到1980年，全校共有20个专业，其中7个是"文革"后增设的新专业，师资力量普遍较弱。有些专业课程缺乏任课教师，无法正常开课，亟须充实和提高。

加上现代科学技术的飞速发展，全校教师的知识更新及专业素养普遍落后于科学发展要求，与国内外先进水平相比，存在明显差距。教师中从事新兴学科、边缘学科研究的人很少，且缺乏特色和优势，难以形成团队。

教师流失问题日趋严重，除了"文革"期间许多教师的非正常流失，仅1979年就有81人要求调离，占当年学校教师总人数的10%。[③]

① 张克非：《兰州大学校史（下编）》（1977—2008），第48页。

② 《兰州大学师资培养工作五年规划纲要（1980—1985）》（讨论稿）。

③ 《党委常委会会议记录》，1979年3月6日，全总号4-分类号文书9-案卷号109。

其原因主要有夫妇长期两地分居；学校工作条件不好、实验设备差，无法开展科研工作；工资低，住房和子女就业问题得不到解决；历次运动造成人事关系紧张等。

刘冰同志多次与各系、室负责人座谈，听取他们的汇报，了解各系教师队伍存在的实际问题。很多系反映教师缺乏，许多教师只愿意搞科研，不愿意从事教学，导致“教授不教，讲师不讲”的现象；有些班级的外语公共课无法正常开课。哲学系共有32位教师，能够上课的16人，其中仅有9人能够保证质量。教师队伍结构堪忧，如化学系朱子清教授已79岁高龄，没有接班人，需要安排1名中年教师“抢救遗产”。年轻教师很多人基础较差，学校组织的外语考试中不少人成绩竟然不到20分。教师们普遍对提职问题有意见。有些教师无组织纪律，物理系无线电专业的3位老师被重新分配到普通物理组，其中竟有人1年不来上班。

经过一系列专题座谈、调研，刘冰同志摸清了实际情况，多次召开校党委常委会和校长办公会议讨论师资培养问题。他强调指出以当时仅有的九百多位教师及其普遍水平，是很难适应到1982年学生总数将达5000人的办学规模，培养出高质量的学生，更不要说满足到1985年建成“万人大学”的目标了。所以，必须投入更多的精力真正解决好师资问题。

刘冰同志还提出要对老年、中年和青年教师区别对待、各有侧重，抓中间、保两端的战略思考及清晰路径。他认为：

> 老年教师数量虽然少，但他们一般都是学术上有较深造诣、有丰富经验的专家，在教学、科研工作中许多人居于主要领导地位。我们要在政治上、工作上、生活上关心和帮助他们，给他们配备助手，使他们把有限的时间集中用于传授知识、进行科学研究和著书立说方面，把他们的知识和经验留下来，传下去，这对我国的科学教育事业大发展是很重要的。
>
> 建设教师队伍的一个具有战略意义的措施，是要特别关心和帮助中年教师。这一部分，具有一定的业务水平和教学经

验，起着承先启后的作用，是教师队伍的中坚力量。今天高校的教学、科研工作，可以说是依靠他们来挑重担的。现在这些同志站在三个第一线：教学第一线、科研第一线、家务第一线。这后一个第一线，消耗了他们大量的精力和时间……严重影响了他们集中精力于前两个第一线。这是目前妨碍高等学校建设［教学、科研］两个中心、提高教育质量的一个尖锐问题，必须引起我们足够的重视，采取有效措施，帮助他们减轻家务拖累，让他们最大限度地把精力和时间用到教学和科研上来。如果再因循拖延，舍不得一点财力物力，时光流逝，五年十年过去了，他们已年过半百，既没有做好承前，也不能做好启后，那时我们将悔之晚矣。

培养青年教师是建设教师队伍的一项根本性的工作。兰州大学的近三百名青年教师，由于业务水平比较低，有的同志把他们当作“包袱”，而这些人中也有的自己就缺乏信心，这都是不对的。基础差主要是“四人帮”搞极左，耽误了他们学习业务，不是他们不要学习，也不是他们不努力。只要我们领导下决心，经过三年、五年、十年的培养和教学科研的实践，相信他们中的大多数人是能够提高的。这些同志现在才三十岁左右，再过十年、二十年，自然规律将把他们推到教学、科研最前沿。……机不可失，从现在起我们必须注意:第一，不能把这部分人看成“包袱”;第二，更不能甩“包袱”;第三，要采取积极的态度，精心培养，一定要把他们变成一支可贵的力量。①

按照刘冰同志的这一思路，学校分别采取多种措施，推进教师队伍建设，并取得了预期的结果。

二、多管齐下加快师资队伍建设

为解决好提高教师素质这一办学的决定性问题，刘冰同志和学

① 《按照教育规律办大学》，载《刘冰文集》，第121页。

校采取多种措施加快教师队伍建设。

（一）落实政策，改善教师的工作和生活条件

刘冰同志和学校党委全面贯彻、认真落实党的知识分子政策，为在历次政治运动中蒙受不公正待遇的许多老教授和骨干教师进行平反，在政治上充分信任广大教师，使他们焕发学术生命力和工作积极性，在本科教学、研究生培养和科学研究等各个方面发挥了极其重要的作用。

如文科的赵俪生、李天祜、张孟伦等老教授，理科的朱子清、陈耀祖、赵继游、叶开沅、钱伯初等许多知名教授和中年教师，都在平反冤假错案中卸掉了以往沉重的政治包袱，全身心地投入教学、科研工作。

同时，学校还严格执行中央有关文件精神，为以往历次政治运动中受到不公正待遇而被迫离校、下放，甚至曾因冤案被判刑劳改的师生平反，落实政策，陆续安排其中一些人重返学校教师队伍，如反右运动中被错划为“右派分子”下放天水农村，又因牵涉地下刊物“《星火》案”入狱刑满获释并终获平反的原化学系助教胡晓愚、物理系助教顾雁等；1961年被下放到定西中学的原马列教研室助教杨振中等。

学校不仅在政治上充分信任、工作中放手依靠广大教师，而且在现有条件下尽可能改善他们的工作和生活条件，为他们解除后顾之忧和生活压力。

从1979年开始，刘冰同志想方设法，争取教育部增加对兰大的拨款，并得到中共甘肃省委的大力支持与帮助，连续大规模兴建教工宿舍并多次调整住房，使教授、副教授和多数讲师的居住条件得到改善。同时解决了152户教师长期夫妻两地分居问题和52名教师子女的就业问题。这对稳定教师和职工队伍起了重要作用。

同时，学校还逐年加大购置各种先进仪器设备的力度，相继建立分析测试中心、计算中心、电教中心，又为有较深造诣的三十余名专家配备了助手和组建科研团队，有效改善了他们从事科研的

条件。

1980年7月，根据教育部关于推荐上报拔尖人才并解决其工资偏低问题的指示精神，学校党委研究，认为段一士、黄文魁、陈耀祖3位教授符合相关条件，遂专门向教育部计划司提交报告，建议将3人的工资分别调整为高教四级和五级。

1980年9月11日，甘肃省教育局批文同意兰大将黄伯荣等41位教师工资升级的报告，其中黄文魁、陈耀祖各升两级。

（二）发挥骨干教师带头作用

从1978年开始，学校按照教育部文件，恢复终止多年的教师职称评定工作，提升了一批教师的教授、副教授和讲师职称，使教师队伍的建设走向正规化、制度化，逐步改变了长期以来学校教师职称结构不合理、高级职称教师比例偏低的状况，使他们能够在相应的学术平台上发挥更大作用。这样一来，也起到了示范和杠杆效应，极大地调动了教师的工作积极性，并在全校形成了尊重人才、勤奋向学、鼓励创新的良好风气。

1978年，成果卓著的化学系教师黄文魁被破格从讲师提升为教授。他在"文革"那样极端艰苦的条件下，毅然坚持科研工作，在1978年全国科学大会上获奖。他还多次获得中科院、教育部等省部级科技成果奖，并陆续在国内外学术刊物上发表研究论文八十余篇。

1981年，叶开沅、水天明等一批学有专长的讲师被定为教授，杨汝栋、姜培复、许伯威等定为副教授，为我校成为首批硕士、博士学科授权高校奠定了基础。截至1983年，全校共有1319名教师被晋升为讲师、工程师等中级以上职称。

对于学有专长的老教授，还注意充分发挥他们在教学、科研和师资培养中的潜力与指导作用，让他们承担起培养青年教师的任务。这样既可以使他们的专长后继有人，得到抢救和延续，也可以使青年教师做他们的得力助手，参与科研团队，承担大量的基础性工作，帮助他们在科研上尽快取得新成就；还能够通过他们的"传""帮""带"，使青年教师在专业上快速成长。

同时，学校还加强了在骨干教师中发展党员的工作，到1985年，全校的教师党员已占教师总数的48.2%，副教授以上教师中党员达到42.8%，有效提升了教师队伍的政治素质。

（三）多方引进师资

为缓解师资缺乏，尤其是新设立专业教师紧缺的燃眉之急，学校还采取各种灵活方式，从校外多渠道引进相应专业的教师及教学人员。

从1978年开始，学校陆续从其他单位调入一批曾被错划为“右派”，“文革”后得到改正并确有真才实学的教师。如哲学系就调入了在全国美学界有较大影响的高尔泰、1956年从北大哲学系毕业的杨子彬等老师。

同时，还根据各系建设、发展的实际需要，陆续从校外调入了一些老教授和不少有真才实学的教师，接收了一些著名高校的毕业生。如外语系从西安外语学院请回了著名的水天同教授。历史系相继调入了原在中国社科院历史研究所工作的安守仁老师，原在中联部工作的黄玉清老师，在民族史方面颇有研究的樊保良老师，毕业于北大考古专业的杜斗城老师，从北大中文系毕业、后专攻《史记》研究的张大可老师，研究中国音乐史的牛龙菲老师等一些确有专长的教师。

学校还授权各系自主邀请外单位的一些专家学者前来授课或短期讲学。如历史系就先后邀请内蒙古大学教授、著名的民族学家林幹先生前来讲授“北方民族史”，邀请敦煌研究院段文杰研究员为本科生讲授“敦煌学”，邀请甘肃省图书馆西北文献部主任周丕显研究馆员讲授“史部目录学”课程等，都使学生受益匪浅。

有的系甚至采取更为灵活的办法，选调教师，甚至延聘一批编制外的代课教师。根据学校领导提出“综合大学外语系应当有‘万国语’”的建设目标，随着全省落实政策和专业归口等有力措施的实行，外语系不仅从省内各地、县调上来胡文静、戴瑞辉、杨亥洲、谢为楫、周恩泳等高级英语教师，而且还有俄、德、法、日，以及不少小语种的任课教师，如印地语、越南语、朝鲜语、蒙古语、西班牙语、葡萄牙语，以至非洲的斯瓦希里语等。[①]

如谢为楫先生当时已是古稀之年，难以进入正式编制，就变通作为代课教师。20世纪50年代前期，全国的高等教育全面学习苏联，需要大量培养懂俄语的人才，俄语一度成为大中学生必修的公共外语课程；兰大外语系原有的不少教师以前就一直从事俄语教学。到七八十年代，随着国家的改革开放，英语成为大学的公共外语，日语等语种也颇受重视。一时间，高水平的英语人才严重匮乏，供不应求。

外语系系主任何天祥教授经人介绍，认识了著名女作家冰心最钟爱的幼弟谢为楫先生。谢先生1910年出生，受姐姐影响，自幼即喜爱文学写作，12岁就在《晨报副镌》上发表小说《我们的姊姊》[②]。在北京崇实中学读书时，即参加由鲁迅倡议成立的未名社。1927年就读燕京大学预科。1929年，他还未读大学即决定到英国利物浦技术学院学航海，还以“冰季”的笔名相继创作了《三月里的枇杷》《月》《中学校里的大学生》等十多篇小说，多次结集出版。直到20世纪40年代，其小说对青少年读者仍有一定影响。

1934年6月，赴英国留学5年的谢为楫学成归国，被派往烟台海关缉私船任二副。1年后，与热恋多年的燕京大学毕业生刘纪华终结良缘，并由时任燕京大学校务长的司徒雷登证婚。后因工作调动，举家迁居香港。抗战后期，他奉调重庆海关总署，又被借调到全国引水管理委员会担任技术工作。1945年7月，他通过考试被交通部派往美国实习航海技术，经15个月的实际操作训练后回国担任船长，因痛恨国民党政府的腐败而拒绝去台湾。上海解放后，他在1949年6月被任命为上海海关军事学校教授。1951年国庆节，他和妻子刘纪华、二哥谢为杰同时应邀至北京天安门参加国庆观礼。1952年7月，

① 根据外国语学院党委景宏科书记提供的《兰州大学外国语学院简史》（初稿）。特致谢忱。

② 《我们的姊姊》，载《晨报副镌》，1922年1月27日。

谢为楫调上海港务局船舶检验科任验船师。1957年被错划为右派分子，遣送到甘肃武威劳动改造。次年，全家迁往甘肃。谢为楫先被安排在张掖师专图书馆工作，1960年11月又被调往武威一中教历史。“文革”中，他被打成“黑帮”，妻子病逝，身边的子女也与他划清界限，他被迫退职以避难。“文革”结束后，谢为楫以一己之长，帮助医务人员、科技干部培训英语、编写讲义，还为省内一些中学的英语课本录音。1978年，他的错划右派问题得到平反。

1979年初，经过何天祥教授的努力，兰州大学破例延请年届七旬的谢为楫先生做外语系的编外英语代课教师，主要辅导出国留学的学生和英语教师，使他们深受其益，并赢得了大家的尊敬和爱戴。当年的校园里，人们时常能看到这位中等身材、相貌清癯，天冷时穿戴着整洁、笔挺的藏青色呢大衣和前进帽，风度不凡的老人。外语系毛世昌等毕业留校的青年教师经常去看望独自住在校园一字楼教工宿舍的谢先生，向他请教，并帮忙照顾其生活起居。1984年1月，历尽荣辱的谢先生溘然长逝，仍然是毛老师等忘年交帮助料理了这位传奇式老人的后事。

当时，刘冰同志和学校及各系领导，就是这样求贤若渴、打破常规，以多种方式、渠道想方设法解决师资紧缺的燃眉之急。

（四）有计划地选留优秀毕业生

为稳妥、有序地充实师资队伍，使全校教师整体结构、素质的改善和提高，能够实现长期化、制度化、可持续化，对于全校各系需要补充、增加的教师，除少数仍由国家统一分配外，学校从1979年开始，还从实际出发，注意从每年的毕业生，尤其是恢复高考后进校的本科毕业生和1978年后最初几届研究生中选留师资，发挥学校自主培养专业人才的优势和条件，计划每年选留30%的优秀研究生、10%的本科毕业生，到1985年争取选留650人，充实全校师资力量。

为保证质量，学校要求层层把关，严格挑选。所选留的优秀毕业研究生、本科生均须由任课教师推荐，经系审查同意后，再上报学校人事、教务部门审核；并报甘肃省有关部门批准备案。

1979年，学校向甘肃省大专院校毕业分配办公室上报《关于分配七九年毕业生补充我校师资队伍的报告》，计划选留25名优秀毕业生，为各专业发展提供后续支撑。

那时，国家还实行统一的毕业生分配制度，毕业生就业按照国家下拨的计划指标，尽可能返回原省区。由于教师资源奇缺，学校多次致函甘肃省人事局，希望与其他省份毕业生分配办公室洽谈，尽量使从外省考到兰大的优秀毕业生留校工作，甚至在函件中提到希望尽可能“婉言争取”，足见学校领导的“求贤心切”。

到1982年，全校共选留七七级和七八级优秀本科毕业生166名、研究生81名，充实到校内的教学、科研、思政和管理等不同岗位。后来，随着研究生培养规模、毕业数量的逐渐增大，选留毕业研究生任教已成为补充师资的主体。这些选留的优秀毕业生，很多人通过实践锻炼、继续深造等途径，在较短时间内即成为学校师资队伍中的新生骨干力量，为各系的学科、专业建设和学校事业发展做出了新贡献，有的还成为新兴学科、专业或研究方向的学术带头人，确保了学校教师队伍的基础和质量提升，也为学校的长远发展增添了后劲。

例如，历史系从“文革”后最初几届硕士研究生中选留王钺、肖步升、王起亮、徐均平、刘亚玲、李玉君等充实世界史教研室，选留马明达、汪受宽、陆庆夫、叶骁军等充实中国古代史教研室，选留王劲充实中国近现代史教研室。他们都是20世纪60年代的大学毕业生，工作多年之后再考入兰大攻读不同专业的研究生，有一定的教学、科研基础，很快成为系里的骨干教师。历史系还从七五、七六级中选留王希隆、刘国铭、张笃勤，七七级中选留牟范、郑炳林、郭锋，七八级中选留袁林、张建昌，七九级中选留江波、左书谔、吴景山等优秀本科毕业生，分别充实到中国古代史、近代史教研室，他们或为赵俪生教授等老教师做助手，或协助老教师创建民族学、敦煌学等新专业，到国内外参与合作研究，或到一些名校历史系进修、攻读博士学位，很快在学术研究上都有了一定的建树，有的还成为颇有影响的教授、博导、学科带头人和国家级教学名师。

学缘结构是检验一所大学教师来源、学科发展及交流状况的重要指标。“文革”前，兰大教师多数都来自国内外各著名高校。“文革”后，由于高校毕业生的国家分配制度逐渐终止，来自外校的教师比例逐渐降低。当时，在全校文理科各系，尤其是新设立的系和专业，选留优秀研究生和本科毕业生都是普遍现象。这样做虽然在一定程度上有造成师资队伍“近亲繁殖”、学缘单一之弊，但在当时人才奇缺、师资匮乏、外源极少的特殊情况下，这种非常之举的确又是迫不得已的，有某种必要性与合理性。非此无以有效缓解学校教学、科研及各方面工作人才缺乏的燃眉之急。当时，这也是由“文革”十年造成的人才严重断层，以及恢复高考后高校为应对教学、科研和自身发展对师资的大量需求所造成的，全国很多大学都不得不集中选留自己培养的优秀毕业生充实师资队伍，绝非仅兰州大学是如此。因而，需要从当年学校及全国高校的实际情况出发，对高校史上这一迫不得已的特殊现象，进行辩证、客观和具体的分析，不可简单地一概而论，全盘否定。

（五）促进青年教师成长、成才

对“文革”期间毕业留校的青年教师，学校不是简单地“一刀切”，而是采取因人而异、区别对待、合理分流的办法，通过考试，将一百多个基础较差，不适宜从事教学、科研的年轻同志，及时调整、分流到其他岗位；对于基础较好、业务上有发展前途及相对优秀者，则通过相应的业务补课、参加外语培训班、鼓励进修和深造、为老教授当助手等多种方式，使他们尽快成长为优秀的教学、科研骨干。

学校还通过两个途径，对包括新选留的研究生、本科毕业生在内的青年教师群体进行培养和提高：一是在工作中给他们肩上压担子，分配具体任务，让他们直接参加教学和科研实践；二是每学年给青年教师安排适当的时间在职进修新课程。并且逐步探索出了适合学校自身具体情况的培养方式：坚持自力更生，以校内为主、在职为主、教学和科研实践为主，促使青年教师尽快成长成才。

学校对青年教师普遍实行“四定”（即定方向、定任务、定导师、定措施），要求各系、各教研室从实际需要出发，统筹安排青年教师的培养提高计划，指定富有经验、具有讲师以上职称的教师作为青年教师的导师。在导师的指导下，青年教师按照“四定”要求，根据本人具体情况，制订并实施个人的进修提高计划。

（六）切实提高教师的外语和计算机水平

经历“文革”十年，兰州大学不少教师的外语荒废严重。为了广泛开展对外交流，适应出国留学、合作科研、考察学习和参加国际学术会议等需要，学校开展了大规模的外语培训。从1979年开始，由教务处负责，外语系协助，学校有计划、有组织地开展教师的外语培训。截至1985年，学校共举办各种外语进修班和培训班39个，其中英语普通进修班17个、英语脱产培训班12个、日语进修班4个、俄语进修班3个、德语进修班2个、法语进修班1个。参加各语种进修学习班学习者达1159人次，有一些教职工学习掌握了两门甚至三门外语。其中接受培训的教师有740名，占1985年教师总数的58.4%；其他职工322名。教师中，副教授以上144名、讲师291名、助教和见习助教305名，分别占其总数的40.3%、63.4%、63.4%、57.6%。为了提高中青年教师的外语水平和保证出国留学人员的质量，学校还向各外语院校选送、培训教师达113名，其中中年教师75人、青年教师38人。经过几年的培训，学校教师的外语水平有了很大提高。

同时，随着信息时代的悄然而至，学校和各系都很重视对教师使用计算机能力的培训。学校要求青年教师必须掌握电子计算机技术，并对除个人进修外的中年教师实行了集中培训。1981—1984年，学校共举办计算机培训班8期，二百余人参加了培训。[①]

（七）通过深造、赴国外研修提高骨干教师学历及专业水平

学校还鼓励优秀骨干教师报考校内外的研究生，在职攻读硕

① 上述内容参见张克非：《兰州大学校史（下编）》，第50～54页。

士、博士学位，或送他们到国内外著名高校进修、从事学术研究，以提高他们的学历和专业水平。

中文系教师柯杨1958年从兰州大学中文系毕业后留校任教，1978年到1981年，学校派他前往北京师范大学进修，并跟随钟敬文教授专治民俗学，参与编写《中国民俗学概论》。后来，柯杨老师回忆，“在北师大那一年，我觉得自己开窍了，原来仅仅是入门，那么按现在的说法是上了几个台阶，我觉得进步很快。回来以后，自我感觉课程质量进步很快，学生们喜欢听我的课，不管是本系的还是全校的文化课，我的中国民俗学课不怕没人听……那是我作为教师最舒畅的时期。”[①]他后来担任中文系系主任，在此期间，他积极地把一部分教师送出去进修，因为他深深感受到了自己的进步与课程质量的改善和开阔视野有关系。他是甘肃民间文艺事业的开拓者之一，是甘肃省民间文艺家协会的创始人之一，长期从事民间文艺学和民俗学的教学与理论研究。对于“花儿”的研究，他是开山鼻祖。2002年，柯杨先生出版了《诗与歌的狂欢节——花儿与花儿会之民俗学研究》，2004年8月该书荣获中国文联和中国民间文艺家协会颁发的第五届中国民间文艺山花奖。2006年5月20日，“花儿”经中国国务院批准列入第一批中国国家级非物质文化遗产名录。与此同时，他还多次访问美、韩、荷、德、意、法等国，出席过多次国际学术会议，为中国民间文化走向世界做出了积极贡献，并将“花儿”带出了国门。

物理系青年教师马中骐1961年从兰州大学物理系理论物理专业毕业后留校任教，1964年到北京大学物理系读研究生，毕业后仍回兰大工作。1978年他考上中国科学院高能物理研究所博士生，师从胡宁院士。1982年3月4日获得理学博士学位，获颁中科院研究生院001号博士学位证书。他毕业后留在中科院高能物理研究所工作，成为该所第四室的研究员、博士生导师，该所学术委员会委员和学位委员会主任，还是高能物理学会会员、美国数学学会（American

① 《柯杨：微观看兰大》，载《读者》原创版《兰大人》，2017总第1期，第18页。

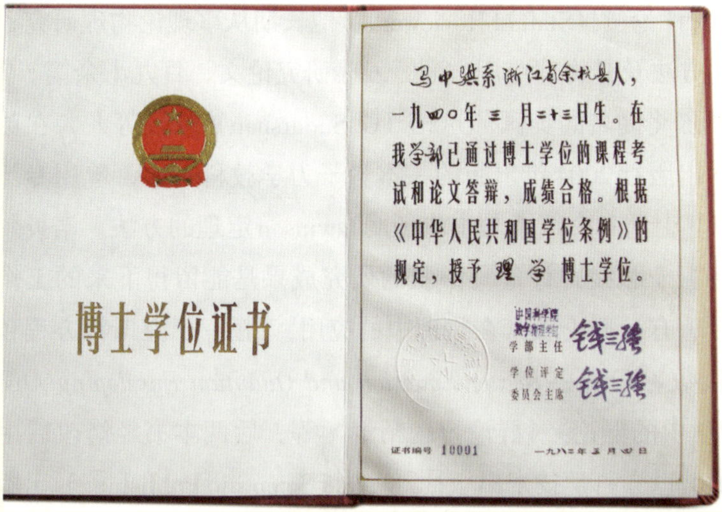

马中骐获中科院研究生院001号博士证书

马中骐在进行博士论文答辩

Mathematical Society）会员、美国《数学评论》杂志（*Mathematical Review*）评论员（Staff of Reviewer）。他长期从事理论物理研究，重点在群论方法及其物理应用方面，发表研究论文一百九十余篇。曾6次获诺贝尔奖提名的美国苏达相（G. Sudarshan）教授等人，在英国剑桥大学出版社2004年出版的一本量子力学教科书中，曾用专门章节（8.5节）引用和介绍了马中骐证明Levinson定理的方法。诺贝尔奖获得者杨振宁教授曾评价马中骐的研究成果是能留得下来的工作。其学术专著有《群论及其在物理中的应用》《杨－巴克斯特方程和量子包络代数》（*Yang-Baxter Equation and Quantum Enveloping Algebras*）《物理学中的群论》《群论习题精解》等，后两本书经修改后用英文由新加坡世界科学技术出版社（World Scientific Publishing）出版。

当时，在学校中青年教师里，类似情况还有很多。

从1979年起，学校进一步加强对中青年教师的培养。各系举办了各种形式和内容的专题讲座、报告会、培训班，引导中青年教师踊跃参加，自由交流学术成果和思想，促进不同学科的渗透和交流，拓宽了教师的专业视野和知识面。学校还鼓励教师积极参加国际学术会议，广泛参与国内外学术交流活动，与国内外专家学者交流科研成果，以拓宽视野；并将之作为学校教师队伍建设，尤其是中青年教师培养的一项重要举措。1979—1985年，校内中年教师参加国际学术会议四十余人次，参加国内学术会议两千多人次。

该时期，选派优秀师生出国留学、进行科学研究等工作也取得了显著成绩。自1979年开始，兰州大学积极争取教育部和有关部门公派留学的指标，先后向美国、加拿大、日本等17个国家派遣了留学生。一些优秀的中青年教师也被陆续派往国外，或攻读学位，或到对方国家著名高校、科研机构进行访问研究，以加快他们自身专业知识的更新，缩小与发达国家高等教育、科学研究前沿的差距，提高自身的教学、科研水平。

1979—1985年底，学校共向国外派遣留学生229人。其中，本校教师出国攻读博士、硕士学位者68人，进修生和访问学者125人，国家计划内公派研究生36人。

除了依靠国家计划内派遣进修生和研究生外，学校还通过世界银行贷款、校际交流项目和自费公派等多种渠道，派出了大量留学人员。特别是1982—1985年，学校以世界银行贷款75万美元为依托，派出进修生46名，占派出进修生总数的36.8%；派出研究生42名，占学校派往国外攻读学位研究生总数的61.8%。

派遣优秀教师出国留学、进行访问研究，是拓宽其学术视野、提高自身研究水平及国际化程度的有效途径。如著名化学家黄文魁教授作为教育部派遣的访问学者，受美方资助，1981年2月，前往美国斯坦福大学、康奈尔大学分别进行为期4个月、1年的有机合成化学研究。在康奈尔大学，他受该校教授、美国科学院院士、有机化学家J. Meinwald邀请，到其主持的化学实验室工作，参与合成2种新昆虫激素的课题组。当时，由多国化学家进行的该前沿研究项目已进行了2年，却一直无法取得预期结果。黄文魁教授怀着为国争光的决心，以中国化学家的勤奋、聪明才智和过硬的实验能力，重新设计合成路线，严格把握每一个实验环节，仅用4个月时间该项目研究就取得成功，合成出这2种昆虫的激素纯品。黄教授的工作赢得Meinwald教授的高度认可，也令实验室里的多国同行刮目相看。他在家信中自豪地写道：该实验室的氛围非常民主，各国学者见面都直呼对方姓名；但唯独对Meinwald和他，要加上“Professor”，以示尊敬。Meinwald教授还愉快地接受了他的邀请，答应到兰州大学讲学，双方合作共同开展对更多种类昆虫激素的人工合成研究。

葛墨林院士1961年从兰州大学物理系毕业后，继续跟随段一士教授读研究生，随后留校任教。1980年，他奉派到美国由诺贝尔物理奖得主杨振宁教授主持的研究所做访问研究，其在理论物理方面的研究能力及成果，深受杨振宁教授和谷超豪等许多院士的嘉许，成为享誉中外的著名理论物理学家。1985年回校后，对兰大理论物理专业的人才培养、学术研究都颇有影响和贡献。

段一士教授与葛墨林老师（右一）合作研究规范场理论

以外语系为例，1980年前后经过公平竞争、选拔首批公派出国进修的优秀教师就有张致祥、胡南平、薛慕煊、方忠国、瓦龙渊、吴荣德等，稍后出国进修的还有何天祥、王念梅、秭佩、陈锡龙、赵惠珍、林华、谢海等教师。①

当时，兰州大学各系的不少优秀中青年教师都得到出国进修、研究的机会，他们不仅以自身良好的素质、勤奋的工作、扎实的专业基础和不凡的成果，得到国内外同行的认可，为兰大赢得了荣誉，塑造了“兰大人”的良好形象；而且有效地开阔了他们的国际学术视野，提升、加强了自身和学校相关专业的教学水平、科研实力，也显著地建立、扩大了与国外学术界的联系和交流渠道。

派遣教师出国留学、研修无疑是一条捷径，为兰州大学培养了一批中青年学术骨干和学科带头人，使学校的教师队伍逐步形成了合理

① 根据外国语学院党委景宏科书记提供的《兰州大学外国语学院简史》（初稿）。特致谢忱。

的教学、科研梯队，极大地提高了师资队伍的学术水平，缩小了与国内外高校的差距。根据对1984年底之前回国的71名教师所做工作进行的调查，在教学方面，他们能够有效更新教学课程及内容，改进教学方法，共开课102门，其中有52门是学校过去没有开设过的新课程，有些是在国内首次开设的课程；同时，他们主讲的原有课程在内容上也都得到了补充和更新。他们还在教学中注重引用国外启发式、讨论式的教学方法，加强对学生综合能力的培养。在科研方面，学校支持回国教师继续从事在国外已开展的研究工作，并且让他们在国家和部委的重点科研项目中也发挥领导和骨干作用。这71人中有35人开展研究课题69项，有30人承担国家和部委的29个重点科研项目，其中24人是这些项目的负责人；他们的科研工作成果卓著，在国外发表论文179篇、出版专著1部，完成其他科研成果19项；回国后发表论文212篇、出版专著2部。1985年，兰州大学获得“国家教委科学技术进步奖”一、二等奖共7项，其中以回国人员为主进行的就有5项。这说明出国研修后返校的教师在教学、科研和管理等方面，已经发挥着重要作用，成为教师中新的骨干力量和学科带头人。

此外，学校还积极地从回国教师中选拔学术骨干和学科带头人。截至1985年底，回国的104名教师中，有教授26名，其中24名是回国后提升的，他们中有4人是由讲师破格提升为教授的；副教授54名，有40名是回国后提升的。这些教授、副教授中，有30人被确定为中年学术骨干，其中二十余人成为相关学科的带头人。这在很大程度上有效延续、拓宽了老一代教授们开创的学术事业，也填补了他们因年事已高而相继退休所造成的空白。

回国教师和几年间所选留的优秀研究生、本科毕业生一起，有效缓解了学校师资方面的巨大压力，确保了二十世纪八九十年代学校教师队伍相对平稳的新老交替，也在很大程度上减轻了因为人事管理新旧体制转变造成的“孔雀东南飞”、人才大量流失对学校的严重冲击，不仅避免由此可能引起的学校教学、科研及各项事业明显滑坡，而且为学校保持持续发展势头，缩小与国内外高校的差距，实现逆势崛起提供了必要条件、基础及人才、智力支撑。

三、师资队伍发生显著变化

在刘冰同志及学校党政班子的不懈努力下，经过短短几年的超常规建设，兰州大学教师队伍在数量、规模，尤其是在质量上，已经发生了明显变化，不仅扭转了原先学校教师人心涣散、流失严重、力量分散、数量短缺、质量参差不齐，与国家重点大学的地位、与高等教育快速发展的客观需求不相匹配的被动局面，在恢复、延续“文革”前学校师资特色优势、相对稳定和良好风气的基础上，又在师资结构、整体素质、研究领域、敬业精神、学术影响力、发展潜力等许多方面有了新的进展及突破，呈现出前所未有的新气象。

在教师队伍建设这个决定性因素上的一系列工作及其显著成效，为同时期学校的快速发展，在教学、科研、人才培养、社会服务、国内外知名度的提高等各个方面，奠定了最为重要的坚实基础。

(一) 教师结构、素质上的变化

通过几年的建设、调整，学校逐渐形成了老中青结合，学缘、业缘多元互补，整体结构、职称比例相对合理，素质较高，富有活力的教师队伍。

经过多方努力和有效整合，兰州大学教师队伍的规模、人数不断增长，到1984年增至1179人，比1977年净增577人，7年间增长了95.8%。教师队伍的学术水平及职称结构趋于合理，教授和副教授的人数大幅增长，1984年，全校有教授35人、副教授182人，占教师总数的18.4%，是1977年的12.8倍；讲师440人，占37.3%，是1977年的3倍；助教179人、未定职称人员343人，占44.3%。学历结构上，硕士和博士在整个教师队伍中的比例逐年提高，1985年比1977年净增了138人，其中博士12人、硕士122人。1982年以后，由于留校任教的应届毕业本科生、研究生的增加，学校教师中35岁以下青年教师的比例由28.1%提高到36%，35～54岁教师的比例由62.9%降低到53.7%，“青黄不接”的局面基本上改变，教师队伍的年龄结构逐渐趋于合理。到1985年，由于及时补充了青年教师，并提升了一批具有中高级职称的教师，各级职称教师的平均年龄呈下降趋势，教师队伍的年龄结构日趋合理，逐渐向年轻化转变。中青年教师的成长有利于师资队伍的持续建设和发展，也为学校教学和科研工作注入了新的活力。

该时期师资队伍建设取得显著进展，在那些设立较早、历时悠久、积累丰厚的系及传统学科，表现得尤为突出。如中文、历史、经济等文科系和数学、物理、化学、地理、生物、现代物理（核物理）等理科系的师资力量及其结构，在全国高校中都是较为雄厚、相对合理的。其中既有1949年前后大学毕业或留学归国、经验丰富、造诣深厚的老教师；也有二十世纪五六十年代毕业，长期从事教学和科研工作，专业基础扎实，有一定研究成果，曾赴国外研修的中年骨干教师；还有“文革”后陆续毕业留校的优秀研究生、本科生等思想解放、朝气蓬勃、富有潜力的青年教师。

当时，中文系教师多来自北大等国内名校，如文艺理论有刘让言、胡垲、陈志明、刘庆璋等，古代文学有王秉钧、宁希元、林家英、李伯勋、齐裕焜、张崇琛等，现代文学有吴小美、林恭寿、李大跃等，外国文学有徐清辉、刁在飞等，汉语言文字有黄伯荣、祝敏彻、谢晓安、刘伶等，写作有马植杰、陈进波等，新闻学有刘树田、李东文等，民俗民间文学有柯杨等。[1]当时，这批教授、副教授及骨干教师的年龄多为四五十岁，年富力强，各有所长，且不少人著述颇丰。截至1985年，全系有教师63人，其中教授、副教授13人，讲师18人。[2]

历史系既有赵俪生、李天祜、张孟伦、汤季芳等“文革”前的

① 该名单由文学院林家英、庆振轩教授等回忆、提供。特致谢忱。

② 1985年学校各系教师人数及其中的教授、副教授、讲师数，皆据《中国著名高等院校概况丛书·兰州大学》，知识出版社1985年10月版。

教授、副教授，分别在中国古代史、史学史、俄国史、冷战史等领域已颇有建树，也有一批新晋升的教授、副教授及骨干教师，如专攻中国古代史的马植杰、唐景绅、刘光华、李蔚、齐陈骏、张代经、侯文慧、陈家声、张大可等，中国近现代史的杜经国、何玉畴、杨定名、朱允兴、徐森荣等，世界史的赵辉杰、李健、欧阳珍、卢苇、张传资、侯尚智、颉普等，民族史的杨建新、马曼丽、樊保良等，他们分别毕业于二十世纪五六十年代的北大、复旦、山东大学、武汉大学、四川大学等高校及本校，正处在四五十岁的中年期，这也是人文学者的思想相对成熟并且出成果的黄金阶段。他们作为系里的教学、科研骨干，对学生有着直接的影响。此外，还有一批相对年轻的讲师和新留校的研究生们。截至1985年，全系共有教师64人，其中教授、副教授18人，讲师14人。

经济系则有刘天怡、赵丛显、骆秀峰、宋荣昌等老教授，李震寰、李国杰、徐宗望、魏世恩、朱杰、黄德文、钟比昭、朱增明、王亭湘、张照珂、张忠修、魏永理、周元吉、寇寅章、苏润余、史柳宝、张灏、李宗植、郭志仪、赵惠、潘留栓、李国璋、张寿彭等一批四五十岁的教授、副教授和讲师。20世纪80年代初新留校的青年教师有杜漪、韦惠兰、成学真、田秋生、高新才、孙祁祥、田中禾、汪惠玲、马雪彬等。[①]截至1985年，全系有教师58人，其中教授、副教授16人，讲师11人。

即便是1978年新建立的哲学系，在80年代初期的教师队伍也粗具规模，拥有刘文英、林立、韩学本、高尔泰、马叙、杨子彬、熊先树、袁义江、陶景侃、林时蒙、鲁修文等一批年富力强的教授、副教授、讲师。[②]截至1985年，全系有教师35人，其中教授、副教授6人，讲师9人。

1977年在原外语教研室基础上设立的外国语言文学系，有水天

---

① 该名单由马克思主义学院王维平教授等提供，张天俊同志又做了认真的补充。特致谢忱。

② 该名单由哲社院李晓春教授等提供。特致谢忱。

同、李端严、水天明、何天祥、樊祖鼎、秭佩、吴吉康、吕永祯、汤镇东、张致祥、王念梅等一些在外语界颇有影响的教授、副教授及杨亥洲、周恩咏、李登科、胡南平、薛慕煊、方忠国、瓦龙渊、吴荣德、杨盾、杨新华、张朝珍、冯锦珊、刘骧、曹淑敏、杨育乔、王彩霞、刘向黎、龙体聪、刘涵锦、刘振英等许多骨干教师。[①]截至1985年，全系有教师90人，其中教授、副教授17人，讲师17人。

当时，学校理科各系更是人才济济。

数学力学系不仅有赵继游、陆润林等老教授，在二十世纪五六十年代就被誉为"四大台柱"的陈庆益、陈文嵘、濮德潜、叶开沅教授，以及汤任基、郭聿琦等博士研究生导师，数学专业有罗学波、余庆余、周尚仁、刘耀、牛培平、王明亮等，计算专业有王德人、张建国、朱正佑、赵双锁，力学专业有钟正华、程昌钧、苗天德、顾淑贤、俞焕然等一批教授、副教授和骨干教师。[②]截至1985年，全系有教师111人，其中教授、副教授18人，讲师46人。

物理系既有聂崇礼、王定百等老教授，也有以段一士、钱伯初、汪志诚、葛墨林、杨正、陈光华、李思渊、童志深、张宏图、屠国华、李发伸、张仿清、张一德等教授、副教授为代表的一批优秀中年学者。七七、七八级学生进

物理系杨正教授

① 此处外语系骨干教师名单参考外国语学院党委景宏科书记提供的《兰州大学外国语学院简史》（初稿）中相关内容。特致谢忱。

② 该名单由数学与统计学院张国凤教授等提供。特致谢忱。

校后，给他们上基础课、专业课的骨干教师有：段一士、钱伯初、汪志诚、葛墨林、李知几、方兴济、周尚文、杨正、陈光华、李思渊、童志深、张宏图、姜培复、蔡汉森、屠国华、高崇伊、周敦忠、刘友之、毛树其、汪映海、江先国、胡成生、王雅儒、吴宝善、孙达、刘兴芬、李飞雄、葛世慧、王印月等；带实验课的老师有：余桂莲、沈明智、刘昶丁、吴锦华、刘征、田文淑、张承理、杨树森等。[①]截至1985年，全系有教师129人，其中教授、副教授22人，讲师60人。

现代物理学系有徐躬耦、宫学惠、王永昌、邱凌、许伯威、杨亚天、洪忠悌、石成儒等教授、副教授，还有一批经验丰富的中年讲师。[②]截至1985年，全系有教师79人，其中教授、副教授21人，讲师33人。

现代物理系主任徐躬耦教授

化学系的有机化学专业，既有朱子清、刘有成等老教授，也有黄文魁、陈耀祖、贾忠建、马永祥、胡晓愚、刘中立、张自义、李裕林、潘鑫复、周耀坤等教授、副教授；无机化学专业有杨汝栋、史启祯、苏致兴、邓汝温、谭裕民、高世扬、张淑民等教授、副教授；分析化学有左宗杞、尹荣鋆、胡之德、力虎林、高家隆、朱彭龄、王怀公等教授、副教授；物理化学专业有彭周人、陈文涵、龚桦、方国光、施彼

① 该名单由物理学院刘肃教授等提供。特致谢忱。

② 该名单由核物理学院王铁山教授等提供。特致谢忱。

得、缪方明、孟益民、郑国康、何家骏、李佛华、张汉良、钟远君、韦镜全、张毓瑞、陈贤明、李毓厚、陈武锋、车冠全、沈伟国等教授、副教授。[①] 截至1985年，全系有教师182人，其中教授、副教授36人，讲师71人。

化学系刘有成教授（左一）在实验室（1982）

地质地理系[②]在"文革"前就有留德的著名地貌学家、兰州大学地学专业的奠基人和引领者王德基教授，毕业于西南联大地学系的著名区域自然地理学家、现代自然地理区化理论和方法研究领域开拓者之一的冯绳武教授，测量学家王宗魁教授，毕业于山西大学煤田地质专业的资深地质学家和地质教育家、曾在西北抗旱找水工作中成绩卓著而被民众誉为"活龙王"的王景尊教授；

① 该教师名单根据黄飞跃、刘伟生主编《足迹——兰州大学化学化工学院六十华诞纪念文集》中回忆文章提及的教师名录整理而成。特致谢忱。

② 该系教师队伍等资料由熟悉情况的草地农业科技学院党委原书记张天俊同志、大气科学学院张武教授提供。因这些资料甚为详尽，珍贵，故在此处尽量予以保留。特做说明并深致谢忱。

早年毕业于北京师范大学、曾是中国人民大学经济地理专业著名教授，20世纪60年代初由江隆基校长邀请来担任兰大地理系主任、创建经济地理专业的孙敬之教授等一批颇有影响的老教授。还有气象学家王庭芳教授，在1958年为筹建地质专业发挥了重大作用的何自超讲师等，他们也都在地理地质专业建设、发展过程中做出了重要贡献。

到70年代末，除了仍然健在的老教授外，曾任地质地理系主任的是早年毕业于西南联大的著名工程地质学家、教育家张贤恭教授。他准确把握地理、地质、气象学科发展的方向，根据西部和国家对相关专业人才的紧迫需要，筹建了兰州大学水文地质与工程地质专业，并以自身丰富的学识和在工程地质界的影响，特别是对水文地质与工程地质人才培养的执着，使该专业的创办具有起点高、质量好和速度快等一系列特点，很快就后来居上，在课程内容、课程体系建设及人才培养质量上都达到了国内领先水平，他编写的《工程地质》教材被全国高校通用。该专业在1977年招收第一届本科生，历经20年的建设、发展，到1998年就形成了本科、硕士、博士一条龙的培养体系。他还先后应邀参加了长江三峡、黄河龙羊峡、李家峡、大峡、黑山峡、甘肃引大入秦工程、南疆铁路、西康铁路秦岭隧道等国家重大工程的研究和论证工作，先后获得过全国科学大会奖、国家教委科技进步奖等多项奖励。

此外，还有魏晋贤教授，西北大学地质地理系毕业，承担自然地理学的教学和科学研究工作，他不仅重视课堂教学，还特别重视野外地理实践教学，在甘肃地理沿革方面做了大量富有成效的研究，对历史地理学做出了重要贡献。张维信教授，兰州大学毕业，承担自然地理学的教学和科学研究工作，1975年末，为配合中科院兰州冰川冻土研究所和铁道科学院西北研究所为青藏铁路建设做前期准备，他曾率领“冰川冻土”班学生上高原长期定点观测，为后期科研和设计奠定了重要基础；从80年代中期开始，他还带领研究生陈发虎（后为中国科学院院士、兰州大学副校长）等，进行第四纪气候与环境变化和兰州黄土研究，出版专著《甘青地区的黄土地层与第四纪冰川》，对黄土高原西部及青藏高原东北部地区黄土和古冰川气候记录做出了重要贡献。孙志文教授，西北大学毕业，承担水文地质的教学和科研工作，是水文地质与工程地质专业创建者之一，在水文学和地下水动力学方面做了大量富有成效的工作。

80年代初期地质地理系根据学科发展需要，相继分设为地理学、地质学二系。地理学系由李吉均教授（1993年当选为中国科学院院士）为系主任，其中地理学专业教师团队有毕业于南京大学的李吉均、牟昀智，北京大学的张林源、徐叔鹰，中山大学的卓正大，中国人民大学的蔡光柏，四川大学的鲜肖威和毕业于本校的陈钧、胡双熙、杨锡金、伍光和、艾南山、夏伟生、张志良教授；还有陈敬堂、韩魁哲、杨继仁、陈安庆等副教授；从优秀毕业研究生、本科生中选留的周尚哲、陈发虎、方小敏、王乃昂、潘保田、张虎才、南忠仁、杨太保、陈怀录、刘勇等青年教师；以及当时对地理系实验室建设做出重大贡献的徐齐智、曹继秀等高工。该系气象学专业①教师团队有丑纪范（毕业于北京大学、1993年当选为中国科学院院士）、程麟生、王玉玺、陈长和、黄建国、施介宽、常国英等教授、副教授；以及从省气象局等单位调入的侯亦如、白肇烨、何玉贵、施介宽、徐家骝、王传玫、吴秀兰、郑祖光、常国英、奚周坤、杨兴莲、孟梅芝等教师，还有80年代初新留校的邱崇践（毕业于北京大学）、王式功、董步文和杨德保、袁九毅、王世红、余金香、王致荣、张镭、张武、张永宁、奚晓霞等优秀研究生、本科生，进一步充实了师资队伍。当时对气象专业实验室建设做出重要贡献的有王世红、冯广弘等高工。截至1985年，地理学系共有教师55人，其中教授、副教授14人，讲师23人。

地质学系由沈光隆副教授为系主任，其教师团队有：沈光隆、顾祖刚（毕业于北京大学）、张良旭、武安斌、李万茂、孙志文（毕

① 1987年，根据需要该专业独立成为大气科学系，由丑纪范教授任系主任。

业于西北大学）、吕宏图、韩文峰（毕业于长春地质学院）、姚增、赵希璋、郭原生等教授；王风之（毕业于长春地质学院）、张志安（毕业于北京大学）、付学敏（毕业于西北大学）、佟再山、李克定（毕业于北京大学）、陈国英（毕业于西北大学）、张惠昌、李嘉林、张峰福、刘金坤、孙叔荣（毕业于新疆地质学院）、许敬龙、李汉业等副教授；还有新留校的王庭印（毕业于北京大学）、孙柏年、杨恕、张明泉、曾正中、王金荣、宋春辉、杨军等优秀研究生、本科生；当时对地质实验室建设做出重要贡献的有张丽芳高工等。截至1985年，全系有教师57人，其中教授、副教授5人，讲师24人。

生物系师资力量也是相对雄厚的，早在20世纪50年代，从美国留学归来的郑国锠、吕忠恕、陈庆诚和仝允栩教授、副教授，分属于细胞生物学、植物生理学、植物学和动物学四个不同的专业，分别成为各专业很强的学术带头人，并在当年极其艰苦的条件下既讲课，又搞科研，为生物系奠定了较好的教学和科研基础。60年代初，细胞生物学、植物生理学等被江隆基校长确定为全校重点发展的科研方向及专业。“文革”后，张鹏云、郑荣梁先后担任系主任。截至1985年，全系有教师108人，其中教授、副教授20人，讲师50人。

郑国锠教授

根据郑荣梁教授等的回忆①，在20世纪70年代末、80年代初，生物系不仅有郑国锠、吕忠恕、陈庆诚等著名老教授，还集中了许多非常敬业、造诣深厚的优秀教师。如张鹏云教授自50年代就在生物系工作，在植物生理学方面有精深造诣。几十年间他走遍了西北的山山水水，对各种野生植物了如指掌。70年代末担任系主任，为当年生物系的发展做出过重要贡献。

陈庆诚教授（左二）与其研究生（20世纪80年代）

从化学系调入生物系的胡晓愚老师（1928—2001），是20世纪50年代初北京大学天然有机化学专业的研究生，毕业后分配到兰大工作；1957年被错划为右派，并因牵涉“《星火》案”而锒铛入狱。“文革”后始获平反，重登有机化学讲台。80年代初作为访问学者，到美国诺贝尔奖得主Salk主持的生化研究所从事固态多肽合成研究。胡老师的母亲和兄弟姊妹都在美国定居，都希望他能留在美国。但饱受磨难的胡老师仍毅然决定按期归国，并带回成套的固态多肽合成实验设备，随即在兰大生物系进行胸腺多肽的人工合成研究，一年后即取得预期成果，荣获甘肃省科技进步奖。但要把这项科研成果转化为药物生产及临床前试验，还需要投入好几百万元巨

① 主要依据郑荣梁：《浮生笑谈》，选自《萃英记忆·生命科学70年》，载兰州大学校园网2016-08-18。

款。当时，学校实在拿不出这笔经费。就在胡老师退休时，该项目终于得到一位民营企业家和某石油公司的投资支持，以一些兰大师生为骨干在海南建起了研究所及专业公司，3年后人工合成的胸腺多肽产品正式上市，并在2003年SARS（非典）流行期间，成为紧缺的特批药物，对防治非典功不可没。

当时已年届花甲的彭泽祥教授，是1946年入校的国立兰州大学生物系植物学专业首届毕业生。退休前，他始终坚持带学生到野外采集植物标本，是一位有真才实学的植物分类学家，做学问认真严谨，令人敬佩，经他鉴定过的植物分类学名皆准确无误。

长期讲授解剖学课程的丛林玉老师，治学精益求精，是动物解剖学界公认的大家。1957年他被错划成右派，60年代初“摘帽”后被安排协助设计生物楼各种管道、通风设备和暗室等内部装修工作，他任劳任怨，刻苦钻研，出色地完成了这原本不熟悉的任务，以至于每位在生物楼工作和学习过的人都觉得各种设施、管道等设计合理，方便顺手。为了合理设计楼内厕所及坑位数，他曾与设计施工单位的人一道，在化学楼统计全天课间男女厕所的入厕人数及平均使用时间。他绘制的工程设计图纸具有正规专业水平。“文革”中，他还设计并现场指导建成了生物系的链霉素厂，真正做到了干一行，爱一行，精一行。对于自己所从事的解剖学专业，丛林玉老师更是始终乐此不疲，全身心地投入，常常忍受着解剖实验室特有的刺鼻恶臭和甲醛等防腐剂的致癌风险，整天俯身于实验台，指导学生做解剖实验，制作、研究各种动物尸体标本。就是以这种执着、敬业和奉献精神，精湛的专业技能及造诣，即便他到退休时也没能升为正教授，但却赢得了广大师生和校内外同行对他的尊敬与认可。中国科学院动物学研究所、古脊椎动物和古人类学研究所的同行，都曾带着标本来兰大求教于他，或把他请到北京去现场指导。他经常应邀帮助鉴定考古发掘中出土的大量杂乱碎骨，以确定究竟属于何种动物及古生物。

仝允栩教授早年在美国威斯康星大学获得生物学硕士学位，并随夫君郑国锠教授回国到兰大工作后，又曾到苏联莫斯科大学进修。她是国内较早从事通过动物胚胎移植以培育所需器官研究的，具有显著的科学意义和医学价值。她为人正直，严于律己，平易近人，关心学生，深受爱戴；并且培养出许多优秀学生。44岁即成为中国科学院院士，在与病毒免疫相关的细胞信号传导研究方面居于国际领先水平的著名学者舒红兵，20世纪80年代在兰大生物系读本科时，其毕业论文就是在仝教授指导下完成的。他对当年在兰大生物系学习时受到的良好专业训练，对包括仝教授在内许多老师的教导、帮助，始终念念不忘。

王香亭教授早年师从国立兰州大学时期生物系动物学专业的开创者常麟定①教授，在教学、科研工作中是有名的“拼命三郎”，有丰富的野外考察经验，熟悉野生动物的生活习性，每次带领学生外出实习，总有丰富收获。直到临近退休时，他仍一如既往忘我地坚持野外工作，最后因患严重的糖尿病，导致双目失明，不幸仙逝。

当时，还有一些承担实验课程的教师也都身怀绝技，在平凡的实验教学岗位上做出了不平凡的业绩。如生化组葛瑞昌副教授，是

① 常麟定教授（1901—1956），河南开封人，蒙古族，其父常载之先生为小学教师，与中国生物学奠基人秉志先生为世交。常麟定1921年中学毕业后，因家境贫寒，遂就读于河南第一师范学院附设的讲习科。一年后，经秉志介绍至南京中国科学社生物研究所作动物采集员，自学生物学。1929年任中央研究院自然历史博物馆动物部技师，开始从事专业研究。1932年即与方文炳合作发表《中国鳜鱼之研究》，发现鳜鱼的4个新种及2个新亚种；1934年任中央研究院动植物研究所助理研究员，侧重研究鸟类，曾编写广西、云南鸟类志等；1936年参加中国动物学会并担任理事；1937年受蔡元培为董事长的“中华教育文化基金会”资助，赴法国帝雄大学理学院动物学系学习、研究，1941年获理学博士学位，并留校跟随系主任德尼教授（G. R. Denis）继续从事昆虫分类研究，发表《食毛目昆虫之解剖研究》（博士论文）、《鸡犬虱和一般的食毛目昆虫之生活习性研究》等成果。1945年回国，任西北大学教授；1947年11月，应辛树帜校长聘请，任国立兰州大学教授、动物学系主任、生物学系主任。他的专业为无脊椎动物学、脊椎动物分类学，尤精鸟类学，通晓英文、法文；为兰大生物系及动物学专业建设有重要贡献，曾组织师生采集兰州及附近地区脊椎动物标本，调查黄河兰州段鱼类资源，准备开展西北药用昆虫调查，进行动物与经济、环境关系研究等。他患有严重的高血压，但一直坚持忘我工作。1956年1月，就在他获准出国做学术访问研究之际，突发脑溢血而不幸逝世。当时家里第4个孩子年仅6岁。

建设实验室的一把好手，擅长精心保管和修理各种仪器，把实验室打理得井井有条，保障了师生生化实验的精确运行。他在建立组织胚胎实验室和生化实验室中，都做出过特殊贡献；后来还参与了干旱农业生态国家重点实验室的筹建工作。动物学专业实验员罗文英老师，有丰富的野外工作经验，以往学生外出实习都少不了他。他剥制的动物标本栩栩如生，生物系长期积累的珍贵动物标本中，有许多就是二十世纪六七十年代罗老师亲自在野外捕猎、制作的，留下了不少惊险有趣的故事。西北各省博物馆，动物园和其他相关机构凡遇标本制作方面的问题，都来找他协助，或者干脆请他去现场，长达数月地指导和帮忙制作。

当时生物系还有很多令人难忘的老师，二十世纪七八十年代在系里读书的一些校友后来还深情地回忆起，梁厚果、王邦锡、杨成德、张承烈、王保民、秦鑫、曹仪植等老师，给同学们讲授过植物生理课或相关专题课，如植物生长发育、抗逆生理，还有植物激素等。指导植物生理学实验课的有黄久常、曾福礼、陈鑫阳、俞丽君、敬兰花、王辉、刘良寰等老师。系里讲授专业课的老师还有王勋陵、贾敬芬、王亚馥、杨汉民、叶涟漪、段金生、葛瑞昌、王勤、康文隽、孙彬、王静、高清祥、林璋德、赵松岭、王宏年、冯清平、彭泽祥、蒲训、张耀甲等很多老师。当时系里的老教授和领导们也非常注重教学和培养学生的工作，如郑国锠院士、仝允栩先生、陈庆诚先生、张鹏云主任、王邦锡主任、郑国钰书记、郑荣梁主任等等。担任辅导员和班主任的刘宏勋、禄秀珍老师对学生同样是多方关心和照顾。那时候，系里年富力强的老师们都在第一线给学生授课。他们对待学生就如同培养自己的孩子那样尽心。彭泽祥教授和王静老师带一个班的学生去天水、兴隆山实习，与同学们同吃同住。因为山里有蚂蟥，老师们事先就叮嘱大家进山时都一定要戴上草帽，打好绑腿，免得被叮咬。同学们在那个年龄段到野外实习，觉得什么都好奇，老师们带领大家去采集标本时，不断提醒注意安全。晚上回到营地，他们不顾劳累，老师教大家逐一区分这些植物标本分别是哪个科、哪个属的，以及它们的特点和实用性。这样的野外实习不仅让同学们学到了植物分类的真本领，而且在老师们手把手地帮助、指导下，具有了适应野外艰苦学习、工作环境的心理素质和能力，给大家留下了终生难忘的宝贵经历。①

有了过硬的教师队伍，才有好的教学和科研。当年的生物系全靠这支队伍来支撑，培育出大批优秀学生和有重要影响的科研成果，其细胞生物学、植物生理学等，在全国高校中都名列前茅。这也从一个侧面，生动地反映出当时兰州大学各系教师的普遍水平、专业素养及敬业育人、乐于奉献的良好精神状态。

（二）编写教材、专著及获得的奖励

好的教材、学术专著是保证大学教学和学生培养质量的重要条件。为解决“文革”结束后高质量专业教材、学术专著奇缺的问题，兰州大学许多长期从事专业教学、研究，经验丰富的教师们积极从事高校教材、学术专著的编写工作，其中不少得到国内很多高校的认可及好评，被广泛采用；还有的作为全国统编教材，在各高校相关专业普遍推广、使用，产生了很大影响，有效地提高了兰大的知名度、美誉度。这些走向全国的好教材和学术专著，无疑就是兰州大学的教学与学术名片，很多高校的师生最初就是通过使用这些优秀教材与阅读学术专著，逐渐认识、了解到兰州大学及其优势专业教师的水平与特色。重视高水平专业教材、学术专著的编写，同样是当时兰州大学及其优势专业能够在全国高校中异军突起，受到瞩目的一个重要因素和宝贵经验。

1978至1984年，全校教师编著出版各类专著、译著、教科书、文集、通俗读物等近百部，其中文科类占半数以上。社会科学方面出版了《现代汉语》《沙俄侵略西北边疆史》《左宗棠与新疆》《丝绸之路》《中国土地制度史》《寄陇居论文集》《中国史学史》《中国史学史论丛》《汉魏人名考》《中国古代时空观的产生和发展》《中国近

① 《科学研究的最终目的是造福人类——李长江、吕贵华回忆恩师吕忠恕先生》，选自《萃英记忆·生命科学70年》，载兰州大学校园网2016年9月28日。

代经济史纲》《会计简明教程》等书，反映了学校社会科学的研究成果。其中一些为国内首创，填补了当时专业教材的空白。

如由中文系黄伯荣教授等主编的《现代汉语》（上、下册），被全国多所院校所采用，成为当时国内发行量最大的大学现代汉语教材。1979年2月，该书举行编审会，著名语言学家、人民教育出版社编审张志公先生应邀莅临会议，并做了学术报告。兰州军区第一政委肖华、甘肃省第一书记宋平等领导同志接见了与会代表。

兰州大学原副校长辛安亭同志，从1979年以后，先后完成并出版了《儿童三字歌》《中国古代史讲话》《辛安亭论教育》《中国历史人物》《论语文教学及其他》《教材编写琐忆》《文言文读本》等10部专著和普及类文史作品，深受广大读者欢迎。

历史系赵俪生先生在史学界声望素著，他在国内较早从事农民战争史、土地制度史等方面的研究，后来又转向古代思想文化史研究，先后出版多部相关学术著作，发表学术论文八十余篇，取得丰硕成果，为学校争得荣誉。张孟伦教授长期从事中国史学史教学和研究，他编写的《中国史学史》《中国史学史论丛》等出版后，在一定程度上弥补了当时史学史教材的相对缺乏，颇受学界好评，并应邀出席全国史学史方面的学术会议。杨建新、卢苇老师合著的《丝绸之路》，开国内学者对于丝绸之路史研究之先河。

在自然科学方面出版的有《甘肃农业地理》《冰雹微物理与成雹机制》《中国植被》《西藏冰川》《甘肃珍贵动物》《有机微量定量分析》《核素图》等学术著作，都有较高的学术水平。

在科研与教学结合的过程中，为提高教学质量，培养优秀专业人才，不少教师结合教材编写，进行具有特色、服务教学和社会实际需要的研究。如《现代汉语》《中国古典诗歌选注》《元曲三十种校勘》《中国土地制度史》《中国史学史》《中国近代经济史稿》《政治经济学》《关于社会主义经济的几个问题》等著作或教材的编写出版，外语系秭佩教授等的英语名著翻译及对翻译理论和方法的研究，对提高教学水平和专业人才培养质量都发挥了重要作用。

1988年，兰大有17部教材获得了“甘肃省高等学校优秀教材奖”。它们是：黄伯荣《现代汉语》（上、下册），刘让言、林家英、陈志明《中国古典诗歌选注》（一、二册），赵俪生《中国土地制度史》，张孟伦《中国史学史》（上、下册），魏永理《中国近代经济史纲》（上册），陈文嵘《非线性泛函分析》，周尚仁、权宏顺《常微分方程习题集》，陈庆益、李志深《数学物理方程》（上、下册），钱伯初《量子力学基本原理和计算方法》，汪志诚《热力学、统计物理》，陈耀祖《有机分析》，沈凤嘉、吴世晖《有机化学实验》，郑国锠《细胞生物学》《生物显微技术》，冯清平、葛瑞昌《微生物应用技术》，吕忠恕《果树生理》，张咸恭《工程地质学》（上、下册）。这次评奖是由甘肃省教育厅主持，对全省高校于1976年至1985年期间编写的教材进行全面评审而选定的。全省共有30部教材获奖，兰州大学占了一半以上。

四、兰大教师的精神与风采

在当时特殊的历史年代，兰州大学的教师们不分男女老少，都呈现出一种极其可贵的精神状态——思想解放、埋头苦干、认真负责、奋发向上，恨不得倾尽其所有时间、精力、知识、才华，毫无保留地奉献给学生，奉献给自己的教学、科研工作和国家的现代化事业。

这是中国知识分子在历经“文革”十年磨难后，一种发自内心的自觉追求与崭新气象。教师们身上表现出的这种极其可贵的奉献精神、良好风气，无言地感染、教育着那一代莘莘学子，塑造、树立起了中国大学新的文化风貌与精神丰碑。这是有幸经历过那个时代的每一个人都刻骨铭心、难以忘怀的，也是后来的人们所难以想象的。这其中，既有当时那一代中国知识分子的普遍风格，也有兰州大学教师群体的显著特点。

（一）安贫乐道　勤谨治学

当时，经过十年“文革”，社会上物资匮乏，很多人的温饱都难以解决。整个国家更是面临拨乱反正、百废待兴、发展经济和生产力的紧迫任务。在大学里，虽然可以感受到党和国家对高等教育的重视，但师生员工生活、工作条件的改善，教师收入水平的提高，仍然需要经历一个较长的过程。在此情况下，兰州大学的教师们和国家共命运、与人民同甘苦，继承前辈立足西部、无私奉献的优良传统，无怨无悔地坦然面对各种困难，全身心地投入教学、科研工作。

许多二十世纪五六十年代毕业的中年教师，拖家带口，有的还夫妻两地分居，或家在农村。不少人每个月的工资仅有五六十元，要负担全家三代人的生活，是相对困难的。那时的教室里、讲台上，经常可以看到一些老师穿着补丁衣服在讲课。他们的形象虽然无法与小说、电影中以前那些西装革履、气宇轩昂的大学教授们相比，却照样能够以自己的精深造诣、敬业精神，赢得学生们发自内心的崇敬。尽管如此，每当有提升工资的机会时，各系领导总是把有限的名额让给一线的教师，而教师们则推荐家庭负担最重、生活最困难的人。很少有人为此而发生冲突，影响团结。

理科一些老师整天在实验室做实验，有时顾不上回家吃饭，经常是把从家里带来的冷馒头在电炉子上烤热，就着开水当一顿饭。物理系段一士教授与研究生经常在办公室讨论学术问题到深夜，肚子饿了没有夜宵吃，就提前买一些土豆准备着，夜里一边在电炉子上烤土豆吃，一边继续探讨精深的学术问题。这些都给研究生们留下了刻骨铭心的独特记忆。

当时，很多教师就是以这种忘我的精神，丝毫不在意以往曾经遭受的不公正待遇，不顾生活、工作条件的困难，意气风发地重新开始了自己的教学、科研生涯。在他们身上，充分体现了老一代知识分子的普遍特点：如同勤勉、敬业的孺子牛，吃的是草，奉献出的却是一腔心血及智慧、科学之“奶”。

2.敬业奉献 精心育才

历史系年过花甲的赵俪生教授，每天凌晨三四点即起床，开始在灯下辛勤笔耕。“文革”结束后，他不仅发表了许多有重要影响的学术论著，而且非常重视本科教学。每逢他要给学生上课的前一天，都闭门谢客，将自己关在书房里认真备课。即便是讲过多次的课程，都是如此认真对待，尽力增加各种新内容，将要讲授的课程内容烂熟于心，最后浓缩要点于几张卡片上。每次上课时，就是带着几张卡片走上讲台。凡是赵先生上课，许多其他系的学生、青年教师都会慕名来听。因选课、听课的人多，他的课常常被安排在旧文科楼、化学楼等可以容纳上百人的阶梯教室中。即便如此，仍然有很多人在教室的过道里坐着，甚至站着听课。他讲课时更是用尽浑身解数，神采飞扬，旁征博引，像“中国土地制度史”这样内容相对枯燥的专业课，他都能讲得深入浅出，引人入胜，让听课学生如醉如痴地尽情享受知识和精神的大餐。而他每次上完课，由于过分投入，衬衣都会被汗水浸透。

赵俪生教授在认真备课

同学们普遍反映，听赵先生的课，是极大的享受。他的讲课艺术也得到校内外师生的广泛赞誉。有人总结说，赵先生讲课有“五绝”：板书、文献、外语、理论和博通，“这几大因素综合在一起，才能驰骋史域如入无人之境”。赵先生的讲课水平声名远播，得到学术界的公认。华东师范大学历史系王家范教授评价说：“大学‘中国通史’可说是历史系课程中最难讲的一门课。”严耕望先生曾说，过去大学教“中国通史”最成功的应该数钱穆先生，但“据笔者所知，较晚还有一位，就是50年代曾在山东大学教中国通史的赵俪生先生”①。

除上课之外，赵先生还非常重视对学生作业的精心批改。当年凡上过他课的学生，每个学期快结束时都必须按要求提交论文等作业。对每一份作业，他都会精批细改，最后写上评语，还要郑重地钤盖上自己的名章。如果批改之处有变动、改写的地方，也会专门钤盖名章。且不说那些精深独到的评语对学生有多大的专业帮助、启发和鞭策，仅仅在批改作业中体现出的严谨细致，就足以凸显一位老教授对莘莘学子的重视、厚爱与希冀，无疑是最好的言传身教及师范。所以，很多同学即便是毕业多年，都仍然珍藏着留有先生手泽的作业，并且在同学聚会时如数家珍般地回忆起先生当年给自己和某某同学作业所留下的评语。其中一些人也是由此而确定、开始了自己毕生的学术道路并有所成就的。

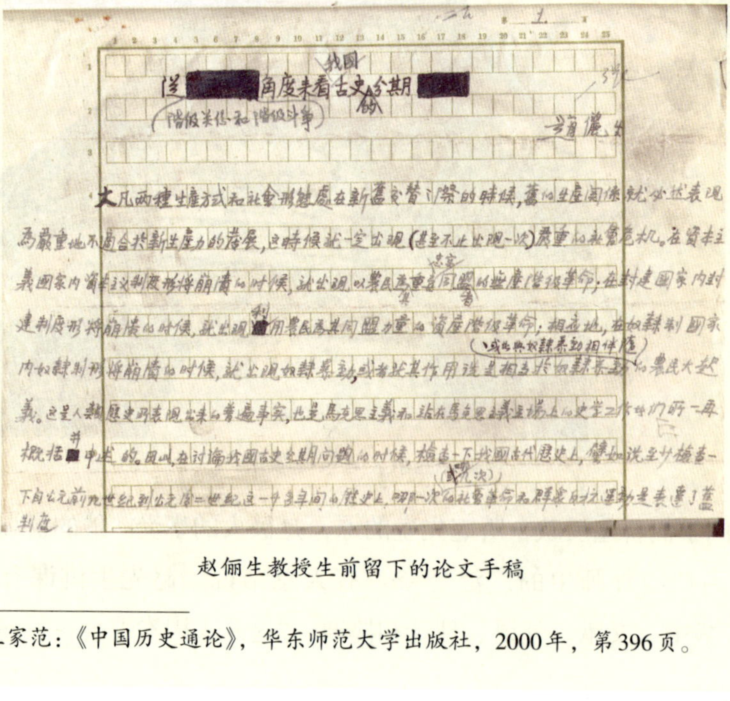
从[redacted]角度来看古史分期[redacted]

赵俪生教授生前留下的论文手稿

① 王家范：《中国历史通论》，华东师范大学出版社，2000年，第396页。

历史系1946级校友樊军先生

重视对学生作业的精心批改，是兰州大学教师和本科教学、人才培养中长期形成的优良传统。早在20世纪40年代国立兰州大学时期，当时的辛树帜校长和许多教师就非常重视学生作业及其批改。历史系1946级老校友樊军[①]先生一生坎坷，经历了无数磨难。但在颠沛流离中，他却始终珍藏着当年张舜徽先生在给文学院学生讲授“国文”课上布置并细心批改的作业。这是一篇用毛笔抄写的文言作文，与唐代著名史学家刘知几有关的《拟萧至忠答刘知几书》。上面不仅有张舜徽先生随行所做的圈点、改动，而且在文末用楷书写有批语“文句安雅，斐然可观”。

① 樊军（1925—2013），甘肃成县人，1946年以兰州考区名列前茅的好成绩考入国立兰州大学历史系，因参加进步学生运动被特务列入黑名单。辛树帜校长为保护他，让他随受聘前往台湾大学任教的兰大法学院顾城教授转学至台大继续求学。孰料又因在台湾参与反抗国民党政府的学生运动而遭受迫害，傅斯年校长资助其返回大陆，但离台时在港口被捕，关押近一年后被遣返回大陆。后回到兰州第七中学担任历史教员。1957年被打成右派，在七中赶马车，为学校运煤、运菜。1962年被举家下放回成县务农。“文革”中再度遭受迫害，被打断手腕。“文革”后落实政策，到成县一中任教，并潜心从事地方历史文化的研究。

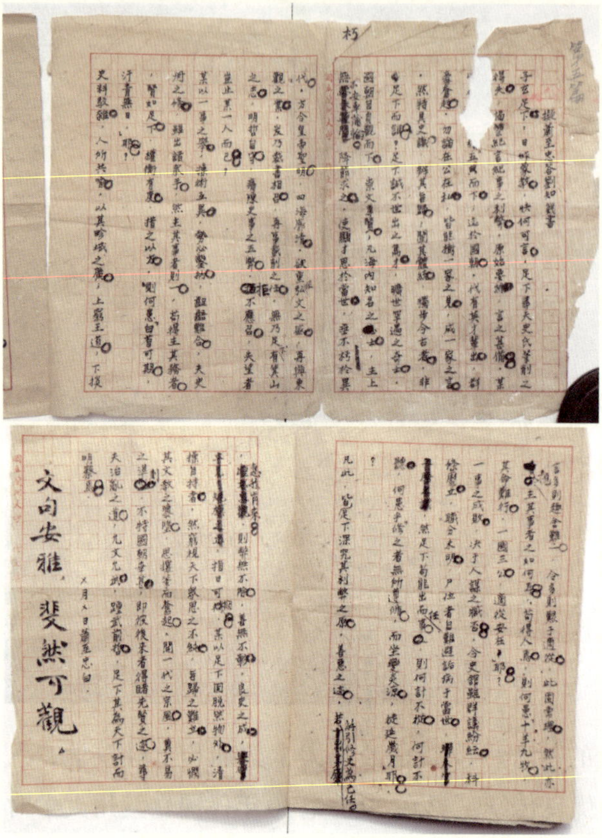

樊军先生作业照片

由这篇七十多年前幸存的学生作业，可以看到当年兰大学生所受训练之严格，学生、教师对于作业之重视、认真。这无疑是保证本科教学及学生培养质量的重要举措。60年代初，江隆基校长仍然非常重视学生作业的批改。据数力系郭聿琦教授回忆，1964年他刚到兰大数力系工作，严格按照江校长对助教工作的要求，对学生的作业，每周都能做到全部批改，而且批改得非常仔细，包括行文和标点符号，批改后还签上自己的名字，以示负责。并因而受到学校的表彰。改革开放初期，刘冰同志在本科教学方面同样注重倡导恢复这些优良传统，使像郭聿琦教授这样认真负责的教师深深感受到，“江隆基校长治校的‘灵魂’又回来了”[①]。80年代初在兰大求

① 郭聿琦：《兰大是我的第二母校》，选自《萃英记忆·数学70年》，载兰州大学校园网2016年11月25日。

学的文理科很多校友，也都会不约而同地回忆起当年教师们对学生作业、实验报告、毕业论文和设计一丝不苟的严格要求，并使自己受益终生的往事。兰州大学“勤奋、求实、进取”的良好学风，学生们严谨治学的科学态度，就是通过这一份份作业、实验报告和毕业论文等积累而成的。

当时，认真负责地高度重视教学工作，在各方面言传身教、严格要求，也可以说是兰大教师中的普遍现象。如历史系李天祜教授[①]，20世纪30年代就读于北师大历史系，1950年到兰州大学工作，担任历史系教授兼系主任，对于历史系的发展，尤其是世界史专业的建设，颇有贡献。当时的世界史教研室集中了一批造诣颇深且勤勉敬业的学者，兰州大学的俄国史研究在全国也开始产生较大影响。60年代

李天祜教授

① 参见张克非：《春蚕到死丝未尽——忆李天祜教授》，载《历史学家茶座》第4辑，济南：山东人民出版社，2006年。

初，李先生又在全国率先培养俄国史专业的研究生。他发表的学术论文数量虽然不是很多，但皆为资料丰富、考订精详、富有见地的存世之作，体现了他对中外历史的深厚功底和独特见解，李先生严谨的治学态度、深厚的学养和长者之风。在国内世界史学界赢得了普遍的尊重。

“文革”后，他虽然由于年龄原因，不再担任历史系领导工作，但仍继续从事本科教学和研究生培养。对于毕生从事的教学工作，他始终那样认真、投入。据历史系七七级同学回忆，他们甫进校，即由李先生亲自讲授世界古代史。当时，先生不慎摔倒，腿部骨折，正打着石膏。第一堂课，他硬是让家人用自行车把自己推到教室。深受感动的学生们全体起立。报以长时间的热烈掌声。先生坐在讲台上，给大家上了终生难忘的一课。

李天祜教授所著《古代希腊史》书影

平时，他对待学生也总是那样尽心、负责，无论是谁向他请教，他都会有求必应，不厌其烦地耐心讲解，逐一介绍参考书，直到对方满意而去。对学生交来的论文习作，他总要逐字逐句地认真修改，并当面进行指导。每当这时，他绝无半点居高临下的姿态，而总是和颜悦色，以平等、商讨的口吻，循循善诱，让学生在亲切、和煦的气氛中，自己意识到文章究竟怎样修改才会更好。先生就是这样将自己的知识、学问毫无保留地奉献给学生，但却从不接受学生的任何礼物，唯恐给学生增加负担。一年春节，他的一位研究生买了一个大蛋糕去给先生拜年，先生热情地接待了他，但临走时却无论如何都让他将蛋糕带回去。所以，学生们都知道，李先生非常欢迎大家去他家里问学，但谁去都不能带任何礼物。这是他牢不可破的规矩。

80年代初，李先生指导的研究生一批批地成长起来，相继成为国内俄国史、苏联史研究领域的骨干力量。他在晚年转向了自青年时代即寄情已久的古希腊史研究，不辞辛劳地四处补充相关资料。1988年春节住院期间，他仍在病房里伏案工作，修改书稿，突因心脏病猝发遽然病逝，却在身后留下了由中国学者撰写的首部古代希腊史著作，被誉为“一部遗著，半世心血”。

哲学系杨子彬老师（1932—2001），1932年出生于河北枣强县杨家庄一个小康农家，其祖父是个老秀才，在村里颇有威望。他的父亲和伯父、叔父都在汽车行学会了开车、修车手艺。1942年，他随父辈从已沦陷的家乡逃到大后方兰州定居。1946年秋，他小学毕业后考入西北师范学院附属中学。1950年秋，转入西安高中二年级就读。1952年9月考入名师荟萃的北京大学哲学系学习；1956年在冯友兰、张岱年教授指导下完成毕业论文《孔子的世界观》，以优异成绩被分配到中国科学院哲学研究所工作。1957年被错划为“极右分子”，曾先后被遣送到黑龙江国营农场、甘肃省敦煌中学、敦煌县良种场监督劳动。他虽然历经磨难，身处逆境，却不顾个人安危，在“文革”中向党中央和毛泽东、周恩来先后五次上书共计十七万字，直陈对极左路线和“文化大革命”的反对意见，被打成“现行反革命”，在敦煌县电影院召开的批斗大会上被打得体无完肤，无法站立。1977年3月，甚至还被绑至公审大会上陪法场，险遭不测。但他始终不放弃自己的主张而低头“认罪”。

正如他自己所言，“三中全会后，才获得了第二次政治生命”。1978年他的“右派”等问题得到彻底平反，翌年调入兰州大学哲学系任教，重新回到自己热爱的教学科研岗位。他痛惜失去的岁月，发奋努力，刻苦钻研，亲自编写开设的哲学系主干课程《中国哲学史》所用教材，并先后发表了具有一定学术价值的研究论文，尤其是对孔子的研究和评价，始终坚持自己长期形成的学术观点，得到了同行专家的较高评价。

杨老师治学严谨，对待教学工作一丝不苟。他备课认真、讲课条理清晰，注意对学生基础知识和基本技能的训练。他提前把讲义交给校印刷厂印刷装订，发给学生。为督促学生自主学习，他从教第一个班哲学系七八级学生开始，就要求每人写期中论文一篇，他逐字逐句认真批改，使学生深受感动。七八级刘斐同学当时写信说："杨老师改文章比我们写文章还认真。"他每年负责指导的三四篇学生毕业论文，自己至少要细改两遍，有的多达四遍，并将批改中发现的普遍性问题和相应建议，写成书面报告提交给系里和学校。

他还笃行中国的尊师敬老传统，从20世纪80年代开始，每年在北大张岱年教授寿辰时，都要自费赴京为耄耋之年的恩师祝寿。他平反后才终于成了家，并把身体不好的岳母接到自己家里亲自侍奉，直到养老送终。

1992年他退休后，创办了甘肃中国传统文化研究会，被推举为会长，继续为弘扬传统文化而不懈努力，赢得广泛尊重。他还四处奔走，筹集资金，在1998年创办并出版会刊《国学论衡》，在国内外产生了较大影响。

赵俪生、李天祜等老教授们是20世纪中国学术史上承先启后、不可或缺的一代，虽然历史和社会给了他们太多的牵绊，使他们无法在学术事业上取得原本更多的成就；但他们在任何时候都不计较个人的荣辱得失，总是默默地埋头耕耘，为民族的文化、教育事业做出了自己特有的贡献，就像著名教育家陶行知先生所说"捧着一颗心来，不带半根草去"，真正以自己的一言一行、一身正气，为社会，为学生留下了君子风骨和师之风范，也真正成为"文革"浩劫之后继往开来、传续薪火的重要力量。他们也是改革开放初期兰州大学和国内著名大学校园里耀眼亮丽的风景，是那个时代空前绝后、值得怀念的重要原因。

曾任兰州大学党委副书记、副校长的甘晖，当年是中文系七七级学生，很多年后他还深情地回忆说："印象特别深的是我们的外语老师，刘涵锦老师，是一个女老师。当时学校里考虑到有一批水平比较高的俄语老师，所以我们的外语学的是俄语。我们班上开始都不太愿意学俄语，觉得学俄语没有用，那时候改革开放主要对西方开放嘛。后来为这个好像还罢过一次课，有一次俄语课就不去上了。当时学校教务长还到我们班上，把我们批评了一顿，代表学校要求大家必须学。那时候大家还是比较认真的，既然学校出面给我们讲了，俄罗斯文学也很重要，那俄语课也是必不可少的。我们有固定教室，刘老师几乎每天晚上在我们上自习的时间都会在教室后面坐着，随时给大家辅导答疑，她就在那儿看自己的书，学生有问题就直接去找她。老师的这种敬业精神，对学生爱护、负责的态度，真的把教书和育人结合起来了，结合得这样一致。刘老师经常这样牺牲自己的休息时间给我们辅导，我们大家就不能不学好了，就冲着老师的这种认真负责的精神我们就得好好学，不然就觉得对不起老师。我们毕业的时候，全班给刘老师送了一个镜框，每个同学一张一吋（英寸）照片，全部装上送给刘老师。刘老师去世的时候，我们在兰州的同学都到华林山去送她。那时候的师生关系，非常融洽，它是建立在一个认真教、一个认真学，这样一种基础上，而且是高度信任的。那种风气觉着非常好。”“在这种环境里，给我们上课的老师，像中文系的齐裕焜老师、吴小美老师、林家英老师、刘庆璋老师、徐清辉老师、黄伯荣老师、沈文豪老师、陈志明老师、刘满老师、刘成德老师、柯杨老师、魏明安老师、陈进波老师、李东文老师、刁在飞老师、祝敏彻老师等一批老师，哲学系的刘文英老师，历史系的刘光华老师、李蔚老师等等，上课都非常认真，很严谨也很生动，师生之间的互动也很经常。……学校里边学术的氛围、学习的氛围非常好；老师们也是好不容易解放了，都在抓紧时间努力去做研究，努力想办法去认真备课，给学生们上好课，下课以后和学生们交流讨论。甚至都有这样的情况，有时候学生们提的问题也是很刁钻的，老师就说，我下来查查资料，下次再告诉你。那种责任心、负责任的态度的确让人感觉到不一样。在这种环境里受到的教育，确实是非常难忘的。”[①]

由此，也可以感受到那时学校老师的敬业精神和师生之间的亲密关系。

（三）博学卓识　独具个性

改革开放初期的兰大校园和教师中，诚可谓人才济济，有许多才华横溢、个性鲜明的人物。他们给那时的校园文化留下了鲜明的烙印。

化学系黄文魁教授不仅是享誉中外的著名化学家，而且是一个爱憎分明、恪守原则、很有操守的学者。朱子清教授是早年他在上海交大化学系读书时的老师，20世纪50年代初他毕业留校后，又一直跟随朱先生进行有机化学研究，并先后到了复旦大学、兰州大学。后来，朱先生被错划成右派后，黄先生不仅拒绝落井下石，而且始终尊重朱先生。每年春节，他都不避嫌疑，坚持到先生家拜年。此外，他还是一位养蜂高手，借回福建老家探亲之际，将家乡莆田的蜜蜂种群带到兰州，买来许多养蜂图书，利用小小的阳台养了好几箱蜜蜂。每到花季，遇到外地的养蜂者到兰州来放蜂采蜜，他都会去讨教。这一特殊爱好不仅在物资匮乏的年代，为家人、孩

黄文魁教授生前收藏的养蜂图书

① 甘晖：《兰大的精神和品格是我们终身受益的思想财富》，载王秋林、段小平：《我的兰大：人物访谈录1》，兰州大学出版社，2016年，第325～328页。

子增加了几分少有的甜蜜和营养，而且也使整天忙碌于实验室的自己有了放松心情、亲近自然的机会；最重要的是他从小小的蜜蜂身上得到许多启迪，把蜜蜂的勤劳、坚持不懈变成了自己工作、研究的精神动力，体会创造、奉献的内在乐趣。

叶开沅教授作为著名的力学家，不仅在力学领域有精深的研究，而且才华横溢，能够学贯自然科学和人文艺术两大领域，对于中国戏剧史研究也颇有造诣和成就。他自小喜爱戏剧，在北京学习、工作期间又广泛接触了各种地方剧种，对之产生了浓厚兴趣。为了不使家乡衢州的古老剧种——婺剧失传，他利用业余时间对婺剧史予以研究。1981年，历经十余个寒暑而数易其稿的《婺剧高腔考》一书由日本东京龙溪书舍出版，奠定了他在戏曲史研究领域的

叶开沅教授所著《婺剧高腔考》等书影照片

地位。1984年，他又与戏曲史大师赵景深先生共同创办了研究中国戏曲史的学术刊物《戏曲论丛》，并担任副主编。赵先生逝世后，他接任该《论丛》主编。1986年，他当选中国戏曲协会常务理事、甘肃省戏曲协会理事，并在国内外多次做有关戏曲史方面的学术报告。这在现代杰出的科学家中是非常罕见的。[1]

① 有关叶开沅教授的内容，除查阅、利用兰州大学档案馆所藏有关档案资料外，还参考、借鉴了百度百科上由俞焕然先生所写的“叶开沅”词条有关内容；此外，王德基教授哲嗣王家纯老师也提供了一些有关资料和帮助。特致谢忱。

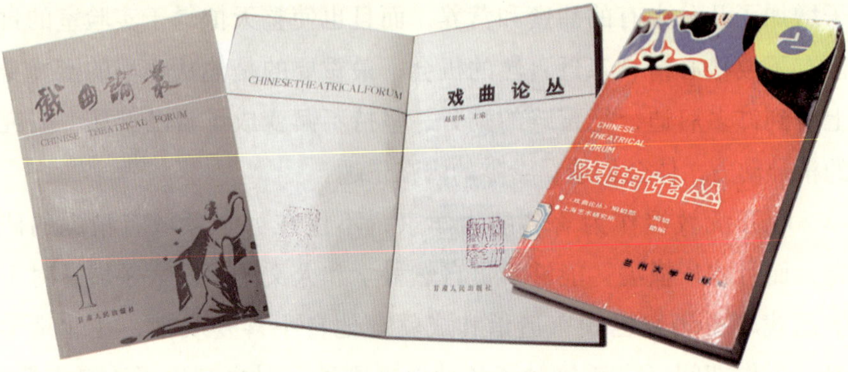

叶开沅教授主编的《戏曲论丛》杂志封面照片

钱伯初教授一生在“量子力学”课程的教学和人才培养上钻研跋涉，精益求精，倾注大量心血。其中所有的习题他都要一道道亲自做过，并找到最佳解法后，才在作业中布置给学生，并加以指导，让学生掌握最为简洁、有效的解题思路和方法。每学期上这门课之前，他都要认真地重新备课，一丝不苟地编写新教案，把国内外在量子力学研究方面的最新成果介绍给学生。所以，他讲授“量子力学”不仅达到出神入化的最高境界，而且每次上课都有新的内

钱伯初教授在高校“量子力学”讨论会上做示范教学

容和变化，真正做到了常教常新。他也因此而深受学生和同行的尊敬，并荣获首届全国教学名师称号。

钱伯初教授追思会上陈列的首届全国教学名师奖杯、证书等

此外，钱伯初教授还具有多方面的兴趣爱好。他从青年时代就痴迷于围棋，曾获得围棋业余六段段位。1964年中国围棋协会成立时，他即当选为首届理事，是当时围棋协会理事中仅有的两位高校教师之一。对此，他深感自豪。他还多次同国内外围棋高手对弈。

钱教授还热心于体育运动，年轻时喜欢田径、足球等，身体素质很好。年过半百时，还能在教工运动会上参加跳远等多项田径比赛。晚年，他转而坚持打乒乓球、门球等，还自己动手制作乒乓球拍，经常参加教工比赛，如果打球时赢了高手，他会像孩子似的一连兴奋、得意好几天。

钱教授对文学也情有独钟。在他书房的书柜里就摆放着许多鲁迅的著作以及《福尔摩斯探案集》等书，其中不少都有他反复阅读时留下的批注和各种记号等。他常说，看这些书既是很好的休息，还能调整心情，获取很多灵感和启发。

钱伯初教授同到访的日本棋手对弈

钱伯初教授在运动会上跳远

外语系樊祖鼎教授（1920—2003），浙江温州人，1946年毕业于中正大学政治系，1948年赴法国巴黎大学留学，攻读法律和政治学。1950年，他毅然中止学业，离开巴黎回国参加社会主义建设。次年自愿报名到条件艰苦的兰州大学任教，被评为副教授，1983年晋升为教授。他博学多才，风流倜傥，行为潇洒，语言诙谐，极具江南才子风范，不仅为学生讲授过政治、俄语、法语、英语等课程，编写了大量教材，而且心灵手巧，会缝制西服、修理钟表和自行车等，常常利用休息时间免费为大家服务。他还擅长书法篆刻，文笔华美，稍有闲暇总不忘笔走龙蛇。虽曾遭受不公正的待遇，但他始终无怨无悔地保持着一个共产党员和爱国知识分子的高尚情操。20世纪80年代，他曾担任外语系副主任、硕士生导师，甘肃省大学外语教学研究会会长、甘肃省语言学会会长和全国大学外语教学研究会理事等，著有《美国英语与英国英语的分歧》《论简练》等，译著有《卡列布·威廉斯》《敦煌水式部》等。[1]

外语系水天明教授（1926—2004）出身兰州世家，其长兄水天同教授是从美国留学归来的著名语言学家。受兄长影响，他长期从事俄语教学及俄国文学研究。水天明教授学识渊博，学贯中西，对两汉文学尤为精通。他讲课时神采飞扬，声情并茂，引经据典，收放自如，既能深入浅出，又能妙趣横生，一向受到学生们的热捧和爱戴。他编写了《俄汉翻译理论与实践》《俄译汉理论与技巧》等多种教材，并发表有关俄语、历史、文化方面的论文数十篇。在20世纪80年代，他创立甘肃省外国文学学会，被推举为会长，兼任《俄苏文学》杂志副主编、全国高校外国文学研究会西北分会副会长等职。他一向热心社会工作，除担任兰州大学工会副主席，为学校教工福利奔走外，还时常应社会团体和大中学校邀请，与当代青年畅谈人生，帮助学生树立正确的人生观、价值观，勉励他们成为祖国

① 根据外国语学院党委景宏科书记提供的《兰州大学外国语学院简史》（初稿）。特致谢忱。

的栋梁之材，诚为当代青年学生的良师益友。[①]同时，他还酷爱话剧，具有表演天赋，一直是学校文艺舞台上的活跃人物。在他五十多岁时虽已两鬓斑白，仍不改童心，应邀热心指导学生话剧团的排练和演出，并亲自饰演其中一位老知识分子的角色。他那浑厚、响亮的声音，自然、老道的演技，在舞台上博得观众的热烈掌声。水天明教授独有的气质、外语专业及表演天赋，也遗传给自己的孩子们，其哲嗣水均益从兰州大学外语系毕业后，成为中央电视台著名的国际节目主持人。

当时的这些教师们不仅在各自的专业领域有很深的造诣和一定的学术成就，而且以过人的智力和爱好，在专业之外自己感兴趣的领域也都有不凡的表现，甚至颇有特点和贡献。他们以多方面的兴趣爱好，呈现出鲜明的个性和全面发展的健全人格，不仅充实、丰富了自己的人生经历，而且通过跨界、客串的活动，打破了不同学科、知识领域间的畛域及隔阂，既自我享受，从体力、智力等各个方面汲取营养，为自己的教学、科研增添了活力；同时又贡献社会，造福别人，也给当时的校园增加了许多亮丽的风景和文化氛围。这些都能够给学生的全面发展和成长，以及当下的通识教育，提供多方面的启示和影响。

（四）关爱学子　传递薪火

改革开放初期，兰大的教师们都非常尽职尽责，恨不得把自己满腔的爱心和平生所学都毫无保留地奉献给学生。当时，校园里师生关系非常密切、融洽、单纯，很少有功利色彩。从一些平常的小事上，就很能反映这方面的情况以及学校师生的精神风貌、校园氛围，这都给人留下非常深刻的印象。

每天清晨，许多班主任老师都会到学生宿舍，挨个敲门喊同学们起床去上早操。很快，平静的校园里、操场上就会人声鼎沸，到处洋溢着蓬勃的朝气。每天的早操及傍晚的课外活动，有效提升了

① 根据外国语学院党委景宏科书记提供的《兰州大学外国语学院简史》（初稿）。特致谢忱。

学生的身体素质，使绝大多数学生都能在当时相对清苦的生活条件下，仍然以良好的身体和精神状态，投入繁忙的专业学习。有了如此负责、热心的班主任老师，同学们无论年龄大小都逐渐养成了合理的起居、作息习惯，积极参加各种体育活动，很少有人会睡懒觉或逃避体育锻炼。

当时，学校里也成立了篮球、排球、足球、乒乓球、田径等学生运动队，队员们都分散地住在各系学生宿舍里。由于食堂伙食营养有限，而运动员们每天都要集训，运动量、体力消耗很大。校篮球队教练姚若兴老师，这位毕业于北京体育学院的中年教师，为了给校篮球队员们补充营养，每天清晨都在自己家里煮好牛奶，再端着一大锅滚烫的牛奶，挨个敲开有学校篮球队员住的学生宿舍，把热腾腾的牛奶倒在每个队员的饭盒里，让他们喝了牛奶再到操场集训。天天如此，从不间断。此情此景，不仅让同宿舍的其他同学格外羡慕，也让校篮球队员们形成了非常强的凝聚力和集体荣誉感，大家训练时不怕苦不怕累，生龙活虎，配合默契，多次在省内外大学生篮球比赛中打败由体育系及体育专业学生组成的外校准职业代表队，屡屡取得好成绩，为学校增光添彩；他们也带动了全校各班级的篮球运动。那时，每学期学校各系的篮球比赛如火如荼，竞争激烈，常常吸引众多师生驻足观看，为各自的代表队呐喊助威，热闹非凡。

各系的班主任、辅导员和学生干部们也都能最大限度地关心、帮助所有同学。有人生病了，班主任老师总会在第一时间到宿舍探望，甚至从自己家里带来相对可口的饭菜；同宿舍别的同学也会主动嘘寒问暖，陪伴去医院，帮其打开水、打饭等；任课教师也会在学生痊愈后，主动为他们补落下的功课。有同学遇到困难了，老师、同学和班干部都会热心相助，尽可能为其排忧解难。当时的班集体、系和学校，就是一个能够让人感受到温暖的大家庭，留下了许许多多弥足珍贵的回忆。

当时，许多来自外省乡村贫困家庭的学生，在寒暑假时，往往为了节约路费而留在学校读书或勤工助学。尤其是在万家欢聚的春节期间，空荡荡的学生宿舍楼里，只有个别无法回家与亲人团聚的同学，他们的心情、情绪该是怎样的低落。每到这时，学校、系的领导都会前来看望这些同学。班主任和不少老师都会相继邀请这些同学到自己家里过年，帮助他们派遣寂寞和冷落。这种特殊的“礼遇”和关心，温暖着这些假期只能留在学校同学的心，也给他们留下了终生难忘的亲切记忆。

有的教师还邀请研究生到自己家里包饺子，聚餐，进一步密切师生之间的关系，让学生在亲如家人的近距离接触中既感受温暖，也使学生在专业、学识、为人处世等各个方面受到有益的熏陶。[①]

这就是那个时代，兰州大学的老师们给予学生胜似亲人的关心与厚爱。爱心，是教书育人中最为重要、珍贵的精神因素，能够潜移默化地温暖、慰藉学生的心灵，影响、塑造很多人的一生。从这些侧面，也能够反映出那个时代兰大教师的精神与风采。

① 《谭民裕：受党培养，为党工作》，选自《萃英记忆·化学70年》，载兰州大学校园网2016-07-29。

第七章　质量是高等教育的生命

邓小平同志于1977年指出："在大专院校中先集中力量办好一批重点院校。"[①] 1978年2月19日，国务院转发了教育部《关于恢复和办好全国重点高等学校的报告》。《报告》指出："恢复和办好全国重点高等学校是一项战略性措施，对于推动教育战线的整顿工作，迅速提高高等教育水平，尽快改变教育事业与社会主义革命和建设严重不相适应的状况，是完全必要的。"[②]兰州大学再次被确认为全国重点高校，成为西北地区唯一一所综合性重点大学。

究竟怎样才能真正办好兰州大学这所全国重点大学，作为校长的刘冰同志始终认为必须按照教育规律，"坚持质量第一"；高等教育的"质量影响着数量"，"必须在提高质量的基础上发展数量"，"质量规定着数量"[③]。具体而言就是紧紧依靠教师这个决定因素，打牢教学质量这个基础，切实提高学生的培养质量，培养出德、

① 《关于科学和教育工作的几点意见》，载《邓小平文选》第2卷，第54页。

② 《国务院转发教育部报告，决定恢复和办好全国重点高等学校的报告》，载《人民日报》1978年3月2日第3版。

③ 《按照教育规律办大学》，载《刘冰文集》，第119、120页。

智、体全面发展的合格人才。为此，他和学校党政领导做出不懈努力，并且取得显著成效。

一、人才培养质量是学校根本

高等学校的首要任务是培养人才，培养人才必须坚持质量第一。人才培养质量是高等教育的生命，关系高等教育的发展，这似乎是一个不言而喻的问题。

十年“文革”及“左”倾错误思想给教育战线带来了沉重灾难，使我国高等教育出现了前所未有的大倒退。高校多年中止招生，大批教师遭受打击、迫害，教学、科研停滞不前，原本与世界先进水平缩小的差距又一次被拉大。“文革”中，兰州大学与全国高等学校一样，遭受了空前的浩劫，学校被迫停止教学工作达5年之久，其中研究生招生中止达12年之久。

1971年秋，兰州大学根据中共中央批转《北京大学、清华大学关于招生（试点）的请示报告》精神，开始招收工农兵大学生。到1976年，共招收工农兵大学生6届3650名。但是，由于当时特殊的历史环境及招生方式，学生入学水平参差不齐，师生地位倒置、以阶级斗争为主课，再加上学制较以前缩短，造成专业学习无法系统和深入，因而很难保证应有的教学质量。虽然大多数学员抱着对知识的渴求进入高校，但其承担的主要任务却不是学习而是搞“大批判”，“上大学，管大学，改造大学”，学习知识成了学员们的“副业”。尽管存在诸多不利因素，但学校能够重新招生，有了自己的教学对象，教学工作得到一定程度恢复。在师生们的共同努力和当时特定的历史背景下，兰州大学仍然尽最大可能为国家、为社会培养了一些专业人才。

1977年，邓小平同志做出重要决策：恢复高考招生制度。这是一次重要的制度安排，它将上千万有志青年重新引到学习轨道上来。关闭了10年的高考大门再度打开，570万人从四面八方涌向考场。

1977年底，兰州大学恢复统一的高考招生，通过考试择优录取了“文革”后的第一批871名本科大学生。从此，作为设立在祖国最西边的一所重点大学，兰州大学重新担负起为祖国，尤其是西部地区培养人才的重任，进入一个全新的历史发展时期。

刘冰同志来到兰州大学后，深刻认识到要办好高等学校，要使高等教育得到健康、快速发展，就必须特别注意质量，坚持质量第一。教育质量的高低要受到多种因素的影响，诸如教师、学生、教学管理、办学条件等，但充分调动教师的积极性是关键。他指出，经过“文革”的大破坏，教育质量降低了，这是目前高等学校存在的突出问题。

为了提高教学质量，1979年5月，学校召开教学工作大会。在教师方面，鼓励和提倡由教学经验比较丰富和教学效果良好的讲师、副教授、教授承担基础课的主讲。学校要求全校的教授、副教授每人都应讲授两门课程，其中一门必须是基础课或专业基础课。同一门课程尤其是基础课和专业基础课可以安排几位教师同时开设，改变过去几位教师合开一门课的状况。为了鼓励和保证有经验的教师走上教学第一线，学校采取了考核、表彰、惩戒、校外兼职审批等措施。以1980—1981学年为例，当时学校共有教授、副教授118名，担任基础课教学任务的就有80名，占67%，这对提高基础课的教学质量起到了有力的保证作用。

刘冰同志还高度重视生源质量问题。他认为生源质量如果得不到保证，生源数量的增加就没有意义。学校必须在稳步提高生源质量的基础上，相应地扩大招生规模。在质量第一办学理念的指导下，经过一段时期的恢复和调整，兰州大学的教学秩序逐渐步入正轨，教学质量得到稳定和提高。

二、本科教学是办学的基础

20世纪70年代末，本科教育作为我国高等教育的一个重要层次，其主要任务是为社会主义现代化培养专门人才。人才的素质如何，关乎国家现代化和各项建设事业的发展。

1978年教育部修订的《全国重点高等学校暂行工作条例》（试行草案）中第二条规定："高等学校必须以教学为主，努力提高教学质量，必须正确处理教学工作、生产劳动、科学研究、社会活动的时间，应该安排得当，以利教学。"经实践证明，这是办好高校的一条基本保证。

1978年全国科学大会召开之后，兰州大学的科研工作更加活跃起来。但出现了重科研、轻教学的现象。加之1978年职称评定过程中，过于注重科研成果，使一些人产生错觉，以为教学是重复劳动，只有科研才是创造性劳动，于是出现了"教授不教，讲师不讲"的反常现象。刘冰同志到兰大后认为："在建设'两个中心'的过程中，必须明确教学是基础，这一点不能含糊。"[①]为了扭转轻视教学的倾向，学校决定老教师必须到教学第一线担任基础课教学，并列出名单报学校备案。同时，刘冰同志也强调教学方法的重要性，提倡生动活泼的学习和理论联系实际的好学风，注意培养学生们自学、研究、讨论、独立思考的习惯和能力。

为了将学校工作的重点转移到为现代化建设培养合格人才上来，努力把学校办成能适应社会主义现代化需要的"教学中心"和"科研中心"，兰州大学对教学和科研秩序予以全面整顿，努力恢复学校在"文革"前形成的优良传统。

（一）学校重视本科教学的优良传统

20世纪60年代初期，江隆基校长以无产阶级教育家的勇气和胆识，紧密团结、带领广大干部和全校师生，认真面对50年代后

① 《按照教育规律办大学》，载《刘冰文集》，第122页。

期各种运动使学校师生和干部队伍受到严重伤害、学校严重偏离高等教育客观规律的局面，面对严重灾荒给师生们的身心健康造成的巨大伤害，尽可能利用当时国家恢复、整顿的短暂机遇和相关政策，一方面在学校稳妥、积极地纠正过去许多“左”的错误做法，凝聚人心，振奋精神，尽力创造一个相对稳定、宽松和尊重知识、尊重人才的校园“小环境”；另一方面，克服各种困难，排除种种干扰，使大家的精力都回归到教学、科研这些高校的基本工作上来，千方百计提高教学和科研水平。这些不同寻常的努力，不仅很快扭转了学校混乱、浮躁和人心惶惶的局面，赢得了绝大多数师生、干部的拥护和支持，而且为学校的长远发展，为学校良好风气、传统的进一步形成，奠定了坚实、重要的基础。在当时的各种复杂情况下，比较好地肩负起兰大作为全国重点大学的历史使命，在教学、科研和人才培养上都做出了自己的努力与贡献。

经过江隆基校长大刀阔斧的整顿，到1961年，兰州大学已经从以前不断的政治运动、无休止的生产劳动，再加上经济和生活困难所造成的混乱状态中摆脱出来，逐渐恢复了高等学府所应具备的正常教学秩序。

1961年9月15日，中共中央批准试行“高校六十条”。甘肃省委宣传部和省教育厅三次召集会议，讨论贯彻方案，决定由兰州大学全面试行“高校六十条”。江校长和学校党委组织全校师生对“高校六十条”进行了深入学习和座谈，使大家进一步明确了人才培养的目标，正确理解红与专的辩证统一关系，明确了学校必须以教学为主，教学中必须发挥教师的主要作用。

首先，学校根据“高校六十条”的精神，抓紧制订教学计划并保证在5年内基本不变，努力提高基础课和公共必修课的教学质量。其次，恢复了在“大跃进”中被划分出去的兰州大学中文、历史、经济3个文科专业，确保兰大作为具有文理科专业综合性大学的基本格局。第三，各教研组和各班级都必须严格按照教学日历、课程表、课程进度表和作息时间表进行教学。第四，改善教学环境和改进教学条件，促进本科教育的长足发展。同时，狠抓基础课、专业课建设，充分发挥教研室在本科教学中的作用，着力培养骨干教师与优势学科；提倡因材施教，强调学生掌握基本知识、基本理论和基本方法，注意增强学生专业工作能力，等等。

经过数年不懈努力，兰州大学不仅形成了一批有影响的基础、专业课程和优秀骨干教师，如化学系就涌现出陈佩芳老师主讲的“无机化学”、张光老师主讲的“分析化学”、鲍启申老师主讲的“有机化学”、张汉良老师主讲的“物理化学”等“四大台柱”及享誉全校的4门优秀主干基础课；同时，还分别以主讲教师为中心组建课程小组，小组成员都要听主讲教师的课，掌握该课程的教学特点、难点，学生的学习要求、接受程度，并根据主讲教师的要求，承担辅导答疑、批改作业等，以这种方式带动其他教师提高教学水平，确保主干基础课程的整体质量和教学效果。

数力系郭聿琦教授是1964年从复旦大学数学系毕业后，分配到兰大工作的。据他回忆，当时的兰州大学在江隆基校长领导下，从全国各地聚集了一批非常优秀的教师。像数力系就有不少很好的教师，如陈文嵘，是吉林大学江泽坚先生的学生，也是全国非线性泛函领域两位年轻有为的数学家之一；陈庆益是谷超豪教授的浙大老同学，在苏联获副博士学位回国后直接被调到兰大；濮德潜是北大庄圻泰先生的学生，在复函数方面有很多成果；力学专业的叶开沅是钱伟长先生的得意门生，从北大到兰大工作，开创了兰大力学方面的研究。郭老师来兰大后不久，就听到了江隆基校长谈及高校八条规律的报告，这是他“在高校所听到水平最高的一个报告”。当时，学校图书馆和系资料室的藏书，包括所订国内外数学杂志，都大致与复旦一样。①

当时，全校各系都有一批重视本科教学的优秀教师及优质课

---

① 郭聿琦：《兰大是我的第二母校》，选自《萃英记忆·数学70年》，载兰大校园网2016年11月25日。

程，叶开沅老师的“固体力学”、钱伯初老师的“量子力学”、赵俪生教授的“中国通史”，等等，都是效果好、水平高、影响大的优质课程。再加上与此相适应的政策、规定，有效保证了全校各专业本科教学质量、水平的稳步提高。

更为重要的是，在全校师生中逐渐形成了精益求精、敬业重教的优良教风和勤奋求实、刻苦钻研的良好学风，奠定了兰州大学坚实的优良传统。这也是很多师生对江隆基校长无比崇敬、对60年代前期学校风气和氛围念念不忘的主要原因。

虽然经过“文革”十年的摧残、破坏，但兰大重视本科教学的优良传统仍然熠熠生辉，不可磨灭。

（二）采取有效措施，提高本科教学质量

刘冰同志作为高等教育管理的行家里手，到学校后，很快就高度认同、充分肯定兰大原有的基础和传统，并且继续花大力气，把提高本科教学质量作为学校的头等大事来抓。

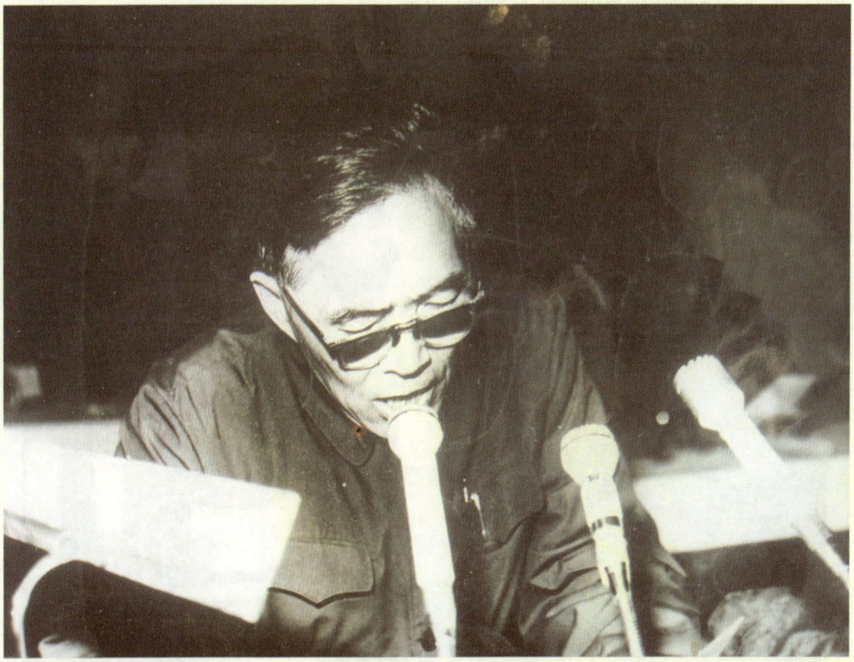

刘冰同志在兰州大学做报告

1979年4月9日，刘校长召开各系基础课教师座谈会，听取了广大教师的意见。他在讲话中谈道：学生负担过重，要加强基础课、实验课，要因材施教，培养“尖子”学生，同时要加强师资培训，并使教学手段进一步现代化。4月下旬，学校党委召开全校教学工作会议，议题是如何把兰州大学办成教学和科研“两个中心”。他在会上做了《坚持四项基本原则，加强思想政治工作》的报告，会上还通过了学校关于《加强基础课教学工作，努力提高教学质量》的报告。此后，学校又相继召开了教学工作会议、体育工作会议、“五四”科学报告讨论会等，开展了全面的教学检查，制定了《兰州大学关于加强基础课、提高教学质量的基本措施》《关于修订教学计划的意见》《关于各个教学环节的基本要求》《关于学生成绩考核的暂时规定》《关于稳定教学秩序的暂行规定》《关于教师工作量的暂行办法》等一系列必要的教学规章制度，稳定了学校的教学秩序，从制度上保证了以教学为中心，保证了教学质量的稳步提高，对学校实现工作重点的转移起到了积极的促进作用。

1982年的现物系放射化学实验室

物理系师生做电磁学实验

随着这些措施、制度的逐步落实，学校的教学秩序进一步稳定，以基础课为重点的教学工作得到逐步加强，教学质量不断提高，全校学生的学习积极性空前高涨。学校还稳步推进教学改革，不断提高教学质量。目睹这些明显变化，许多老教师高兴地说道："江校长的精神和'文革'前兰大的良好风气又回来了。"

1979年9月，根据全国高等教育发展的形势，并结合兰州大学自身的发展实际，学校党政领导班子制订了《兰州大学1979—1985年规划纲要草案》，提出要坚持十一届三中全会"解放思想，开动机器，实事求是，团结一致向前看"的方针，坚持四项基本原则，发扬自力更生、艰苦奋斗的革命精神，立足于现有基础，从教育的客观规律和实际情况出发，认真贯彻"调整、改革、整顿、提高"的方针，充分挖掘潜力，调动一切积极因素，不断发展安定团结的大好形势，努力提高教学质量和科研水平，积极发展高等教育，为社会主义现代化培养数量更多、质量合格的建设人才。学校计划经过7年的努力，要把学校基本上建成能适应社会主义现代化需要的"教学中心”和“科研中心”，真正使兰州大学成为名副其实的重点大学。

1981年10月16日，兰州大学第七次校务会议讨论通过了《兰州大学关于稳步进行教学改革，努力提高教学质量的几点意见》，比较全面地阐述了此后一段时期进行教学改革、努力提高教学质量的思路和具体措施。

《意见》提出在学校党委的领导下，校长和副校长要用主要精力抓好教学工作；在主管校长的主持下，聘请一些教师组成教学顾问组，作为全校教学领导工作的参谋。进一步加强基础课，适当扩大学生的知识面；选派有经验的教师，切实加强教学第一线；改进教学方法，调动学生学习的积极性；加强实践性教学环节，培养学生的综合能力；逐步试行学分制，改革教学制度。

1983年8月，根据教育部关于“五定”的通知要求，学校发布《关于“六五”“七五”期间“五定”问题的报告》，进一步明确了学校的办学任务、专业设置、学制、发展规模、人员编制等五个核心问题。《报告》提出兰州大学既要成为教学工作的示范单位，又要成为开展科学研究工作的主要基地；并以此为目标，在形成特色学科、制定多层次学制、扩大招生规模、提高师生比例等方面做出具体规定。

刘冰同志有效地传承了兰州大学长期形成的优良传统，高度重视教学工作。他还从兰大实际情况入手，采取一系列特殊措施提高兰大在全国高校中的地位，营造百花齐放、百家争鸣的宽松氛围，调动了师生们“教”和“学”的积极性。

（三）教师对本科教学的重视与投入

与北京、上海等发达地区相比，兰州大学办学条件相对较差。但是，兰州大学教师却对西北教育事业怀有强烈的责任心和集体荣誉感。他们以教书为荣，始终奋战在教学第一线。

学校在评价教师的水平时，把卓越的教学能力同重大的科研成果看得同等重要。有很多老教授承担着基础课的教学任务。如化学系，当时无机化学、有机化学、分析化学和物理化学等四大主干基础课任课教师17人，其中教授、副教授9人，讲师8人。教学阵容强大，形成了“非教授不教，非讲师不讲”的局面，反映了兰大教学第一线的实力和水平。

数力系老教授赵继游，从事教育工作几十年，他为发展、建设兰大数力系，为培养人才做出了成绩，深受人们的崇敬。“文革”中，由于他针对一些人不重视学生基础课的学习这一问题，提出了自己的意见而被强迫“退休”。“文革”后，他怀着对学生的深厚感情，又一次精神抖擞地回到了教学第一线。他常常对人们说：“每当我看到这届新生渴望学习科学文化知识，他们的目光随着我的粉笔头转动的情景时，我的劲头就上来了。”①

历史系赵俪生教授始终将课堂教学视为生命。1978年初，赵先生被历史系七六级学习委员郝树声请来为他们上课，这是他11年后重新登上大学讲台，作为一位将教学视作生命的优秀教授，其激动的心情难于言表。虽然他曾多次被政治运动剥夺了上讲台的权利，但只要有机会，他仍然倾全力投入课堂教学，把三尺讲坛当作人生最重要的舞台，为学生绽放出最夺目的光彩。他每次讲课，精神都处于极度亢奋之中，即使在冬天也是浑身大汗淋漓，以至于下课后精疲力竭，须休息几日后才能复原。

赵俪生教授在讲课

① 《新长征的脚步声——访兰州大学》，载《甘肃日报》1978年6月22日第3版。

那时，在学校中很多老教师都像赵继游、赵俪生教授那样，重新抖擞精神，倾全力投身教学。

为了鼓励广大教师热爱教学工作，献身教育事业，学校还设立了“教学质量优秀奖”，奖励那些为人师表、教学效果突出的教师。1982年6月，学校召开了第一次教学质量优秀奖表彰大会。甘肃省副省长朱宣人、省文办副主任赵腾、省教育厅副厅长汤九夫等同志出席了大会。会上有84名教师荣获“教学质量优秀奖”，11个教研室荣获“先进教研室奖”。

为培养优秀学生，学校对听课、选课制度做了改进。允许少数确有专长的优秀本科生，旁听研究生或外系教师的课，以发挥他们的特长，满足其学习要求。如数力系发现七七级部分学生入学前曾自学过高等数学的内容。他们对数学专业兴趣较大，学习积极性较高。于是经系领导征求任课教师意见后，批准他们参加七七级研究生基础课程的学习。后又批准七七级学生7名、七八级学生2名，参加学习七八级研究生的“实变函数”课程。课程结束时，有8名同学与研究生一起考试，其中4名成绩为100分，2名成绩良好。化学系也同意优秀本科生听外国专家讲的“量子化学”课，考试中有些同学成绩优良。

（四）培养、选拔优秀学生取得重要突破

刘冰同志在1980年前后，从组织学生参加各种国内外选拔考试入手，狠抓兰大本科教学质量的提高。其中最典型的一次就是以组织学生参加CUSPEA为契机，未雨绸缪，提前在理科各系抽调最好的教师和学生考试集训，为此类项目在理科相关学科的拓展创造条件，做好准备。

据数力系郭聿琦教授回忆，当年诺贝尔物理奖得主李政道教授回国时向邓小平提出，美国的年轻人都不学理论，去搞应用了，而中国人最擅长搞理论物理和数学，建议在国内选拔100名左右的年轻人，到美国各大学读研，从事理论物理研究。邓小平同志表示赞同。该选拔考试叫CUSPEA，即“中美物理学考试项目”，从而开启了中国学生成批到美国留学的大门。刘冰同志由此敏锐地感到，这是一次难得机遇，不光是物理，还有理论化学、基础数学等，都是理论学科，也会有类似选拔考试和留学机会；兰大理科各系一直以基础和理论学科见长，应该抓住这个机遇，把自己优秀的本科生送出去深造。

刘冰同志为此专门召开动员会，理科各系分别有一两位教师参加，为应对CUSPEA考试，以及今后在化学、数学等基础专业类似选拔考试做准备。他在会上说，CUSPEA考试就要进行了，每年选拔100人到美国留学，研究理论物理。希望我们兰大做些必要准备，争取拿个好成绩。这时候会场上一片哗然。有人悄声说，刘校长还以为是在清华，他现在已经到兰大来了。这种考试清华可以去准备拿好成绩，兰大怎么可能呢？这是起初大多数人的想法。但刘冰同志却坚定地说："我们不要妄自菲薄；清华、北大、复旦花一分力气，我们花三分力气行不行？我们的学生一般来讲入学的成绩不如北大、清华、复旦，但是进校以后在培养上我们多下功夫，出门的时候，是完全可以和它们的学生比高低的。"

刘冰同志的这番话坚定了大家的信心，得到一些与会教师的赞同。钱伯初老师说，我觉得准备一下，考试取得好成绩可能性还是很大的。郭聿琦老师也马上表示同意，认为只要我们下功夫，完全可以让这些学生在出门的时候和别人一比高低。这些意见得到刘冰同志的肯定。

会后，各系都积极行动起来。如数力系就从七七、七八级挑选基础好的三十几个学生，接受特殊培训，使用美国若干名校专业资格考试的考题，安排一些优秀教师分别讲授、辅导其中的不同部分，坚持了近一年。

1980年6月，物理系从180名学生中经过两次筛选，选出三十余名优秀者，另行编班，加强基础理论课与英语课的教学，选配水平高的教师负责教学与辅导。10月，由李政道教授发起组织，美国哥伦比亚、哈佛等大学物理系参加的CUSPEA考试中，有全国103所高校和科研单位的548名考生参加。兰大参加考试的12人中，物理系七七级

1980年11月刘冰同志（前排中）与兰州大学无线电系七七级学生欢送赴美研究生

胡青同学取得总分第一的好成绩，还有5人也胜出。在最后考试成绩合格并决定向美国各大学推荐的132名考生中，兰大就独占6名。

1980年考上翌年赴美国物理学研究生的6名物理系同学在一起讨论问题。右一为获得CUSPEA考试全国总分第一名的胡青同学

1981年春，学校教务处又协同数力、物理、化学3系，从他们系的全部学生中，经过考察、考试等环节，选出德、智、体全面发展的优秀学生57人，另行组成新班级，合班上英语课，分3个班教学和辅导数、理、化基础课。这些班都加强了实验、习题、辅导答疑，有些还参考、使用国外原版教材，加深了课程内容。这样就有效解决了优秀学生在原班级“吃不饱”，一般学生“吃不了”的问题。同年，物理系又有7位同学，参加由美国出题的全国考试后，到美国一些著名大学攻读研究生。

在1981年10月底于上海、北京两地举行的首届全国化学学科选拔赴美研究生考试（CGP）中，兰大化学系七七级学生倪锋同样获得第一名的好成绩；同时还有王召印、杨秉薇、吴云东3名同学考试成绩超过录取标准，一并被推荐作为赴美的化学专业研究生。《光明日报》等媒体对此做了报道。吴云东学成归国后，相继到北京大学、香港科技大学工作，因研究成果卓著，2005年当选为中国科学院院士。2016年3月担任北京大学深圳研究生院院长。

在1985年举行的CGP考试中，有北大、复旦、中国科技大等12所全国重点高校的100名考生参加，最后录取52人。其中，兰州大学推荐的6人全部考取，田宗强同学再次取得第一名的好成绩；在前五位名次中，兰大学生就有3名，考取率和考试名次居12所全国重点高校首位。这再次引起各界及媒体的广泛关注，曾有媒体刊登文章，专题讨论"兰大为何'状元'多"。后来，在1995年7月21日《科技日报》头版刊登的《"兰大现象"初探》专访中，记者仍在回顾兰大"状元"多的成功经验。

1985年9月9日，学校在庆祝第一个教师节大会上，李希副校长代表校党委宣读了关于表彰化学系在1985年化学学科出国研究生（CGP）考试中取得优异成绩的决定，并颁发锦旗1面、奖金3000元，学校校刊出专刊宣传表彰他们的先进事迹。

这种因材施教、培养拔尖学生的做法，不仅确保了兰大学生在物理、化学专业选拔赴美研究生的全国考试中脱颖而出，取得名列前茅的好成绩，而且是对理科各系改进本科教学的总动员和有效途径，大大开阔了师生的视野，使大家紧紧盯住国内外名校真正高质量的教学水平和目标，大大转变了理科各系的办学理念，更加重视提高本科教学及人才培养的质量。[①]

这些可喜成绩的取得，也从一个侧面有力证明了从1978年以来，学校本科教学和学生培养质量的显著提高。

当时，全校上下普遍重视本科教学的质量和优秀学生的培养，形成良好的风气，摸索出很多行之有效的做法和措施。如时任学校党委副书记的老教育家辛安亭，就在20世纪80年代初专门撰文，对

① 郭聿琦：《兰大是我的第二母校》，选自《萃英记忆·数学70年》，载兰州大学校园网2016年11月25日。

此做了系统论述和总结[①]。

他认为，大学的重要任务之一，就是要培养德、智、体全面发展的优越人才，“所谓人才教育，就是从学生中选拔特别优秀者，不拘常规，破格培养”。优秀人才“光就智力而言……就应包含这样三个要素:一是宽厚的基础知识，二是科学的研究方法，三是追求真理的勇气”。先要在认识上有所突破，“破格地、加意地培养优秀生，并不是要放松对一般学生的教育，我们是在面向全体学生，普遍提高教育质量的前提下，加意培养优秀学生的。这二者并不是互相排斥，而是相辅相成的。普遍的质量提高可以促进优秀生的发展与发现，而对优秀生的教育经验又有助于对一般学生的教育”。

“要完成这个任务，学校校、系领导，有关教师及学生自己三方面要配合努力”。“培养优秀生，先得选拔出适当对象来”。“还应有一个培养的标准，即要达到的要求”，在品德作风方面就要有这样五条:理想、勤奋、毅力、虚心、科学方法。

要培养优秀学生，校、系领导的重要措施，一是要把选拔出来的优秀学生另行编班，单独授课；二是要调整课程和教师，调配业务水平高、责任心强，而又富有经验的教师，去担任教学和辅导。三是对相关制度有所改进，除了使优秀学生免修某些课程，可以转换系或专业外，应允许他们选修给研究生或教师上的课。四是让优秀生多做科学实验，多组织理论研究或实验、实践小组，把理论和实践紧密结合起来，以培养他们自主钻研的能力。

要培养优秀学生，学校的教学也需要改革，正确处理知识与智能的关系，不仅重视知识的传授，还应重视智力、能力的培养。智力主要指学生的注意力、观察力、思考力、创造力等，能力主要指实验能力、操作能力、查阅资料的能力等。因此，教师的教学方法要改进，善于运用启发式，发动学生自主学习，自己动手动脑，多提出问题，先自求解决，无法解决时，再求教师指导解决。教师对

① 辛安亭:《谈大学优秀学生的培养问题》，载《兰州大学学报》(社会科学版)1981年第4期，第95至101页。

优秀学生的教学与指导，还应把教学与科研结合起来，着重培养研究能力，让学生更多地自行探讨解决问题。

教师一定要花大力气教好基础理论课。第一，教师对基本概念与关键问题要讲清讲透；第二，与教专业课的教师取得联系，互相配合，对专业课常用的基础知识要着重讲，以便学生学专业课时容易接受；第三，教专业课的教师要随时指导学生复习有关基础课知识，以温故知新。在改进教学方法的同时，教材也要力求改进，向精、新、清的标准努力，便于教学，便于自学，便于理解，便于记忆，收到事半功倍的效果。

教师应通过辅导答疑，发现优秀学生；还要改革考试方法，注意了解学生的注意力、观察力、思考力和创造力。教师还应注意指导优秀学生确定重点研究方向，及早深入了解优秀学生在这方面的有关条件，综合考虑后与学生反复商谈，帮助他们分别确定各自的研究方向，并鼓励学生下决心，费大力，坚持干下去。

要教好学生，特别是教好优秀学生，教师必须有“学而不厌，诲人不倦”的精神，热爱教育事业，热爱学生。这样的教师，才是真正的好教师。希望我们能有许多这样的好教师。

学校很多系都在这方面积极进行探索，并取得显著效果。如数力系教师在讲授“抽象代数”时，除要求学生学习课程内容外，还组织他们阅读有关文献，开展科学研究的训练。在这样的指导下，有三位同学合写出《关于具有限零因子的环的一个问题》的论文；吕多加[①]同学写出了《关于〈关于群的定义〉的一点注记》的论文。这两篇论文在1980年10月学校科学报告会上宣读，并得到好评。发表在《数学进展》上的《关于群的定义》论文的作者、云南师范学院陈重穆教授看到吕多加同学的论文后，专门复信说：该文章“逻辑正确无误，发展完备了我的《关于群的定义》一文的结论，工作

① 吕多加，男，美籍华人，1956年9月生，美国宾希法尼亚大学数学博士；现任北京第一会达风险管理科技有限公司董事长兼首席技术官，风险管理专家。

是有意义的”。再如兰大哲学系有位教师，发现七八级学生邬焜[1]勤学苦钻，尤其对“信息”问题很有兴趣，于是他就帮助邬焜选题目，找资料，并推荐他参加校内外学术讨论会，研究这方面的问题。在教师的精心指导下，他经过三年不懈的努力，写出了《信息在哲学中的地位和作用》一文，得到普遍好评。

辛老还围绕学生学习的态度与方法，从新生入学、听课、记笔记、复习、做练习、记忆、提高学习质量、讲究学习方法、树立远大志向等方面，总结出了10条行之有效的经验。

通过辛老这篇《谈大学优秀学生的培养问题》的论文，我们不仅看到一位资深教育家、兰州大学领导对培养优秀人才这一重要问题的系统总结和深入思考；也很好地反映出当时兰大校、系对提高本科教学和人才培养质量的高度重视，以及所做出的全方位成功探索。这些也在实践中得到很好的证明。

截至2017年底，恢复高考后曾在兰州大学接受过本科教育的杰出校友已有12位当选两院院士，这在全国高校中排列第六。他们都是在1978到1984年间进入兰大化学、生物、核物理、地学等专业学习，完成本科学业的，其中化学系毕业生就有6位。这也足以说明改革开放初期兰州大学本科教育和人才培养的质量，其中有许多迄今仍弥足珍贵的成功经验。

三、恢复发展研究生教育

兰州大学从1954年开始招收研究生。至“文革”前有13个专业、18位导师共招收了68名研究生，因当时我国还未建立学位制度，因此未授予相应的学位。

① 邬焜，男，1953年10月生，汉族，河北涞源人。1982年毕业于兰州大学哲学系。现任西安交通大学人文社会科学学院哲学系教授、博士生导师。他是国内最早从事信息哲学研究的学者，被称为“信息哲学的开拓者”。

（一）恢复招收、培养研究生

1977年10月，国务院批转教育部《关于高等学校招收研究生的意见》，指出高等学校，特别是重点高等学校，凡是教师条件和科学研究基础较好的，应从当年起，在办好本科的同时，积极招收研究生。兰州大学中止12年的研究生教育制度由此得以恢复。1979年招收研究生考试中，入校仅1年的七七级本科生中就有一些人报名，并且有8人考试成绩合格。在学校党委常委扩大会议上，有人认为他们本科学习时间过短，不同意让他们读研。但刘冰同志坚持从实际出发，同意让这些同学提前读研。

从1978年恢复研究生招生制度开始，到1987年底，学校已连续招收博士研究生6届90人（其中委托培养7人），硕士研究生10届1139人（其中2届研究生班共64人），代招出国研究生4届58人；至1987年，共毕业博士研究生4届31人、硕士研究生8届808人。10年共招研究生1287人，几乎是“文革”前十几年招收研究生总数的19倍之多。

（二）研究生教育的恢复和发展

1979年9月学校制订了《兰州大学1979—1985年规划纲要草案》。它明确提出，到1985年争取所有系的绝大部分专业在保证质量的前提下都招收研究生，逐步使兰州大学成为培养高一级教学和科学研究人才的基地。

1981年，《中华人民共和国学位条例》开始实施，兰州大学成为全国首批行使学士、硕士、博士学位授权的高等学校之一。

1983年8月学校《关于“六五”“七五”期间“五定”问题的报告》提出，要逐步增加招收研究生的数量并提高研究生在整个学生人数中的比例。

1984年12月，首届“兰州大学研究生培养交流会”召开并制定了《兰州大学关于改革研究生培养工作的几项决定》。随着这些培养措施的落实，一批博士副导师经学校审批通过，部分研究生跨学科选课的办法开始实施，为本校培养在职研究生的工作也逐步开展，促进了研究生培养质量的不断提高。

为使研究生教育的管理科学化，根据国务院学位委员会和教育部有关规定，并结合工作实际，学校陆续制定了《兰州大学授予学位工作细则》《兰州大学研究生学籍管理办法》《兰州大学指导教师职责》《兰州大学关于制订研究生培养方案的暂行规定》《兰州大学1981年毕业论文答辩暂行规定》《兰州大学关于博士生培养、考试以及学位答辩中应注意的几个问题》等规章制度。1985—1986年，学校重新修订了《兰州大学研究生培养方案》，制订了《兰州大学研究生学籍管理办法》，编印了《兰州大学研究生手册》。这些管理办法和规定，使学校的研究生教育在招生、培养、学位授予、毕业分配等各个环节，都做到了有章可循，逐渐形成了博士、硕士、研究生班三个培养层次和比较完善的研究生教育体系。后来，经过国家有关部门的评估检查，兰州大学的研究生教育质量在全国名列前茅。

后来曾担任兰州大学常务副校长、合肥工业大学校长的李廉教授，是1978年作为“文革”后首批研究生考入兰州大学的。到兰州大学以后，他印象最深的还是学校良好的学风。他后来回忆说：“记得我刚来的时候，数力系很多老师，特别是我的导师郭聿琦老师，对我是言传身教。在我的学术生涯中，第一次有严格的科研、教学的培养和训练。现在回顾，那段历程对于我的人生成长是非常重要的。因为当时兰州大学学习风气非常浓，我们无论是在课堂上还是在寝室里都是在啃书本、讨论和学习。那个时候的学习环境和干劲都是很令人怀念的，这也是兰州大学的一个好的作风。”“那个时候我们办了很多讨论班，包括陈文嵘先生、余庆余先生、郭聿琦老师都是在讨论班上，他们不仅亲自讲授而且指导我们在讨论班中做报告，监督我们学习。……正因为有这样一种精神，兰州大学在当时全国的高校里面还是相当突出的。我记得我们在研究生学习的那几年，80年代前后，兰州大学院士的人数、科研成果的数量在全国都还是很靠前的。”当时学校的“学习风气和学习环境，有一种催人奋进的感觉。所以在这样一个环境下，对人生是一种很大的锻炼，一种很大的成长必需的台阶，也基本上奠定了我在今后几十年工作和学习的基础。”“我觉得，不管现在环境怎么变，条件也有所改善，对学校来讲，这个是最难能可贵的精神。”①

四、校园风气与兰大学子

著名学者张其昀认为：“任何学府的成就，都含有学生、教师、设备、环境、传统五种因素。”“每一学校都有其学风，每一学系都有其传统。”②改革开放初期，中国高校的巨大变化及崭新气象，都与恢复高考后在1978年春季、秋季入学的七七、七八级和次年入学的七九级这三届学生有直接关系。他们在当时被称作“新三届”③，以与“文革”前及其间毕业的大学生和推荐上大学的工农兵学员相区别。

自1966年开始，全国的高考制度被迫中止了11年，其间的历届高中毕业生、“文革”前因政审等原因无法上大学的高中毕业生，以及“文革”结束后的应届高中毕业生，其数量何啻数千万。其中仅有上百万人有幸通过高考这一相对公平的制度性安排，进入大学深造。

所以，“新三届”大学生是中外大学史上绝无仅有、年龄参差不齐的特殊群体，其中，已过而立之年的“大哥大”“大姐大”们约占四分之一，都有多年工作经历且多已成家有了孩子，阅历丰富，沉着稳健，多为班上的“灵魂”人物；仅仅十五六岁的小同学约占四分之一，多为单纯的高中应届毕业生；二十多岁的中间层约占一

① 李廉：《守望西部 责任重大》，载王秋林、段小平：《我的兰大：人物访谈录1》，第311、312页。

② 张其昀：《教授生活的一段》，载《传记文学》第2卷第5期，第9、10页。

③ 社会上还有“老三届”之说，是指1966、1967、1968这三年毕业的高中和初中生，其中一些人是“文革”初期率先造反的中学红卫兵。1968年，这三届初中、高中学生一起毕业，涌向社会，造成巨大的就业压力，大多数人只能响应号召，上山下乡，到农村去接受贫下中农再教育。

半，也多有数年的工作经历。他们是众多同龄人中的佼佼者、幸运者和奋发有为的胜出者，在当时被视为“天之骄子”和国家现代化建设急需的未来各种专业人才。1979年之后进校的大学生则多为正常高考的高中应届毕业生，大学生群体的来源和构成基本恢复到正常态。“新三届”大学生是那个特殊时代的产物，不仅对当时的大学校园、高等教育有极大影响，也为此后数十年间的中国社会做出了重要贡献。他们具有许多显著的特点，必将成为学术界研究的重要对象和课题。

一是阅历丰富，经受了“文革”以及各种锻炼。“新三届”大学生多数来自工农兵学商等各种职业及身份，其中很多人具有上山下乡的经历。他们就像苏联作家高尔基那样，已经提前在社会这所特殊的“大学”里摸爬滚打许多年，经受了“文革”及各种运动的锻炼，饱尝人世间的酸甜苦辣，社会阅历丰富，了解国情尤其是社会民众的生存状态。这些复杂的经历，是那个特殊的时代所造成的，也是对其青春年华损失的一种特殊补偿。这是1979年之后那些直接从中学正常考入大学的学生所没有的，也必然给当时的大学校园和年轻的学弟、学妹们形成很深的影响。

二是思想相对成熟、活跃，衷心拥护改革开放的大政方针。上大学前的特殊经历，使“新三届”大学生中很多人的思想相对成熟、活跃，有自己的见解，较少轻信和盲从。在课堂上、读书中，他们往往能有自己的分析和独立见解，善于区分不同类型的教师与课程，在课堂上常常会向教师提出问题，探讨、辩论问题。他们由衷地崇敬那些学术造诣深厚的好教师，相反却对一些只能照本宣科的教师形成很大的压力。其中绝大多数人都是“文革”之后一系列新政策，尤其是改革开放方针的受益者，并由此而实现了自身梦寐以求但以往却无法实现的理想——上大学深造，也改变了自己及其家庭的命运。所以，他们具有强烈的政治热情和社会责任感，坚决拥护新时期党中央的大政方针，对邓小平等党的领导人充满感激之情，把国家的命运与个人的前途紧密相连，是社会上改革开放的生力军。“为中华崛起而读书”“振兴中华，从我做起”就是“新三届”大学生普遍的心声。1984年国庆节天安门广场上举行建国35周年游行时，走过广场的大学生方阵突然举起“小平您好!”的横幅，无疑代表了全国大学生的共同心情。这些就使当时的大学校园里充满奋发向上的精神，也影响、引领了社会的文化和风气。

三是有强烈的求知欲，学习极其勤奋、刻苦。“新三届”大学生饱尝“文革”十年中极左路线、文化荒芜及“读书无用论”的危害，经受了“解放思想、实事求是”的洗礼和改革开放初期的思想启蒙，深刻感受到文化知识、科学技术的重要性和世界科技革命的汹涌浪潮，使他们在学习中具有发自内心的危机感、紧迫感和急起直追的精神。他们如饥似渴、义无反顾地投身到学习之中，要把以往被耽误的时间和青春年华争分夺秒地补回来，尽可能多地吸收、掌握先进的文化思想、科学技术，报效国家，服务社会，在现代化建设中建功立业。因而，他们学习目的明确，精神动力强劲，心无旁骛，废寝忘食，常常是夜以继日、殚精竭虑地发奋读书、用功思考。受这种风气熏陶，当时的校园里，学生中很少有萎靡不振、怕苦怕累、贪图享乐的人。面对这样如饥似渴、一心求学的好学生，向来以“得天下英才而育之”为天职和乐趣的教师们又焉能三心二意，掉以轻心？正是师生们这种极其可贵的良好学风、教风与互动、相长，才在当时的学生中涌现出那么多的优秀人才，不负党和人民的殷切期望，很快成长起来，逐渐接替老一辈学人，在各行各业、各个领域，承担起继往开来的重任。

在一定程度上，也是有了“新三届”这些非同一般的学生群体，当时国内各个高校才能呈现出前所未有的崭新气象和蓬勃生机，很快开启自己新的历史发展时期。在兰州大学这所西部高校，以往的优良传统和学风，也同样与“新三届”学生的普遍需要、精神追求相互契合、紧密衔接，在改革开放初期的春风细雨里开花结果，转化为新时期校园中最为绚丽的景观和风气，培育、濡染着广大学子，造就了许多优秀人才和最为人称道、怀念的美好时光。

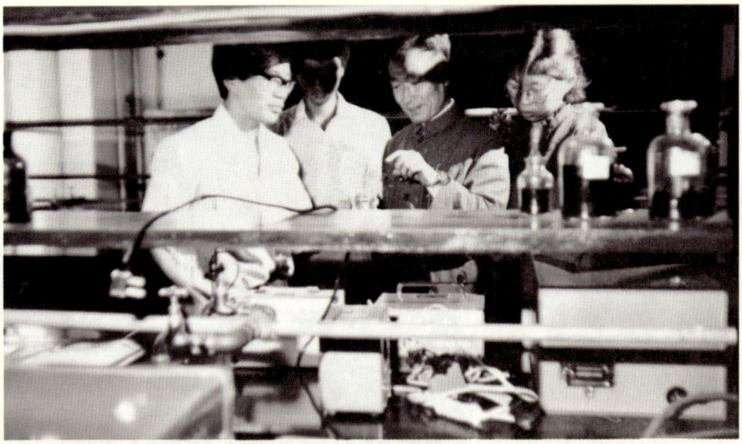

生物系陈庆诚教授（右二）在实验室指导学生（20世纪80年代）

（一）勤奋、求实、进取的优良学风

兰州大学地处西北欠发达地区，每年招收的尖子学生并不多，一般来说，学生的起点与东部同类高校存在一定差距。但是，他们受益于学校的优良学风，在学习中具有特别能吃苦的精神，扎扎实实地学，勤勤恳恳地练。而西部相对艰苦的环境和条件，也养成了他们朴实的作风。而兰州大学总是将这种刻苦、勤奋、求实、进取的精神视为一种宝贵传统，不断加以发扬光大。

“文革”结束后，经过不懈努力，学校逐步恢复正常的教学秩序，不断提高教学质量和要求，学生的学习氛围也越来越浓厚。特别是全国科学大会和全国教育工作会议之后，学校风气焕然一新。为了听好一堂课，不少学生早早地走进教室；清晨的校园，花丛中、假山旁、楼角树下都会传来阵阵读书声。很多学生晚饭后顾不上休息，即随身带着饭盒到教室、图书馆上自习。晚自习熄灯后，仍有学生坚持学习，不少教室的课桌上残留着蜡烛的痕迹。后来，学校出于安全和学生健康考虑，不容许学生在教室秉烛夜读。熄灯后的学生宿舍里，仍有人打着手电看书，或躺在床上纵论国家大事，争论学术问题，同学们戏称这是“宿舍学术研讨会”。星期天，不少学生更是一大早就在学校图书馆门前等候开门，然后整天在阅览室、自习室里埋头读书，查阅专业文献。

兰州大学学生在做实验（1982年）

化学系稀土专业的学生陈亮，是一位从四川某小企业考来的青年工人。只因家庭出身不好，以前多次推荐上大学均未被高校录取。恢复高考后，他通过考试走进了梦寐以求的大学。他除了充分利用课堂时间学好本专业知识，还利用其他时间去数力系听课。由于他的努力，两个系的课程都学得很好。

外语系英语专业的蒋西虹同学是应届高中生，由于她的学习基础较薄弱，刚开始跟不上其他同学，于是她下决心迎头赶上去。课余时间，她不是在练习发声就是背诵单词。为了纠正自己的发音，每天清晨她都早早跑进语音教室听录音。经过自己的努力，在一次系上组织的竞赛中她脱颖而出，取得名列前茅的好成绩。

数力系七五级的白武明同学，为了夺回之前被耽误的时间，经常在教室或图书馆认真学习而忘记吃饭。有时等到他感到饥饿时，食堂早已关门。为此他只好提前买些大饼放在宿舍，如果食堂关门，他就啃干饼子。

物理系七七级胡青同学，在校期间除学习好规定功课之外，还做了大量的课外作业。仅高等数学，就先后做了我国数学家樊映川、美国数学家施皮格尔、苏联数学家吉米多维奇和龚杰尔等主编的4种国内外高等数学习题集中的五千多道题。①若遇到难题，他就随手记录在小本子上，反复咀嚼思考，或与同学和老师们展开广泛的讨论，直到消化为止。他这种刻苦学习的精神不仅使自己在首届CUSPEA考试中取得全国第一的好成绩，而且也被带到国外，在美国留学攻读研究生过程中继续取得优异成绩。

他的姐姐胡兰，在兰大化学系七七级分析化学专业学习，也同样以超出常人的勤奋刻苦，以优异成绩考取了全国化学专业留美研究生。姐弟俩成为全校纷传一时的佳话和很多人效仿的楷模。

获得1981年赴美研究生考试全国总分第一名的胡青同学（右）和同时考取的青年教师高心海一起讨论问题

化学系倪锋同学以首届全国选拔留美化学专业研究生考试第一名的成绩，进入美国康奈尔大学后，仍然被称为全校最刻苦、最用功的学生。他的每门功课成绩都是“A”，毕业时荣获康奈尔大学研究生第一名的嘉奖。

① 屈维英：《兰大为何“状元”多》，载《瞭望》1986年第8期，第40页。

考取1982年赴美国攻读研究生的兰大化学系四名同学（前排右一为倪锋）

考取1982年赴美国攻读研究生的兰大化学系四名同学在一起学习讨论

学校和各系高度肯定学习刻苦的优秀拔尖学生，同时倡导学生德、智、体全面发展。1978年，制定“三好”学生评比条件以及评选和奖励办法，制作了“‘三好’学生证书”“证章”。1979年9月，党委颁发了《关于在学生中开展“学英雄、创‘三好’，争当新长征突击手”活动的通知》，使学校学生“创三好”活动以制度形式巩固下来。1981年校团委进一步修订了“三好”学生、“三好”班级、优秀学生干部的评选条件和评选奖励办法。1979—1981年全校共评选“三好”班级35个次、优秀学生59人次、优秀学生干部151人次、“三好”学生807人次、优秀班级11个次。七七级分析化学班还荣获“全国‘三好’班集体”，这是兰大学生班级首次获得这样的荣誉。在校党委和学生工作委员会的领导下，团委和有关部门积极探索扩大奖学金范围和形式的途径，进一步引导学生树立良好的学风，朝“三好”的目标发展。

1981年，兰大化学系七七级分析化学专业被共青团甘肃省委授予全省“十佳红旗”，并以“为‘四化’刻苦读书的‘三好’班

刘冰同志和校领导与1981年获“全国新长征突击队”的兰大化学系七七级化学分析专业全班师生合影

级”，被团中央授予“全国新长征突击队”光荣称号。刘冰同志和校领导专门到该班看望、勉励全体师生，并同大家合影留念，使师生们都受到极大鼓舞。在翌年举行的全国“三好”学生、先进集体代表大会上，该班级又荣获先进集体称号。

当年曾是兰大中文系七七级学生的甘晖回忆道：“那时候学校里学习风气特别的浓。图书馆里占座位，宿舍里待的（人）也基本上没有做别的事情，都是看书、做作业，很多人晚上熄灯以后下自习回来，家里比较困难的学生，就站在宿舍楼走廊的灯下看书。后来，慢慢地，大家都是每人弄一个帘子，把床围上，弄一个蜡烛放在床头在那里看书。我记得，我们一个月都要点好几包蜡烛，都是看书。在兰州上学四年，好多地方都没有去过，除了团组织的活动、班上组织的活动，去过兴隆山、五泉山以外，好像其他地方基本上都没有去过。”“当时大家学习的热情很高，老师教的热情也非常高。”学校里学术氛围非常浓厚。“我们进校以后，学校的各种学术报告非常多。好几年学校的学术报告月开展得如火如荼，每个系都有，每天都有很多学术报告，有校内各系老师们的，也有从外边请来的。我记得，只要我们有空闲，只要是感兴趣的都去听，不但听自己系上的报告，还去听本系以外的报告。比如说哲学的、历史的学术报告，甚至还去听理科的一些报告。那时候刚刚改革开放，我们进了学校以后那种学术氛围非常浓厚。”“那时候给人的感觉就是，确确实实人们的精神解放了，思想解放了，人们整个对国家、对民族充满着希望，对未来充满着希望。在这个学校里你就能够感受到这些东西，热气腾腾，就是这样。”“在这种环境里，给我们上课的老师都非常认真，很严谨也很生动，师生之间的互动也很经常。……学校里边学术的氛围、学习的氛围非常好。”“上学那几年，对我来说，对我这一生影响都非常大。知道了老师们是可以这样去教书的，学生们应该这样去学习的。另外自己老感觉到有压力，生怕自己学不到东西。那时候我们班上年龄参差不齐，年龄大的都三十多岁了，有些人上学前已经是中学的教师，高中教师。有些人考中文的，人家数学都是考满分进来的，学习非常好。所以我们感觉到学习的压力非常大，你不努力就不行，就感到浑身不自在。”①

曾任宁夏人民出版社总编辑的兰大历史系七七级郭光华校友总结道：“在我们兰大人身上流淌着一种与众不同的气质：追求真理，不为世俗所诱；业务立身，不屑投机取巧；务实肯干，不为名利所扰。”②

武汉大学副校长舒红兵院士，是1983年考入兰州大学生物系动物专业的本科生。他回忆说：“朴实、勤奋和坚韧是兰大人的共同特性。”当年，“兰大的学习环境非常好。第一学期我学习不是非常用功。……一个学期结束以后，发现周围的同学都非常努力，非常用功，我被这样一个大的环境感染了，觉得自己也应该发奋图强，不应该安于现状，就此满足。所以，第二学期开始，我变得非常努力，每天除了吃饭、睡觉，从早到晚都在课堂上或在上自习，抓紧每一分钟去学习。这样下来，我就成了班上的第一名，后来成为年级的第一名。那时候，就觉得每一堂课、每一门课程，我都想把它学好。大家都在努力学习，这就是兰大的风气和氛围，这种氛围是非常朴实的。‘自强不息、独树一帜’的校训，对兰大精神提炼得非常好，这种精神在我们20世纪80年代的学生身上得到了最直接的体现。还有就是朴实，在我们兰大的学生中基本上能够看到一些共性的东西，就是非常朴实、勤奋和坚韧，遇到什么困难、挫折，都能够去克服，有一种不服输的精神。我觉着，这是我们兰大人的一个共同的特性。”③

那时，城市里还处在计划供应、物资匮乏的年代，学校里的生活条件相对较差，远不能与现在的高校学生相比。同学们每个月的粮食定量是28斤，其中包括30%的玉米面等粗粮和2斤大米，每人每月供应4两清油、2斤肉。其数量虽然有限，但对于那些从贫困乡

① 甘晖：《兰大的精神和品格是我们终身受益的思想财富》，载王秋林、段小平：《我的兰大：人物访谈录1》，第325～328页。

② 王秋林老师在银川采访时郭光华校友的留言。

③ 舒红兵：《兰大赋予我一种在逆境中奋斗的精神》，载王秋林、段小平：《我的兰大：人物访谈录1》，第384页。

村考来的同学来说，能够享受城市居民稳定的粮油供应，再加上每月25元的一等奖学金，可算是一步登天了。可是对于活动量大、体力消耗多的男同学，每月28斤的定量标准又是远远不够的。毕业于兰大中文系七七级的吕发成校友在回忆文章中写道：面对每月28斤粮、25元助学金，家在甘肃会宁农村的他“精心地筹划着用项：伙食费10元，学习用品5元，生活用品5元，还要省下5元寄回老家给父母买国家供应的回销粮。每天我的主食不能超过9两，副食不能超过1角5分钱，否则就要缺粮断顿。早餐我只能喝1两玉米面糊糊，午餐和晚餐各吃两个2两面的馒头或玉米面发糕、5分钱的菜，偶尔买一份有点肉星的1角钱的菜算是改善生活。大学4年期间，辘辘饥肠从未得到过满足。每每望着兰州街道上随处可见的牛肉面馆，我苦思冥想：2角8分钱一碗那么贵的牛肉面究竟是什么味道呢？咸的？酸的？还是甜的？”生活虽然拮据，甚至艰苦，但“无论如何，我们是幸运的一代，‘文化大革命’后我们抓住了史无前例的机遇，成为恢复高考制度最早获益的第一届大学生。靠边站十年后重返讲台的老师们充满激情，尽情地释放着积累几十年的能量；而我们如饥似渴，像一群嗷嗷待哺的小鸟，吮吸知识的营养。我们读孔、孟、老、墨，领略传统文化，读苏格拉底感悟哲理境界，读黑格尔探究美的历程，读马克思体会世界胸怀，读毛泽东理解中华重任。我感恩老师们厚德载物，黄伯荣的精深，齐裕焜的睿智，‘四大女才子’刘庆璋的严谨、吴小美的理性、林家英的激情、徐清辉的幽默，刘文英、魏明安、宁希元、柯杨、刘满、陈进波、刘涵锦、水天明、刘成德……是他们用知识重塑了我的灵魂，用智慧点亮了我的人生。我可以不尝牛肉面的味道，但我不能敷衍功课，不能辜负我的老师，不能愧对父老乡亲。我用抄书来冲淡饥饿，用跑步来抵御寒冷，每每遇到困境，就一遍又一遍地背诵：‘天将降大任于斯人也，必先苦其心志，劳其筋骨，饿其体肤，空乏其身……’”[①]。

① 吕发成：《我的大学梦》，载《百年潮》2017年第9期，第85、86页。

作为高中应届毕业生，1978年秋从四川合江考入兰大中文系的程庆拾校友回忆，“当时学校的教学及生活条件远比现在差，图书馆、阶梯教室往往人满为患，常常得提前去占座位。发下来的教材，有铅印的，甚至还有老师刻蜡板油印的，纸张也很粗糙。七八个人挤住一间宿舍，在食堂就餐常常吃玉米面做的糊糊、发糕和‘钢丝面’，难得一次的炸酱面，便是同学们心仪的美食。每周供应一顿米饭，大家就像过节一样高兴。那时‘文革’结束未久，国家拨乱反正，百废待兴，全社会充满进取向上的蓬勃朝气。学校里通过高考百里挑一、来自全国各地的‘天之骄子’，都知道这样的学习机会来之不易，大家都很努力、很刻苦。因此母校校风和学风之优良、之炽盛，那时在西北高校甚至全国也是出了名的。偶与外校同学见面，也会得到大家的一份尊敬，因为我是兰大学子。”①

从众多当年学子们的共同回忆中，我们不难感受到那时兰大校园中有限的物质条件、生活享受，与师生们刻苦求学、吮吸知识及“穷且益坚，不坠青云之志”的巨大反差；不难理解那个时代的大学为何生机勃发，人才辈出！这也同样是永远值得珍重、传承的大学精神、宝贵财富。

（二）独具特色的社会实践活动

1978年12月，学校召开共青团兰州大学委员会第七次代表大会。经过大会选举和校党委批准，正式成立了兰大团委第七届委员会，委员21人。同月，正式组成了兰州大学学生会第七届委员会。此后，兰州大学共青团与学生会的工作逐步恢复起来了，积极开展适合青年学生特点的各项活动，引导青年学生用正确的立场、观点和方法，向实践、向群众、向社会学习，广泛深入地开展社会实践活动。

1981年9月的一天，历史系七九级学生吴景山来到聂大江副校长办公室，要求学校给他准假，批准他沿古丝绸之路骑自行车考察的计划。这时候，整个社会都还笼罩在著名科学家彭加木在新疆罗布

① 王秋林、张晶华：《铁笔素宣绘美景，母校错爱自堪羞》，选自《萃英记忆·程庆拾》，载2018年1月8日“兰州大学校园网”。

泊考察失踪的阴影中，聂副校长直接予以否决。学校出于安全考虑，这是无可厚非的。但是，吴景山不甘心放弃自己的考察计划，怀着忐忑的心情找到了刘冰校长。

刘冰同志耐心听完他考察丝路的计划和意义，尤其是了解到他在考上大学之前已经是工作多年的地质队员，具有较强的野外工作、生存能力后，便与聂副校长商议，最后决定由学校出差旅费，让其坐汽车、火车前去考察。但他认定的道理却很难改变，坚持要骑自行车前往。经过多次请求，刘冰同志在做出周密安排后，最终批准了他的西去考察计划。

临行前，刘校长对他的嘱咐略带悲壮："我想你是能胜利返校的，如果万一发生意外，那你一定要尽可能把所发生的一切都记下来并留下标记，以便为今后来这里继续探险的人提供经验，或是为寻找你而提供一些线索。"①

考察途中，刘冰同志时刻牵挂着他，并向他途经之处先期汇去经费予以资助，有时一次汇款就有100元，当时学生每月在校生活费大约只有15元。4个月的骑车西行考察结束后，吴景山平安回到学校。刘冰同志见面后紧握他的手，关切地询问他一路上的经历和见闻，喜悦之情溢于言表。

1983年7月17日，在学校党委和天津自行车二厂的大力支持及白银针织厂、杭州轮胎厂等企业的帮助下，校团委组织了"兰天丝绸之路自行车考察队"。

它是由兰大师生及有关人员联合组成的一支多学科综合考察队，一行共42人，其中有34名队员，包括王学俭、于泽俊、孙朝晖、李映洲4位带队青年教师，来自历史系的王尚达、吴景山、汪海森、方浩、吴玉中，中文系的冯武、张滨，哲学系的李晓卫，经济系的汪青春、池长贵、李成、宋华，外语系的高洪波、尹箕疄，数学力学系的李长辉，物理系的罗洪生、金富学，化学系的

---

① 吴景山：《桃李万千竞芳菲，冰心一片在玉壶——记刘冰校长二三事》，载《兰州大学报》2010年5月15日第4版。

董文基、周鹏祖，现物系的吴维学，地质地理系的张虎才、李刚剑、胡军、梁菊芳、王新颖，生物系的李庆丰、刘小峰，无线电系的何璨等28位研究生、本科生，分别来自学校18个专业；还有天津自行车二厂派出的2位青年工人尤世刚、程永志，负责考察队员们沿途所骑自行车的维修、保养任务。另外还有全程跟随拍摄的甘肃电视台3位记者曲宗珊、刘炘、李建洲和学校电教科的3位工作人员孙纯学、张福兴、薛从伦，以及装载所需物品、器材的随行汽车及2位学校车队的司机韩宝福、曲鹏。校团委还邀请了14位相关专业的教授、学者，作为该考察活动的学术顾问，提供专业指导。

7月17日清晨，经过简短的出征仪式，考察队员们高唱着嘹亮的队歌，从学校出发。8月28日，聂大江同志等学校领导都聚集在校门口迎接他们凯旋。

考察队员们经过43天的长途跋涉，骑自行车穿越河西走廊，在敦煌西面穿过当金山进入青海，经柴达木盆地、青海湖、日月山、西宁、河湟谷地，回到兰州。他们结合各自所学专业，沿途就甘、青两省古丝绸之路上的诸多方面和问题进行多学科的实地考察，使自己进一步了解社会、开阔眼界，增长知识与才干。

被誉为“长城迷”的汪海森同学，出发前系统查阅河西地区县志，翻阅十多种专业书刊，拟定了自己的考察课题《河西走廊的长城分布》。在张掖境内，他与吴玉中顶着大雨，在实地发现了一些珍贵文物，这些文物对研究隋唐年间的黑水国历史文化具有重要意义，受到考古学界的重视。

生物系的李庆丰、刘小峰同学对沿途各地的植物分布和植被进行了考察，撰写了《从大格勒的植物沙丘看植物的固沙作用》等研究报告，采集植物标本175种。地质地理系同学对河西地区的自然地貌、水文资源、气候资源及青海盐湖的分布进行了考察，撰写出《河西地区自然地理景观》等数篇学术论文。经济系、中文系同学分别对河西地区生产、生活状况以及民风民俗进行了调查，形成调查报告。①

考察队员以昂扬的精神面貌出发西去

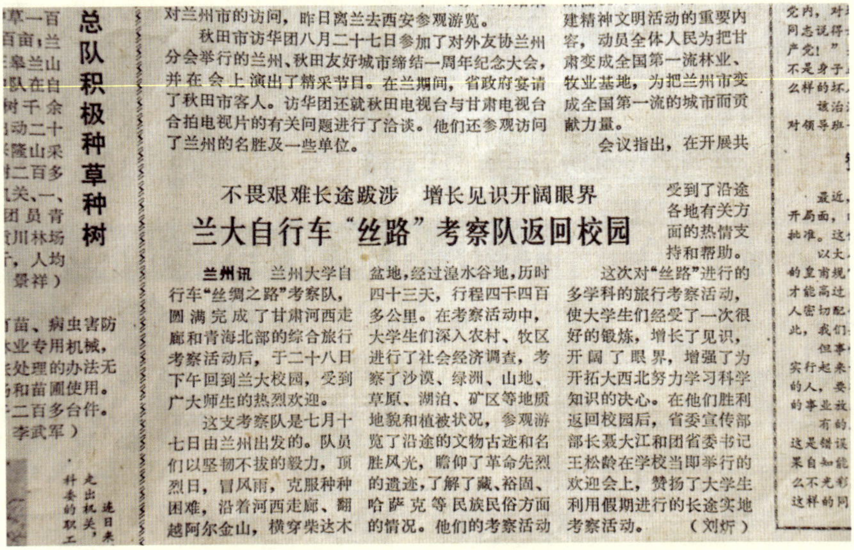

对兰州市的访问，昨日离兰去西安参观游览。

秋田市访华团八月二十七日参加了对外友协兰州分会举行的兰州、秋田友好城市缔结一周年纪念大会，并在会上演出了精采节目。在兰期间，省政府宴请了秋田市客人。访华团还就秋田电视台与甘肃电视台合拍电视片的有关问题进行了洽谈。他们还参观访问了兰州的名胜及一些单位。

建精神文明活动的重要内容，动员全体人民为把甘肃变成全国第一流林业、牧业基地，为把兰州市变成全国第一流的城市而贡献力量。

会议指出，在开展共

总队积极种草种树

不畏艰难长途跋涉　增长见识开阔眼界

兰大自行车“丝路”考察队返回校园

兰州讯　兰州大学自行车“丝绸之路”考察队，圆满完成了甘肃河西走廊和青海北部的综合旅行考察活动后，于二十八日下午回到兰大校园，受到广大师生的热烈欢迎。

这支考察队是七月十七日由兰州出发的。队员们以坚韧不拔的毅力，顶烈日，冒风雨，克服种种困难，沿着河西走廊、翻越阿尔金山，横穿柴达木盆地，经过湟水谷地，历时四十三天，行程四千四百多公里。在考察活动中，大学生们深入农村、牧区进行了社会经济调查，考察了沙漠、绿洲、山地、草原、湖泊、矿区等地质地貌和植被状况，参观游览了沿途的文物古迹和名胜风光，瞻仰了革命先烈的遗迹，了解了藏、裕固、哈萨克等民族民俗方面的情况。他们的考察活动受到了沿途各地有关方面的热情支持和帮助。

这次对“丝路”进行的多学科的旅行考察活动，使大学生们经受了一次很好的锻炼，增长了见识，开阔了眼界，增强了为开拓大西北努力学习科学知识的决心。在他们胜利返回校园后，省委宣传部部长聂大江和团省委书记王松龄在学校当即举行的欢迎会上，赞扬了大学生利用假期进行的长途实地考察活动。（刘炘）

《甘肃日报》上关于兰大自行车考察队返回校园的新闻

① 雷克潇：《知难而进——访兰州大学“兰天”丝绸之路考察队》，载《高教战线》1983年第1期，第39页。其中组成人员名单等细节来自2017年4月11日兰大校园网上的“老照片背后的故事”专题报道《1983：中国首支大学生考察队从兰州大学出发》，感谢为该文提供文字、照片的北京校友会张金娜、《兰州大学校报》编辑部和考察队员金富学、董文基、吴维学、何瑑、尤世刚、张滨等。

考察队胜利归来和校领导合影

正如《“兰天”考察队之歌》中所唱，师生们满怀蓝天一般高远的梦想和激情，去茫茫沙海寻访古迹，到丝绸古道倾听驼铃，到实地运用、检验学到的专业知识，也给自己的大学生涯留下了不一般的经历和壮丽风景。

历时43天、行程4411公里的长途骑行和考察活动，不仅为师生们提供了一次宝贵的多学科野外实地科研考察经历，接触、了解到沿途各族民众与社会，锻炼了自己的身体和毅力，也使大家受到了深刻的集体主义教育，形成了多学科师生的密切合作与专业交融。

这样校企合作进行的多学科远距离野外实地考察活动，在省内外高校中都属首创且别具一格，通过媒体的跟踪报道，受到各方面的广泛重视，在校内外产生了广泛的积极影响，也为当时国内外学术界关注丝绸之路提供了助力。

学校团委还与参加过中越边境自卫反击战的人民解放军驻天水某部结成帮扶对子，建立密切关系，经常组织学生到部队访问学习，邀请部队英模报告团到学校做报告。

为纪念“一二·九”运动，对学生举行爱国主义教育，弘扬爱国精神，学校团委每年都举行以班级为单位的校园火炬接力赛。后来演变为校园学生长跑活动，一直持续下来。

1981年秋季，黄河兰州段出现数十年未见的高水位洪峰，在全市的抗洪抢险中，学校党委统一组织4个系的一千多名师生参加，使大家经受了锻炼，受到了省市领导的嘉奖。

1984年在共青团甘肃省委组织的“创最佳团日”评比活动中，兰大“天下大事纵横谈”“唐诗鉴赏会”“为盲哑儿童送温暖”“雁滩乡访问调查记”等19个团日活动被评为全省最佳，受到团省委表彰，学校团委也获最佳团日组织奖。

这年暑期，团委组织了三十多名“三好”学生、优秀学生干部赴革命圣地延安参观学习，感受、传承延安精神。

1985年8月，团委组织了近30名学生分为两支队伍，沿红军经过甘肃的长征路线，奔赴陇南、定西地区，进行社会经济考察。

学校还广泛动员学生参加社会调查。自1983年以后，组织学生积极参加团中央和省上组织的“国情与改革”“改革发展中的甘肃”及学校组织的“研究生西北综合开发研讨”活动。这两次活动及其成果均荣获团中央和甘肃团省委的征文活动组织奖。

兰大学子为灾区人民捐款（20世纪80年代）

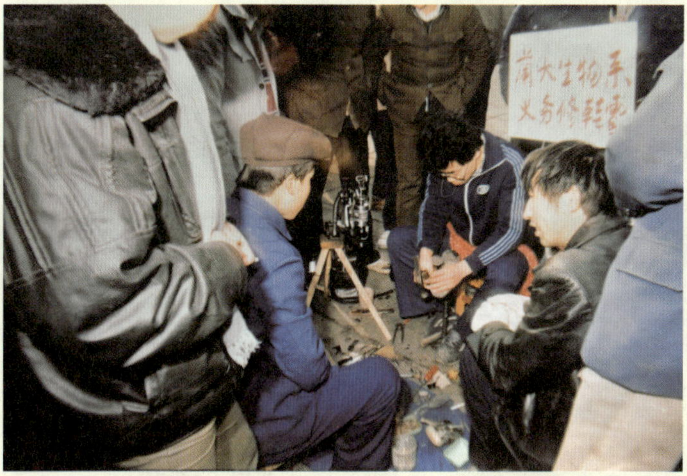

兰大生物系学生义务修鞋（20世纪80年代）

（三）重视体育锻炼，确保全面发展

高等学校是培养人才的重要基地，正确处理德、智、体三者的关系，促进学生的全面发展，是贯彻党的教育方针，办好社会主义大学的重要环节。

体育是高等学校教育中的一个重要组成部分。1979年，教育部和国家体委联合颁发《高等学校体育工作暂行规定》，强调“高等学校的体育工作，要为培养又红又专、体魄健全的各种专门人才，为增强中华民族的体质，为实现四个现代化做出积极贡献”。

清华大学从办学之初就高度重视学生的体育锻炼，马约翰教授为此而努力终身。后来，蒋南翔校长继承这一优良传统，提出加强体育锻炼，为祖国“健康工作五十年”的口号，得到全校师生的广泛认可和积极响应。刘冰同志也把清华的这一好传统带到兰州大学，始终高度重视学校的体育工作，经常在学校党政会议上讨论、安排学生体育事项和体育教研室工作，添置体育设施和器材，积极推动学生体育锻炼的广泛开展，并且身体力行，和学校其他领导一起，尽可能在繁忙的工作中抽出时间，亲自参加群众性体育活动，为大家做出了表率。

1979年5月2日，刘冰（前排右一）、聂大江同志（前排左一）在学校运动会上参加拔河比赛

1980年5月兰州大学获兰州地区大专院校第一届田径运动会男女团体总分第一名，甘肃省人民政府副省长、兰州大学校长刘冰颁奖

为了推动学校各项体育活动的健康开展，1980年5月5日，学校成立了体育运动委员会，以加强对全校体育工作的领导，并相继成立乒乓球、羽毛球、武术、体操、柔道、棋类等7个协会，广泛开展群众性体育活动，学生达标率逐年上升。

学校认真贯彻执行教育部颁布的《高等学校体育工作暂行规定》，按部颁体育教学大纲组织体育课教学。这对于体育活动的开展，提高学生的健康水平起到了积极作用。从1984年以后，体育工作逐步进行了改革。首先对教学大纲进行修订，改革课程设置、教材教法以及考试方法。新的教学形式是：一年级上基础体育课，二年级上专项课，三年级上选修课，全校病残学生上保健体育课。增加理论课时，改革体育课的考试评分方法。这些改革，大大提高了广大学生参加体育活动的积极性，使学生的健康水平得到明显提高。

为了进一步搞好学校体育工作，学校很重视体育师资队伍的建设和培养。当时，体育教研室有半数以上的青年教师毕业于20世纪

80年代初，教研室对他们有计划地培训，使之提高。同时为了提高教学质量，加深理论水平，教研室还积极开展体育科研工作。1985年，在甘肃省体育论文报告会上各单位提交的论文共有18篇，其中兰州大学就有6篇，占了三分之一。

学校体育工作遵循课内为主、课外为辅的方针，积极抓好学生课外活动，即抓好每人每天1小时的体育锻炼。学校操场上的晨跑景象壮观，兰大学子们整齐的步伐、响亮的口号，让人不由为之一振，感受到兰大学子们焕发着青春的朝气。同时，每周至少安排2次课外活动，积极发挥体协的作用，进行课外训练和辅导，加强运动代表队的选拔和训练。

1981年兰州大学田径运动会开幕式

从1978年开始，学校组建学生篮球、排球、足球、乒乓球队和田径队等，由体育教研室教师分别担任教练和领队，每周早晚都进行集训。这些学生体育代表队代表学校参加各类省级大学生比赛，曾多次取得篮球、排球、足球冠军和田径团体总分第一的好成绩，在省内外享有盛誉。1982年8月，全国首届大学生运动会在北京召开，兰州大学代表队在运动会上也同样取得了好成绩。

（四）丰富多彩的校园文化活动

在校团委、学生会的支持下，兰大的各类学生社团雨后春笋般纷纷建立。中文系部分学生在校、系领导的支持下，组织了“五泉文学社”，创办《五泉》专刊，赢得好评。同时，兰大以文科生为主，吸收理科生参与，成立“兰大诗社”，出版《秦风》诗刊。这些活动都为优秀学生钻研诗歌、提高文学创作水平提供了良好机会。紧接着，书画社、棋社和演讲协会、电影协会、摄影协会、登山协会等也相继成立。

1979年，配合外语系举办全校公共外语朗诵比赛，支持和帮助五泉文学社、兰大诗社等学生社团开展活动，出版刊物。

1980年，校话剧队先后为学生演出了话剧《于无声处》《约会》《啊，大森林》等。其中《啊，大森林》在1980年全省大学生文艺会演中获一等奖。

1980年，举办“一二·九”全校歌咏比赛。1981年7月1日，正值党的60周年诞辰，团委和党委宣传部、工会一同举办大型音乐舞蹈史诗《党领导我们胜利前进》，在校内外产生很大影响。

1981年，学校帮助学生会举办了文科学生第一次学术论文报告会，吸引了二百多人参加，会上报告论文41篇，会后刊印论文集刊。

当时，兰州大学学生社团的成立及其活动，得到校内外的广泛关注和支持，并且产生了很大的影响。“兰大诗社”成立前，其主要发起人前往中共甘肃省委，邀请同样爱好诗歌的省委书记杨植霖莅临指导。杨植霖同志于20世纪30年代前期就在王若飞同志领导下，在内蒙古地区从事党的秘密工作，后被捕入狱，出狱后写了《王若飞在狱中》一书并一直坚持诗歌创作。这位革命前辈欣然接受邀请，亲自出席“兰大诗社”成立大会，并在讲话中对诗社和大学生的诗歌创作予以充分肯定，鼓励同学们深入社会生活，创作出无愧于改革开放伟大时代的诗歌佳作。这也从一个侧面反映了当时省委领导干部密切联系群众的工作作风及其对兰大学生文化活动的重视。[1]

外语系英语专业学生用英文给全校同学演出莎士比亚经典剧目《威尼斯商人》，中文系举办了七八级学生黄建国短篇小说创作讨论会、摄影书法展览会等。其他各系的活动也十分活跃，历史系平均每周举办一次以上的学术报告，数力系结合不同学科，因材施教，在高年级组织讨论班，在低年级组织兴趣小组。

20世纪80年代初，生物系的庞广昌、经济系的殷晨海、中文系的荆体峻等十几位同学，发起成立了“兰州大学学生书画社”，各系爱好书法、绘画和篆刻的学生踊跃参加。大家推举庞广昌为社长，其他两人为副社长，共同开展书画篆刻方面的学习交流活动。书画社得到校党委宣传部部长童若兰、校团委书记唐伟等的大力支持，后来还在刚建成启用的新文科楼专门拨出一大间地下室作为书画社的活动场地。

同学们通过学校美育教研室的卢向铂老师，邀请到时任兰州医学院教授的著名书法家何裕先生，作为兰大书画社建社后的第一位顾问和导师，后来又通过何先生介绍，相继邀请到王创业、肖弟、黄汉卿、张玄英、黎凡等先生和校内的赵俪生教授等著名学者。从此，书画社有了讲授书法课程的一批导师。

当年，校内外所有老师和顾问都对学生社团的活动情有独钟，倾力支持。只要听说是给兰大学生讲课，他们都会毫不犹豫地慨然应允，义务奉献，从来不讲报酬。何裕教授就曾说，能到兰大的讲堂讲课，是一份荣耀。那时老师和顾问们来上课，不是步行就是骑自行车，准时正点开讲，从来不迟到，不爽约。并且常常是自然延迟下课时间，因同学们好学不倦，不时提问请教，老师则答疑解惑，倾囊相授。所以，这些课或讲座通常会安排在下午或晚上，便于师生有时间尽情交流，避免影响同学们正常的专业课程。

在书画社同学的活动中，由卢向铂老师指导工艺美术，教大家

---

① 此情况据当时“兰大诗社”发起人之一的历史系七七级学生，现为管理学院教授的李映洲老师提供。谨致谢忱。

学习写美术字、办板报、装裱字画等。毕业于西北师范大学艺术系美术专业的薛从伦和由旭生两位老师，给同学们教素描、速写、水墨画及油画鉴赏。当时绘画课多数从基本的静物素描开始，以画美育教研室的石膏像为主。人体艺术课没有模特，有的师生便自告奋勇给大家当起“模特”。

同学们在书画社里接受老师、顾问的悉心指教，相互切磋、交流技艺，周末还组织外出写生，举办书画展等，干得风生水起、有声有色。在书画社组织的几次联展中，校内书画水平高的不少教授和老师，纷纷拿出自己的精品力作参展，以示支持，令同学们深感荣幸，备受鼓舞。①

中文系七八级的程庆拾同学是书画社的发起人之一，喜好钢笔画和油画。在校系领导、老师的鼓励支持下，他在校内两次举办个人画展。系领导陈淀、齐裕焜等不少老师、同学都前往观看、热情留言。林家英老师观看画展时还当面夸奖，说从这些画作中能够品出浓浓诗意；鼓励中文系的同学最好一专多能，成为“多面手”。柯杨老师还带了他的几个外国留学生前来观看。教宋代文学的李东文老师，甚至在上课时说中文系的学生，若能像程庆拾这样，雅好书画篆刻，打下一定基础，在文学、历史、哲学、美学、传统书画艺术等方面兼收并蓄，互为生发，对于学业上的成长，以及今后的工作都是一件好事。古代不少诗人作家，都是亦文亦书亦画的大家。当时，不少教师也在这方面给同学们树立了楷模。如中文系教古代汉语的祝敏彻老师中规中矩、功力深厚的行楷体板书，就令同学们佩服得五体投地。②

到20世纪80年代中后期，书画社已进入如火如荼的鼎盛时期。当时的校内顾问李恒滨、秦理斌老师，后来都是享有盛誉的著名书

① 关于兰大学生书画社的情况，参考了当年该社骨干张宏发（“尾巴歌歌”）2016年1月的网上博客《缘定今生　书画情深——兰大书画社三十年》。谨致谢忱，并衷心期待当年书画社众多校友重新欢聚母校，以翰墨丹青寄深情。

② 据王秋林、张晶华：《铁笔素宣绘美景，母校错爱自堪羞》，选自《萃英记忆·程庆拾》，载2018年1月8日“兰州大学校园网”。

法家、省书法协会负责人；薛从伦老师已是著名国画家，在北京、深圳等地都有自己的画室。社员们毕业后，以书画成名者众多，如魏翰邦、范国明、孙璋、华光、卢国荣、杨成田、刘白瑜、李思春、高建峰、刘中冰、白九兵……他们得益于在校园中奠定的书画雅好，至今仍在守望、执着于弘扬传统文化的瑰宝——书画，并乐此不疲，继续浸润着自己的生活与生命，也造就了“兰大书画人”特有的风格、精神与影响。“让兰大书画走向世界”——这就是一届届兰大书画人共同的理想。现在兰大校园里每年一届的“神笔杯”书画大赛，就是书画社的魏翰邦、白九兵等几位历史系校友最早发起创办的，如今已持续近30届，早已成为兰州大学师生书画艺术的名片，成为颇具影响的省内外大学生校园文化活动品牌项目。由此，也让我们感受到兰大学子中钟情、传承中华民族书画艺术的清泉渊深流澈、汩汩喷涌，正在一步步接近“走向世界”的共同目标。

1983年5月，在全省大专院校文艺调演中，兰州大学参赛的5个节目中有4个节目获奖。6月，学校组建了学生文工团，许多有文艺专长的学生踊跃参加，在课外时间排练演出精彩节目。1985年6月，全省大专院校文艺调演中，兰大获团体总分第一名，并获多项优秀节目奖、优秀演员奖。

这些异彩纷呈的学生校园文化活动，充分展示了兰大学生的昂扬精神与无尽才华，把校园变成了百花齐放、生机盎然的芳苑和绽放青春、实现梦想的乐土，不仅极大地活跃、丰富了师生的课余文化生活，也有效地促进了学生的全面发展、健康成长，并且在社会上产生了积极、广泛的影响，受到各方面的重视与好评。许多年过去了，仍有很多当年的师生、教工子女对此津津乐道，给予很高的评价，认为当时兰大的校园文化丰富多彩且很有水平，在全国高校中也名列前茅，颇具特色与活力。

第八章　努力建设科研中心

科学研究是现代大学的一个重要功能，也是衡量高校办学水平、师生素质、社会贡献、国际影响力的重要指标。在当今世界，大学对各国及人类科技事业的发展创新贡献越来越大，关系越来越密切；也日益受到各国政府和全社会的重视。兰州大学作为一所重点综合性高校，其科学研究的实力及水平在很大程度上决定着学校的兴衰和成败。在改革开放初期，刘冰同志对此有清醒认识，始终坚持把科学研究作为学校的一项中心工作紧抓不放，并且取得一系列显著成效，为后来学校向研究性大学的发展和当下的“双一流”建设奠定了坚实基础。

特别值得一提的是，刘冰同志在1980年作为团长，率领教育部代表团到西德多所大学、科研机构进行考察访问，进一步了解了德国高等教育的发展现状，提出“学习西德高等学校办学经验”，认为“德国大学教育的卓越就卓越在教学和科研相结合，已形成传统”。建议中国的大学应“大力提倡教学和科研结合”，“教师必须搞研究，带着学生搞科研，教会学生搞科研”；保证高等学校科研经费等。[①]

---

① 《学习西德高等学校办学经验》，载《刘冰文集》，第135、136页。

一、学校科研事业历经坎坷

兰州大学发展历史上的前期阶段，作为封闭、落后的西部一所规模很小的地方性高校，一直没有能力、条件进行科学研究。1946年国立兰州大学成立后，经过辛树帜校长的不懈努力，学校虽然集中了一批文科、理科、医学等方面的优秀人才，而且此前很多人已经有一定的科研成果和学术影响，但当时烽火连天、物价飞涨、办学经费奇缺，依然没有条件和可能开展科学研究工作。

直到共和国成立后的20世纪50年代中期，学校文科和理科各系教师才相继开展不同专业的研究工作。尤其是第一个“五年计划”期间，兰州市成为国家重点建设的石油化工和重工业基地，国家、地方经济建设的实际需要，也给兰州大学的教师们提出了许多亟待研究的课题及科研要求。1956年，党中央发出“向科学进军”的号召，组织著名科学家制订国家十年科学发展规划，这些都极大地激发了全校教师从事科研工作的积极性。而以郑国锠、刘有成、陈庆益、段一士等为代表的留学归国人才，以朱子清、黄文魁、徐躬耦、叶开沅、赵俪生等为代表的优秀专家学者，被相继分配或调入兰大，还有北大、复旦、南开等国内诸多名校优秀毕业生的分批到来，大大充实、增强了学校的师资队伍和科研力量。全校各系、各专业的科研工作、学术研究全面展开，到1957年底，学校几年间共完成科研项目126项。

“大跃进”期间，如同工农业生产和钢产量、粮食亩产量那样，高校科研工作也偏离、违背了自身发展的客观规律，被迫要“放卫星”，出成果，要求师生人人创造、个个发明，结合工农业生产大搞技术革命。1958年8月，全校已建成工厂33个，正在筹建的工厂还有数十个。全校师生在1个多月里，就有所谓的“创造发明”284件，在科技领域放出大量所谓“卫星”。[1]据年底的统计，全校已完

① 张克非：《兰州大学校史（上编）》，第274页。

成科研项目561项，是前几年总和的4倍多。1959年又完成了438项。1960年计划完成453项，但实际仅完成229项。[①]

20世纪60年代初，面对国民经济的严重困难，党中央开始实行“调整、巩固、充实、提高”八字方针，解决“大跃进”带来的严重问题。在文教领域，中央也相继出台了《高校六十条》《科学工作十四条》，1962年“七千人大会”和“广州科学会议”的召开，周恩来总理等在科学会议上的讲话，都带来了许多新的重大变化。江隆基校长紧紧把握这些有利因素，在兰州大学大刀阔斧地抓整顿、提高，使学校的教学、科研等主要工作很快走上轨道，得到健康发展。1961—1962学年，计划完成自然科学研究项目54项，实际完成35项，写出论文58篇；已开始进行并取得一定成果的10项。此外，理科各系还撰写论文111篇，文科各系撰写论文72篇。全校参加科研工作的教师237人，占教师总数586人的40.7%。全校科研工作呈现出质量、水平有所提高，科研集体和重点开始形成、校内外各类学术活动逐渐增多的良好态势。

1963年，兰州大学召开科学研究工作会议，讨论制定关于加强科学研究及其管理的各项规章制度，讨论学校科研事业发展十年规划。随后，形成了《兰州大学十年自然科学研究事业发展纲要（草案）》《兰州大学十年自然科学研究事业发展规划（草案）》两个重要文件，共确定全校69个科研中心问题，认为学校在生物碱、自由基化学、原子核物理、植物生理和细胞学等方面已形成特色，在力学、无线电、放射化学、低能核反应、稀有元素化学等基础薄弱或空白学科已初步开展研究工作；确定基础理论研究为学校科学研究的重点；按照“重点突出，照顾一般”的原则，在此后十年内（即1963—1972年）将重点发展偏微分方程、泛函分析、固体力学、理论物理、磁学金属物理、超高频电子学、原子核物理、低能核物理、理论有机化学、天然有机化学、分析化学、植物生理、细胞学、植物学、动物学、地质学、区域自然地理等17个研究方向；使

① 张克非：《兰州大学校史（上编）》，第312、313、315页。

参加科研工作的教师达到教师总数的70%～80%，科研集体达到35～45个，科研带头人达到50～60名，中级骨干达到250名，增加专职科研人员180～200名，建立5～7个科学研究机构，培养研究生150～180名。为实现这些目标，学校将采取培训骨干、建立科研机构、设立科研编制、改善科研条件，保证科研时间等重大措施。①

同时，兰州大学的科研工作开始受到教育部的进一步关注和支持。1963年，为了扶持兰州大学科学研究的开展，教育部拨发了48.3万元科研经费，这相当于1962年全校科研经费6.3万元的7.5倍，分配给兰州大学专职研究人员编制30名，这在学校历史上是前所未有的；还给兰州大学无偿调拨了电子显微镜等稀缺贵重仪器。②这也表明教育部对兰州大学科研工作的认可、重视、关心和支持。在这种有利条件下，兰州大学的科学研究工作开始得到顺利发展。

实践证明，在江校长主持下所制定的兰州大学科学研究十年纲要、规划，符合学校实际及相关学科发展的方向、趋势，目标明确，重点突出，有一定的前瞻性和重要指导意义，相关保障措施得力，有效促进了学校科研工作的发展及其水平的提高、科研力量的聚集与整合。虽然该规划仅仅实行了3年时间，就因为"文革"而被迫中断，但其显著效果、重大意义却是不可低估的。兰州大学在1978年全国科学大会上能够有23项科研成果获奖，改革开放初期学校科研方面的优势与特色、首批博导及院士的产生，以及后续一些新兴优势学科的形成、发展，可以说在很大程度上也都与当初该科学研究十年规划的制定、实施，科研骨干的培养，注重科研风气的形成，密切相关，或者说有继承、发展的关系。

"文革"期间，兰州大学的科学研究工作遭到了严重破坏，绝大部分项目和研究工作被迫中断，很多科研骨干受到迫害，科研队伍风流云散。学校的主要负责人以极左的态度对待科研工作，要求批

---

① 张克非：《兰州大学校史（上编）》，第380、381页。

② 《1963年度科学讨论会上的总结发言》，兰州大学档案馆藏，全宗号4-分类号5-案卷号87。

判专家路线，大搞群众运动，开门搞科研，充分重视工农兵学员的力量，并且在开门办学的过程中，重视和工厂企业、农村部队的工农兵与革命技术人员相结合；[①]反对个人兴趣第一，坚决服从国家需要；反对贪大求洋、铺张浪费之风，提倡自力更生、土法上马、艰苦创业的革命精神；反对"知识私有""资料垄断"的恶劣作风，提倡共产主义大协作。这些都对全校的科研工作造成较大影响。

当时，兰州大学的科学研究虽然处在极其不利的条件下，但仍涌现出了一批顶住政治压力，克服重重困难，坚持不懈搞科研，并取得一定成果的专家、学者。如化学系黄文魁、刘有成、陈耀祖，物理系段一士、杨正，生物系郑国锠、吕忠恕，气象专业丑纪范等教师，文科中历史系的"沙俄侵略中国西北边疆史"项目，在"文革"期间仍取得了重要的科研成果。除了个人外，还有一些研究集体，为科学研究和成果应用做出了贡献。"文革"十年结束后，学校的科学研究事业很快得以恢复。

1978年3月，中央召开了全国科学大会。邓小平在大会开幕式上，旗帜鲜明地宣布"科学技术是生产力""四个现代化的关键是科学技术现代化""知识分子是工人阶级的一部分"等著名论断，如春风化雨滋润着科学工作者干涸的心田。大会通过了《1978—1985年全国科学技术发展规划纲要（草案）》，迎来了"科学的春天"。

在此前后，全国科研体制改革进入整顿和恢复阶段，确定了"科学技术是第一生产力"的指导思想，在科技领域进行全面的"拨乱反正"；一大批科技管理机构、科研机构和学术机构很快得以恢复和重建。

1977年8月8日，邓小平同志在科学和教育工作座谈会上明确指出："高等院校，特别是重点高等院校，应当是科研的一个重要方面军，这一点要定下来。它们有这个能力，有这方面的人才。""重点大学都要逐步加重科研的分量，逐步增加科研的任务。" "重点大学

① 《兰州大学十年规划设想的汇报提纲》，兰州大学档案馆藏，全宗号4-分类号7-案卷号157。

既是办教学的中心，又是办科研的中心”。[①]

1978年初，国务院转发了教育部关于恢复和办好全国重点高等学校的报告，决定恢复和办好一批全国重点高等学校。兰州大学被再次确认为全国17所综合类重点大学之一。[②]

1979年初，国家科委、教育部、农林部联合召开全国高校科研工作会议，强调“社会主义现代化建设，要求我们把全国重点高等学校办成‘既是教育中心，又是科学研究中心’”。[③]

全国科学大会后，在教育部的统一部署和安排下，兰州大学承担了全国科学技术发展纲要中的重点项目8项、参与其中重点项目10项，还参加了全国哲学社会科学专业规划及教育部应用学科规划中的一些课题研究。学校科研工作进一步明确了以后的主攻方向，结束了过去“零敲碎打”的科研方式和“散兵游勇”的科研局面，使学校朝着“成为我国科学研究主要方面军”的方向迈进。学校的科研管理也渐入轨道。1978年，学校制订了《兰州大学科研工作管理暂行细则（试行草案）》，为使管理工作适应四个现代化的要求，学校组织科研管理人员学习业务，了解各学科的知识和最新发展动向，科研设备也在积极整理修复。

二、加快“科研中心”建设

兰州大学是教育部重点学校，肩负着培养人才和发展科学技术的双重任务。学校必须将工作重点放在教学和科研两个方面。

作为兰州大学这所全国重点大学的校长，刘冰同志对此有深刻的体认。他认为：“按照教育规律办事，就要把高等学校办成教育和科研两个中心，为国家输送又多又好的人才和科学研究成果，这是

① 《关于科学和教育工作的几点意见》，载《邓小平文选》第2卷，第53页。

② 《国务院转发教育部报告 决定恢复和办好全国重点高等学校》，载《人民日报》，1978年3月2日第3版。

③ 《把高校办成教育和科研中心》，载《人民日报》，1979年2月8日第1版。

衡量高等学校教育质量的标准，是高等学校的特定的历史任务。”①

在刘冰同志的主持下，兰州大学按照党和国家的要求，积极将工作重点向“两个中心”转移，科学研究事业进入快速发展时期，取得一系列显著成就。

1979年5月，学校制定《兰州大学1979—1985年规划纲要草案》，要求贯彻执行“调整、改革、整顿、提高”的方针，着重提高科研质量。在科学研究方面，要抓住重点，整顿充实力量，注意发挥自己的专长和特色，做出新成绩，以达到国内或国际先进水平。

具体到兰州大学的实际，究竟怎样循序渐进、重点突破，扎扎实实地做好全校科研工作，形成显著优势和稳步发展，加快“两个中心”的建设步伐？对此，刘冰同志经过深入调研和思考，逐渐形成了清晰的思路和战略考虑。他在1980年10月兰州大学科学报告讨论会开幕式上的讲话②中，对学校十多年来的科研工作进行了系统总结，并围绕编制科研规划、加强对科研工作的领导与管理进行了系统阐释，提出了许多很有见地的指导性意见。

首先，他充分肯定了以往学校科研工作的特点和成绩，也指出了存在的问题。

他认为全校“重视重点学科的建设，抓紧了科研项目的计划管理，注意了科研成果的评审、鉴定和推广应用，进一步扩大了对内对外的学术交流”，取得显著成就。

尤其是化学学科的物理有机、有机合成、天然有机，物理学和核物理的放化、加速器、磁学，生物学的细胞生物等研究所都取得一系列重要成果；研究基础比较雄厚的理论物理、原子核物理、数学力学等专业也撰写出三十多篇学术论文；还有植物生理学对不良条件下光合作用生理生态的研究，地理系对冰川的考察与研究、大气污染扩散规律及环境预评价研究，物理系非晶材料研究等也都有突破。

---

① 《按照教育规律办大学》，载《刘冰文集》，第121页。

② 《学习贯彻中央十四号文件精神，扎扎实实地做好高校科研工作》，载《刘冰文集》，第145～154页。本节所引内容，除单独注明者外，皆出于该讲话。

文科各系的科学研究有两个特点，一是“立足于西北地区发展自己的特色，并且重视实际的调查与考察、文史资料的搜集与积累，还通过地区性的学术交流、试办学术刊物、各种学会的活动及聘请专家讲学等形式聚集研究力量，培养新的人才”，在西北人口、敦煌学、中俄关系史和西北民族史、伊斯兰教史、民族民间文学、居延汉简等的研究方面取得较为显著的进展；二是紧密结合教学开展学术研究，指导研究生、本科高年级学生进行社会调查和学术研究，有经验的教师还写了许多专著和教材，还有西北少数民族史研究，俄国文学、古典俄罗斯文学和苏联文学研究，英语翻译理论和方法研究等，都是密切结合教学又直接为教学服务的。

而学校科研中存在的问题，一是直接为经济社会发展服务的科研项目太少，实验性学科的一些综合性题目进展缓慢；二是科研经费投入中基本建设的比例太大，每年都超过70%，进入使用的周期太长，科研设备的使用效率不高；三是科研活动中缺乏必要的合作与交流，选题分散重复。

其次，明确了学校科研工作的目标、方向和重点。

刘冰同志强调：“我校是以理科为主的综合性大学，担负着培养人才和科学研究的双重任务；我们的目标是在五年、十年或者更长一点的时间，把学校，首先是一批重点学科办成‘既是教育中心，又是科学研究的中心’；在科学研究上既有自然科学的研究，又有社会科学的研究和文、理交叉的研究；既有长期的储备性的研究，又要为‘六五’期间经济、社会发展出力。”

为此，就要注意做好4个方面的工作。一是要在重视基础研究的同时，用更大的精力加强应用基础研究；二是促进教学与科学研究的紧密结合，逐步地把学校办成“两个中心”；三是发挥综合性大学的优势，开展“跨学科”的研究和新技术应用、新兴学科的研究；四是克服重理轻文的倾向，大力支持和发展我校社会科学的研究。

最后，提出了当时促进、保障学校科研工作的三项主要措施。一是加强科学研究中的思想工作和组织工作，充分调动科研人员、后勤人员和管理人员的积极性；二是要研究、制订科研工作的奖惩制度；三是加强对科研项目的计划管理，尽可能按照科学和经济规律办事。

在三十多年后的今天，结合兰州大学科研事业走过的历程及得失，纵观国内外各个学科的发展规律、国家及西部经济社会发展的战略需求，更能感受到当年刘冰同志许多认识、主张的卓越之处和重要意义。

第一，逐步调整、改善和拓宽兰州大学的科研结构，在重视、保持基础研究优势的前提下，积极发展应用基础专业和重大技术研究。

刘冰同志强调，“要根据我校不同学科的特点和既定方向，把科研工作调整到围绕国民经济，促进、带动国民经济发展的轨道上来。我们要争取多承担国民经济建设中提出的重大任务，对一些应用性较强的学科如固体材料和器件、高分子化学、计算机和无线电等学科都要围绕生产部门提出的新材料、新工艺、新技术，侧重应用研究，逐步开展应用基础研究，以求在理论上不断深化。”稀土化学、分析化学、放射化学应到有关厂矿深入调研，着眼有重大实用价值的项目研究；地学、生物学的一些分支则应结合西北地区自然资源的综合考察和合理利用，黄土高原的综合治理和生态改良，选择具有明确应用目标的科研题目进行深入研究；有机化学、原子核物理、细胞生物学、植物生理学等基础研究的学科，也应关心、了解国民经济建设的需要，尽可能把具有应用价值的阶段性成果引用到生产实践中来，做好成果的转化、利用。

对于材料科学中的非晶材料这一新兴分支，“我校已经开始了部分工作，今后还要研究其他类型的非晶材料，并且要逐步地从探索研究向应用研究过渡”。“我校对新技术的应用，如激光技术、遥感技术、计算机技术、核技术以及微波技术的应用都刚刚是起步，而且力量也比较分散，今后要在材料科学、社会、生物学和地学研究中有选择地使用这些新技术，对于有成效的研究方向应培养专门人员，配备研究手段，逐步形成有特色的研究集体，开展新技术应用、新兴学科的研究”。

他还认为，“在处理基础与应用的关系时，要记取过去一刀切的教训，要承认基础与应用、科学与技术之间确实存在着连续不断的相互反馈作用，在强调科学技术首先为促进国民经济发展服务时，绝不是不要基础理论研究，对于纯理论性的研究如我校的原子核理论、理论物理、数学力学、量子化学等学科也要根据中央的方针，在稳定的基础上逐步发展，以保持基础研究的稳定性和继承性，绝不能因为强调了应用目标而削弱基础研究。”

这里既有刘冰同志曾经长期在清华大学工作，对应用基础研究重要性的深入了解，有对科学研究更加紧密地服务于国家战略、经济社会发展和现代化建设必要性的认识和强烈责任感，也有对科学研究中基础与应用内在关系、相互作用，及其对科学事业和学校发展本身重要意义的把握。

第二，立足自身优势，努力打造“国家队”的追求及理念。

刘冰同志非常重视发挥学校文理科长期积累的科研优势和深厚基础，强调首先要选择和建设好这些国家需要、条件较好的学科，如有机化学、原子核物理、植物细胞学、植物生理学、理论物理、磁学、数学力学、史学和人口学等，作为首批建成“两个中心”的重点，“争取在五年、十年内使这些学科达到既能培养与国际先进水平大体相当的博士研究生，又是发展本门科学技术和学术研究的‘国家队’的要求”；要通过多学科的交叉与采用新技术手段，进一步拓展学校的科研优势，提高学术水平和竞争力，处理好继承与创新的关系；带动、培育、衍生出一大批新兴学科和应用基础研究成果。

第三，多学科交叉、文理科并重的路径选择。

刘冰同志认为，“当代科学技术发展的特点之一是各个学科领域互相渗透、互相促进，而经济建设和社会发展中要解决的科学技术问题也往往需要几个学科的技术力量，共同努力才能解决。我校是综合性大学，自然科学与社会科学兼而有之，学科门类也比较齐全，有利于互相探讨，互相启发，有利于开展综合性研究与‘跨学科’的研究。在我校已经有环境科学、数值预报、生物生理、应用数学、生态科学和人口研究等项目在研究中自发地建立了横向联系，并取得了初步成果，今后要加强这些方面的研究，要有计划地选留数、理、化基础坚实的大学毕业生和研究生，促使这些学科与地学、生物学以及社会科学的研究交叉和渗透，要尽可能配备专门需要的研究手段，逐步地开展生物数学、生物物理、生物化学、经济数学等方面的研究，根据现有力量和条件选择最有利的方向，尽快做出成绩，扩大研究领域，进一步引向纵深。对社会科学各学科的研究，也要提倡多学科的配合，鼓励和支持互相的渗透和交叉，例如地理、历史、经济、人口诸方面研究人员进行综合性研究，对一个地区、一个少数民族进行深入的考察与调查，为制订适合地区特点的经济社会发展规划提供科学的依据。”

“文理兼有是我们综合大学的特色，自然科学和社会科学的研究又有着基本的共同点，都是追求自然和社会的客观性和规律性，它们之间还可以互相借鉴，互相促进，尤其是综合性的研究上，自然、人文和社会这三个学术领域是不能截然分开的；更重要的是党中央号召建设高度的精神文明，这本身就包括必须加强社会科学的研究。”“但就全校而言，文科科研仍然是粗放式的管理，没有摸着文科科研的规律。”“文科科研的最大问题是研究人员太少，缺乏有威望的学术领导人。在当前除了加强学术交流，尽可能借用校外的研究力量外，学校在加强师资队伍的建设时要注重文科师资队伍的建设，特别是要充实重点方向的人员，经过五年到十年的努力，把这些领域的研究搞上去，把这些有关的学科建设好。在社会科学研究中要进一步解放思想，摆脱那种回避禁区以求自保的风气，要急国家之所急，甘挑重担，在社会科学的各个领域里，勇于探索创新，解决前人没有解决的问题。”

第四，立足西部的特色定位与服务功能。

刘冰同志注意到，“立足于西北地区发展自己的特色”是兰大文科各系科研工作的一大特点。他主张“要根据我校地处西北的地理特点，选择一批与西北地区经济社会发展密切相关的方向，把敦煌学、西北人口、西北民族史、民族民间文学、居延汉简的研究作为文科科学研究的重点，还应当促进俄语专业的研究力量、翻译力量与史学学科相配合，加强我校已有研究基础的中俄关系史和俄国史的研究，以发展我校社会科学研究的特色”。对于理科的化学、生物、地学等相关学科，他也提出应该进一步关注与西北地区有关的重大项目研究，切实为西北的经济社会发展做出更多贡献，也更好地形成自己的科研优势与特色。

第五，教学与科研应紧密结合、相互促进的战略意识。

在强调“两个中心”建设中，教学与科研的关系始终是一个需要认真对待、合理解决的重要问题，两者既各有侧重，又相互统一，相互联系；在实践中如稍有偏差，都会产生不利影响。对此，刘冰同志认为，“学校重点工作的安排切实要兼顾教学和科研两个方面，为提高教学质量和为‘四化’建设服务。”兰大文科各系的多数研究选题都来源于教学，与教学紧密结合；文理科各系研究生和本科高年级学生的培养都离不开科研的训练。社会的发展要求高校培养的本科生、研究生，不仅要有坚实的理论基础，还要掌握良好的科学方法；这就离不开科研的训练。教师也是一样，“只有从事科学研究，站到科技战线的最前沿参加认识世界和改造世界的实践，才有可能引导学生获得最新、最先进的知识，达到提高教学质量的目的”。他在此前谈教育规律的文章中还特别强调：“高等学校要搞‘两个中心’，不能搞一个中心。但是在建设‘两个中心’的过程中，必须明确教学是基础，这一点不能含糊。”[①]所以，他更强调教学与科研之间“相互联系，相互制约，相互促进”的辩证关系。

可以说，刘冰同志关于学校科研工作的认识、主张，的确具有承前启后的重要作用，既很好地总结、继承、发扬了兰州大学此前

① 《按照教育规律办大学》，载《刘冰文集》，第122页。

长期形成的基础和特点，又很好地把握住国内外新形势下学校科研工作的未来方向、目标和重点。后来学校文理科的优势、特色学科、专业和研究方向的发展，在国内外的影响力、竞争力，以及“作西部文章，创世界一流”办学理念的最后形成，都与当年刘冰同志的主张有内在联系。

当然了，由于各种原因，刘冰同志在主持兰大工作的五年间，无法全部实现自己在学校科研事业上的想法、主张。后来的历任学校领导虽然也根据自己的认识、主客观条件，力所能及地推进、发展学校的科研事业，并且在相对困难的情况下取得了可圈可点的显著成就。但是也应该看到，由于长期形成的学科、人才结构和研究传统、思维定式，兰州大学原有学科及研究的格局要做出新的调整、创新，是非常困难的，当初一些很有价值、意义的想法最终未能得到实施，多年来学校应用学科、新兴学科、文科的发展，多学科交叉与文理科之间的融合，与国内外名校相比，毕竟还存在一定差距。这些问题在很大程度上影响了学校科研事业整体实力、水平和国际竞争力、社会服务能力、综合创新能力的提高和增强。

否则，几十年间学校一定还能够培育出更多新的优势学科和专业增长点，实现基础与应用、理科与文科、传统学科与新兴学科之间的均衡发展和良性互动，学校的知名度、影响力、科技和文化创新能力，以及吸引国内外人才、资源，改善自身办学条件的能力，甚至教学水平和人才培养质量，都必然会进一步增强和改进。这既是毋庸讳言的事实，也是值得总结的经验与教训，如果我们能够以相对客观、理性的态度，认真对待刘冰同志留下的财富及现实中的局限，也一定能够为新的党政领导者、全校师生及学校未来的发展，提供有益而重要的借鉴。

基于这样的认识，刘冰同志和学校党委还采取了许多实实在在的措施，在全校师生中营造重视科研、积极参与学术工作的浓厚氛围，切实推进学校的科研工作。

为了纪念五四运动60周年这个具有伟大历史意义的节日，兰州大学于5月6日至12日举办了1979年“五四”科学报告讨论会。这次大会是“文革”结束后召开的首次全校科学报告讨论会，也恢复、延续了学校在60年代初形成的传统做法。在会上全校共提交科学论文283篇，其中文科类68篇，理科类215篇，[①]分为12个会场进行报告和讨论。

刘冰同志在兰州大学讲话

刘冰同志致开幕词《向科学技术现代化进军》，强调“这次科学报告讨论会的召开，标志着全校工作的着重点开始转向‘两个中心’。今后，我们必须朝着这个方向，付出最大的努力，千方百计地建设‘两个中心’，多出成果，多出人才”。这次科学报告讨论会的主要内容和任务有两个：“一是在党的十一届三中全会精神指引下，检阅我校在全国科学大会召开一年多以来的科研成果”；“二是在总结过去科研工作的基础上，进一步讨论和修订我校八年科研规划”。“我们应当进一步贯彻‘双百’方针，解放思想，开动机器，充分发扬学术民主，广泛开展学术活动，树立向科学技术现代化进军的雄心壮志，培养‘三老’‘四严’的科学态度和作风，使我校的科研工作，既有远大理想和目标，又能扎扎实实地开展起来”[②]。

① 文科类论文《刘冰文集》中为68篇，《兰州大学学报》1979年第2期中记载“文科各系提出论文83篇”，附录《兰州大学1979年“五四”科学报告讨论会“哲学社会科学部分”论文题目及作者》中的论文篇数为73篇，《兰州大学1979年“五四”科学报告讨论会“自然科学部分”报告题目及报告人》中的论文篇数为212篇。

② 《向科学技术现代化进军》，载《刘冰文集》，第116、117页。

这次报告讨论会具有以下几个特点。一是动员面广，参加讨论会的人中不仅包括老、中、青年教师和研究生、大学生，还有兄弟单位人员参加。二是论文质量有所提高，敢于解放思想，突破禁区，注重理论联系实际，对当时一些重大问题进行了讨论。三是有些研究课题能够与教学相结合，对提高教学质量起到了促进作用。①

1979年兰州大学五四科学报告会历史系分会场

会后，刘冰同志带领学校领导班子制定各种措施，引导、鼓励兰州大学科学研究的快速发展。为了总结学校科研工作经验，检阅科学研究的成果，活跃学术空气，推动今后科研工作的更好开展，以后几年间，每年举办全校科学报告讨论会就成为惯例。

同年7月，停办多年的《兰州大学学报》复刊，陆续发表了许多本校教师所撰写的高质量学术论文，在国内外都开始产生较大影响。

1980年10月11—18日，兰州大学举办1980年科学报告讨论会。与1979年“五四”科学讨论会相比，此次讨论会论文数量多，范围广，学术水平也有了新的提高，是一次检阅学校科研成果和进行学术交流的盛会。全校设有16个分会场，分别举行了一百三十多场报

① 《学术动态》，载《兰州大学学报》1979年第2期，第50页。

告讨论会，报告论文557篇，参加人数达六千多人次。更可喜的是，很多研究生和一些高年级的学生提交了九十多篇论文。同时，兄弟单位也提供了三十余篇学术论文。校内一些边缘学科和研究方向也打破了原有系科界限，不同学科的师生聚集在一起，进行报告和讨论。整个学术活动气氛热烈，思想活跃，出现了踊跃发言，自由探讨的热烈场面。

1981年10月中旬，兰州大学又一次举办科学报告讨论会。这次讨论会上，不仅广大师生提交了高质量的论文，管理干部也提交了论文。全校上下形成了一种浓厚的科研氛围。刘冰同志在开幕式上总结了兰大近一年来科研工作所取得的成就和不足，强调在贯彻科技方针、制订科研规划和长远设想时，解决好“基础研究与应用研究并重，促进教学与科研紧密结合，开展跨学科研究和新技术应用、新兴学科的研究，克服重理轻文的倾向”等问题。为了逐步把学校建成教学、科研“两个中心”，要求学校加强对全校科研工作的管理和领导，加强思想政策的教育，保护、激励科研人员的积极性；制定科研奖惩办法和制度；加强对科研项目的计划管理，尽可能按照科学和经济规律办事等重要方面。①

与此同时，文理科各系、各有关单位也经常召开各种专题性的学术报告会。如1981年11月中旬，体育教研室举行首届体育科学论文报告会。兰州大学图书馆也举办科学讨论会，加强与兄弟单位图书馆的交流与合作。

改革开放后，学校的科研工作始终与时代发展、国家战略相适应，及时调整发展方向并制定各种措施和规章制度，推动科研工作的健康、快速发展。

1979年11月，国务院下发文件准备表彰农业、财贸、教育、卫生、科研战线全国先进单位和全国劳动模范，要求各学校推荐典型代表。为此，学校党委经过认真研究，决定推荐化学系黄文

① 《兰州大学科研工作报告——在1981年科学研究讨论会开幕式上的报告》，兰州大学档案馆藏，档案号：全宗号4-分类号文书9-案卷号237。

魁教授和现物系中子发生器研制组。刘冰同志要求总结他们的先进事迹材料文字要通俗化，有详细数据作为支撑，突出成绩和贡献，写清楚黄文魁教授研究固氮霉的作用以及近两年来研制出的几种药物在临床实验中的效果，同时讲清楚中子发生器的概念，希望后来者居上，在以后能够涌现出更多的优秀科研工作者及成果。

1979年12月28日，国务院表彰农业、财贸、教育、卫生、科研战线全国先进单位和全国劳动模范大会在北京召开，与会代表691人，国务院授予全国先进单位称号351个，授予全国劳动模范称号340人。其中，兰州大学中子发生器研制组和黄文魁教授分别荣获“全国先进单位”和“全国劳动模范”称号。

黄文魁教授，能够成为兰州大学“文革”后第一位教学、科研战线上的全国劳动模范，这与他毕生对教育、科研事业孜孜不倦的追求是分不开的。1950年，他在上海交通大学化学系求学时，即报名参加志愿军，因患肺结核未能通过体检。为打破一些西方国家对我们的封锁，他毅然选择急需的进口药品氯霉素中间原料的合成，作为毕业实验课题。在教师的指导下，他日夜奋战，进行了27次实验，终于取得成功。《解放日报》《大公报》等报道，用他发明的技术合成这种氯霉素原料，比从国外进口降低50%的成本。23岁的他因此荣获上海市劳动模范称号，并在毕业后留校工作，担任中国有机化学专业开

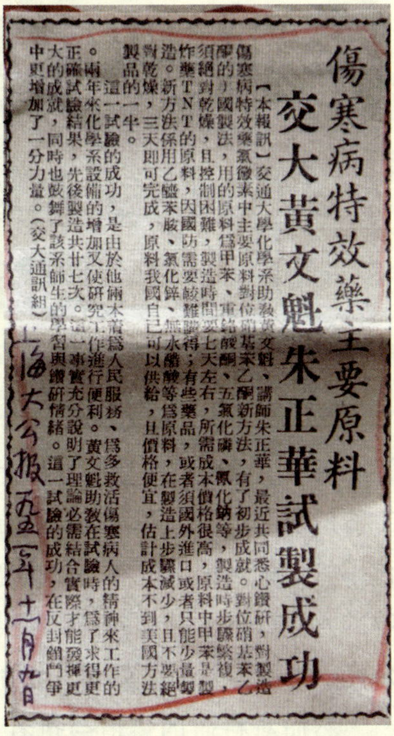
傷寒病特效藥主要原料
交大黃文魁朱正華試製成功

【本報訊】交通大學化學系助教黃文魁、講師朱正華，最近共同悉心鑽研，對製造傷寒病特效藥氯黴素中主要原料對位硝基苯乙酮新方法，有了初步成就。對位硝基苯乙酮的[illegible]國製法，用的原料爲甲苯、重鉻酸鈉、五氯化磷、氟化鈉等，製造時步驟繁複，須絕對乾燥，且控制困難，製造時間要七天左右，所需成本價格很高，原料中甲苯是製炸藥TNT的原料，因國防需要較難購得；有些藥品，或者須國外進口或者只能少量製造。新方法係用乙醯苯胺、氯化鋅、無水醋酸等爲原料，在製造上步驟減少，且不必絕對乾燥，三天即可完成，原料我國自己可以供給，且價格便宜，估計成本不到美國方法製品的一半。

這一試驗的成功，是由於他倆本着爲人民服務、爲多救活傷寒病人的精神來工作的。兩年來化學系設備的增加又使研究工作進行便利。黃文魁助教在試驗時，爲了求得更正確試驗結果，先後製造共廿七次。這一事實充分說明了理論必需結合實際才能發揮更大的成就，同時也鼓舞了該系師生的學習與鑽研情緒。這一試驗的成功，在反封鎖鬥爭中更增加了一分力量。（交大通訊組）

1951年11月9日上海《大公报》对黄文魁科研成果的报道

创者朱子清教授的助手。后在院系调整中调往复旦大学。

他热爱科研事业胜过热爱自己的生命。1955年，黄文魁老师响应党的号召，跟随朱子清教授离开上海，支援西北建设，开创了兰州大学化学系有机化学专业。他还将父母、爱人及两个幼女都带到了条件艰苦的大西北。他协助朱子清教授成功完成贝母植物碱的分子结构研究及人工合成。该成果1956年获得中国科学院科研成果奖。随后转入碘杂环化合物的研究，在国内外率先合成三十多种该类化合物，发现其多种用途。

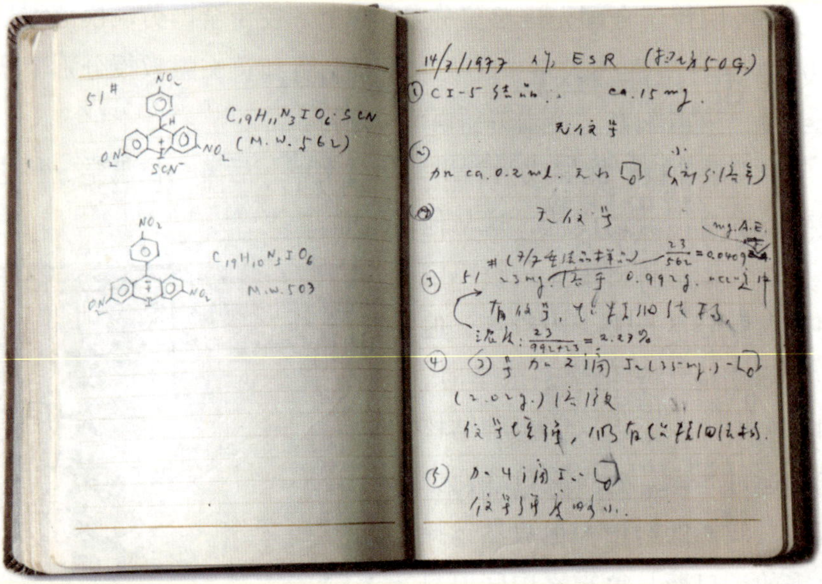

黄文魁老师“文革”期间的笔记本

“文革”中，黄文魁老师也遭受冲击，多次被作为“白专典型”遭受批斗，关过“牛棚”，身心受到极大摧残。但他为人民从事科研工作的决心却矢志不移，即便是在运动期间无休止的各种学习、会议中，他仍然悄悄地在自己的笔记本上推算、描摹碘杂环有机化合物的六边形分子结构图及其变化。后来被人揭发，诬蔑他是在画乌龟壳，抵制、丑化“文革”运动，引来更为粗暴的批判。

然而对科研的热情与执着，使他不顾心灵的创伤和身受的迫害，即使在大病之后，仍然坚持从事科学研究。

从1978年底开始，黄文魁教授带领团队开始进行固氮酶的探索性试验工作，经过半年的艰苦奋斗，得到一些在当时尚未阐明结构的铁钼原子簇化合物的结晶产品。[①]这是世界上较早的人工合成具有生物固氮活性的结晶化合物。这对于研制、开发高效有机肥料，提高农作物产量，改良土壤结构等，都具有重要意义。

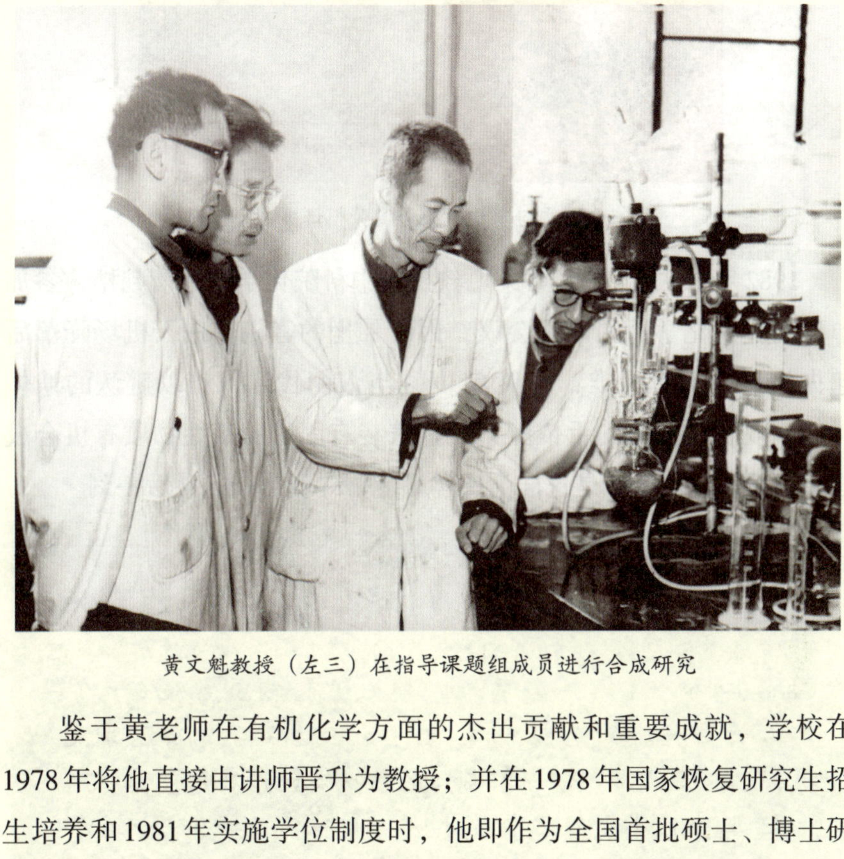

黄文魁教授（左三）在指导课题组成员进行合成研究

鉴于黄老师在有机化学方面的杰出贡献和重要成就，学校在1978年将他直接由讲师晋升为教授；并在1978年国家恢复研究生招生培养和1981年实施学位制度时，他即作为全国首批硕士、博士研究生导师，开始招收培养有机化学专业的研究生。同年，他作为教育部公派的赴美学者，先后在斯坦福大学、康奈尔大学从事访问研究，在人工合成昆虫激素等方面取得成功，赢得外国学者及国际同行的尊敬。

① 李裕林等：《献身化学事业的黄文魁教授》，载《化学通报》1983年第8期，第47页。

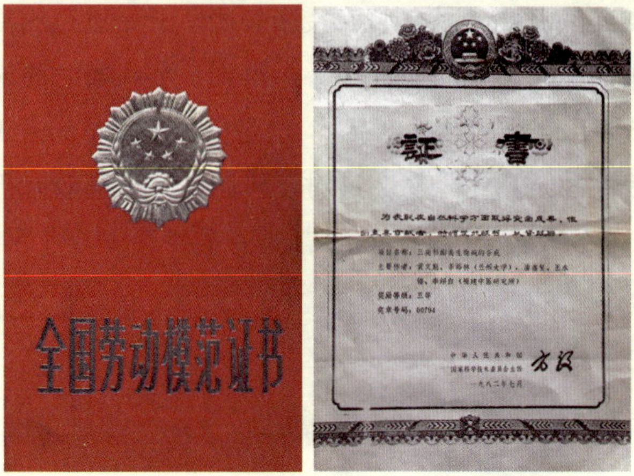

黄文魁教授所获全国劳模证书

1982年12月24日，黄文魁教授应中科院化学部邀请赴穗，参加中科院广州化学所的评议会议，因所乘坐的客机在白云机场降落后起火失事，不幸遇难，享年54岁。当人们找到他难以辨认的遗体时，一双烧成焦黑的手依然紧紧抱着装有固氮酶活性物质有机合成样品的手提包。他就是这样为化学事业奋斗到生命的最后一刻。

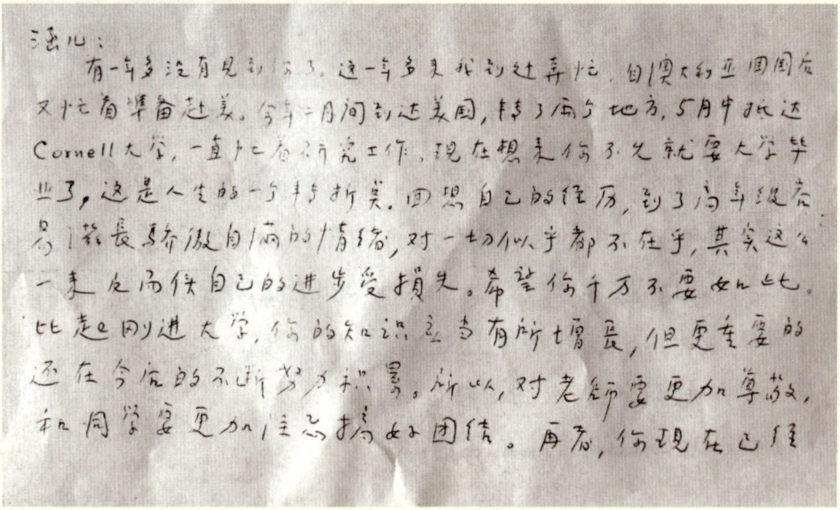
涵儿：
有一年多没有见到你了，这一年多来我到处奔忙，自澳大利亚回国后又忙着准备赴美。今年一月间到达美国，转了两个地方，5月中抵达Cornell大学，一直忙着研究工作。现在想来你马上就要大学毕业了，这是人生的一个转折点。回想自己的经历，到了高年级容易滋长骄傲自满的情绪，对一切似乎都不在乎，其实这么一来反而使自己的进步受损失。希望你千万不要如此。比起刚进大学，你的知识当然有所增长，但更重要的还在今后的不断努力积累。所以，对老师要更加尊敬，和同学要更加注意搞好团结。再者，你现在已经

黄文魁教授在美国访问研究期间所写家信

噩耗传来，学校在第一时间派人赶赴广州料理后事，刘冰同志亲自主持1983年1月28日在兰州隆重举行的追悼会，聂大江同志致

悼词。中共甘肃省委、省政府、省人大、教育部、九三学社、中科院有关部门、民航总局，复旦大学、中山大学等国内许多高校和化学科研机构，中科院院长卢嘉锡、民政部部长崔乃夫、兰州军区政委肖华等领导和师友学生等，都纷纷发唁电，送花圈，对这位杰出化学家的不幸罹难深表痛惜和哀悼。中科院卢嘉锡院长还亲自撰文，高度评价他在固氮酶项目研究中的特殊贡献，认为他“不愧为一位学术工作中的良师益友”，“他经验丰富，但却谦虚谨慎；思路敏捷，一丝不苟；对青年同志既认真指导，又相互尊重，既严格要求，又身体力行；在关键性的实验操作方面，不管它是多么平凡，都事必躬亲，亲自动手，保证了实验任务的胜利完成。文魁同志的许多优良品质给我留下了深刻印象”[①]。

兰州大学党委做出决定，在全校开展学习黄文魁教授的系列活动，号召全校师生员工学习他为科研事业献身的崇高精神。甘肃省人民政府追认他为特等劳动模范。《中国教育报》刊发评论员文章，称他如同罗健夫、蒋筑英等优秀科技工作者那样，“是当代中国知识分子的精华”[②]。1986年，甘肃省科协在兰州科学宫为他立了纪念像。1993年，学校在皋兰山林场修建黄文魁教授纪念碑；2002年，还将榆中校区北侧东西方向的一条道路命名为“文魁大道”；兰大化学化工学院还设立了“文魁化学论坛”。人们以多种方式永远纪念和缅怀这位为化学事业和兰州大学有机化学专业做出卓越贡献的化学家，继承、发扬他为科学献身的崇高精神。

这些举措充分发挥了学校优秀科研群体、先进个人的示范、带头作用，有效地调动了广大师生从事科研工作的积极性和自信心，带动了学校科研工作的全面、深入开展。

后来的学校领导很好地延续了奖励科研先进个人、优秀成果的

① 卢嘉锡：《深切悼念化学界同行黄文魁同志》，转引自曾宪明、马志良：《勤奋求实进取的兰大人——兰州大学新闻集锦》，兰州大学出版社，1999年，第23、24页。

② 转见兰州大学党委宣传部：《当代中国知识分子的精华——黄文魁》（1983年12月）代前言。

传统，并取得持续、显著效果。1984年，兰大化学系开始奖励SCI（即国际《科学论文索引》入选期刊）论文，次年这项政策被推广到全校，使兰大成为奖励发表SCI论文的全国第一所高校。经过多年的精心培育和引导，学校理科教师日益重视在国际著名学术期刊上发表具有创新性的高质量研究论文，并蔚然成风，使兰大在全国逐渐跃升为发表SCI论文较多的高校，显著提升了学校的科研成果水平及国际影响力。1994年，兰州大学教师在SCI发表论文的数量居全国高校第六，论文被引用数量居全国高校第四。

1983年兰大师生参观黄文魁教授先进事迹展

三、学术交流空前活跃

为促进科研工作的深入开展，学校积极采取“请进来”和“走出去”策略，邀请众多国内外学者到学校讲学，进行合作研究；同时利用一切机会、千方百计争取和创造条件，使兰大教师到国内外讲学、参加学术会议，进行访问研究，或攻读学位等。这些努力在当时取得显著效果，学校各专业学术交流的范围日益广泛，学术活动愈加频繁，有效开阔了兰大师生的学术视野，提高了全校科研工作及国际化的水平，缩小了与国内外同行的差距，扩大了学校在国内外的影响；也为加快人才成长，培育优势、特色学科、专业起到了重要的促进作用。

杨振宁博士在我校讲课（1981年）

当时，全校上下都把加强学术交流作为一项重要任务，给予高度重视。学校文理科各系先后邀请了周祖谟、钟敬文、费孝通、吴小如、傅振伦、田昌五、卢央、蒋锡夔、万哲先、齐民友、鲍家善、张志公、万俊鑫、苟清泉、钱伟长、卢嘉锡、吴汝康等许多国内著名专家学者前来讲学。

自1979年起，学校每年都会聘请或邀请国外专家学者来校任教或来访交流。前来学校任教讲学和访问的学者大致有三种类型：长期国外专家、短期国外专家、来访学者获团体。当时，前来兰大讲学的美籍华人教授有杨振宁、任之恭、吴家伟、潘毓刚、夏道成、任先民、朱孝颖、张春树暨夫人骆雪伦等，以及美国普林斯顿大学西梅尔·艾林根教授、加州大学勒斯姆生教授等，瑞典斯德哥尔摩大学欧伦伯格教授，日本学者吉田政幸、藤枝晃教授等很多人。

刘冰同志十分重视与国外高校的学术交流，他曾多次亲笔致信美国普林斯顿大学艾林根教授、麻省理工学院土木工程系梅强中教授、麻省波士顿学院化学系教授潘毓刚等著名专家，诚恳邀请他们到兰州大学讲学。有的专家虽然因为各种原因未能前来，但是彼此之间建立了深厚友谊。

以外语系为例，连续几年请来了美国夏威夷大学英语系主任Blatchford教授、加利福尼亚大学英语系主任Swamby教授等一批外国专家学者，均来校任教一至两年。国内知名的语言专家程雨民（复旦大学）、桂诗春（广东外国语学院）、杨惠中（北京外国语学院）、董亚芬（上海交通大学）等也应邀相继前来做学术报告。1983年暑假，中国英语教学总会与兰大外语系协商举办全国“英语写作课师资培训班”和“英语文体学讲习班”，会长王佐良教授亲率丁往道、吴冰、王近等著名学者来兰讲学，吸引来自全国各高校学员百余人从四面八方前来就教。后来，他们都成了各高校英语教学的骨干力量。[①]

美国专家和外语系学生交谈（1981年）

① 根据外国语学院党委景宏科书记提供的《兰州大学外国语学院简史》（初稿）。特致谢忱。

当时，兰州大学邀请很多国内外著名专家教授前来讲学，带来了大量学科前沿信息和新的理论、方法，深受师生欢迎。校园里各种学术讲座的海报层出不穷，相关专业，甚至不同专业的学生，都是趋之若鹜，早早就要到讲座教室占座位。文科楼、物理楼、化学楼等可容纳上百人的阶梯教室，常常是座无虚席，甚至连过道和门外都站满了听众。这些讲座还辐射到校外，许多外校师生及社会各界人士得到消息后也慕名前来，如饥似渴地从讲座中汲取新知和启发。与国内外广泛的学术交流，极大地活跃了学校的学术氛围，使全校师生深受其益，也成为学校提高科研工作水平、质量的重要突破口。这在全国高校中也是相对突出的，有效克服了学校因地处西北造成的相对闭塞，以及对科研工作的不利影响，其积极作用显而易见，贡献深远。这方面的成功经验值得认真总结。

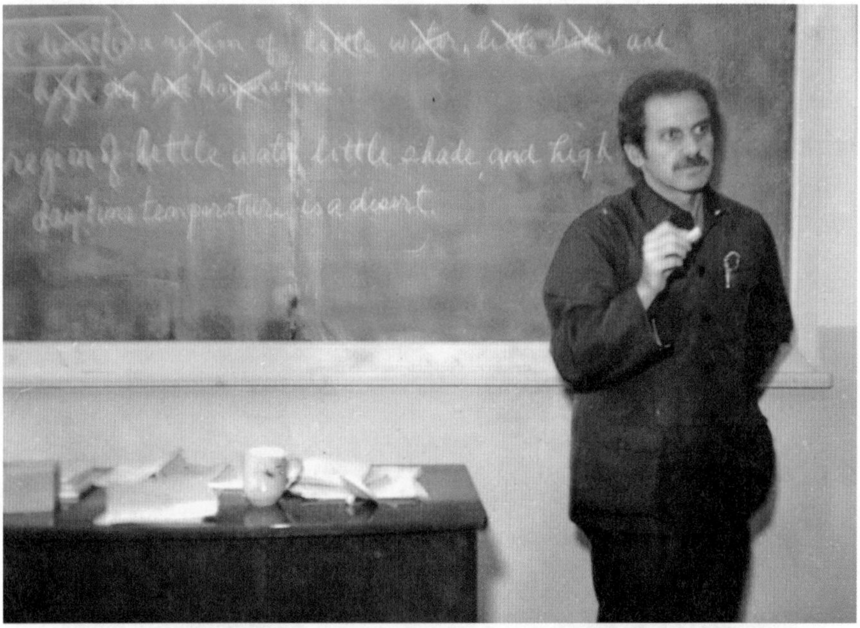

美国专家布莱奇夫特来兰大讲课（1981年）

1980年，美国普林斯顿大学连续统物理学教授艾林根（A. C. Eringen）应刘冰校长邀请来到兰州大学讲学。他是一位具有国际声望的科学家。他在理性连续统力学、连续统物理学、极性场论、局部和非局部理论以及液晶理论等方面都做出过重要贡献。他的著作有《连续介质的非线性理论》《连续统力学》等，先后发表一百多篇论文，曾担任“国际工程力学学会”的主席。在这次讲学中，他将自己在20世纪70年代的最新研究成果展现给兰大师生。他结合美国力学发展的过程和现状，阐述了关于连续统物理（我国称为理性连续统力学）产生和发展的背景，希望更多的人参与到这项研究工作中来。在座谈中，他不止一次地谈到关于这方面的人才培养问题，极力主张在大学内开设相关专业课程。同时，他还介绍了“国际工程力学学会”的组成与活动。①

美籍华人潘毓刚教授，是美国麻省波士顿学院化学系教授、全美华人协会总会常务执行委员兼执行总干事、兰州大学名誉教授。潘教授是非常爱国的，他在改革开放初期即多次回国讲学，关心、协助中国科技、高教事业的发展，曾受到邓小平同志的亲切会见。在美国波士顿大学城，他的家就成了中国留学生之家，留学生有困难就总是会去找他，也必定会得到他的全力帮助。国内的内参上都曾刊登报道过这些事情。

刘冰校长会见美国加州大学斯卡拉皮杜教授

① 俞焕然、程昌钧：《艾林根教授在华讲学》，载《力学与实践》1981年第1期，第74页。

刘冰同志与潘毓刚教授（左一）在校园留影

刘冰同志与潘毓刚教授建立了良好关系。潘教授曾连续多年来兰大讲学，后来他还将自己上中学的女儿带到兰大，让她学习中国文化，接受兰大学风和优良传统的熏陶。那时候，潘教授经常应邀到全国各地讲学，女儿就被独自安排在学校住宿、学习。刘冰同志还让人经常去看望潘教授的女儿，照顾好她在学校的生活。

刘冰同志后来到省上兼任领导职务，他联系的扶贫点是临洮县。那时，这里还很落后。有一次，刘校长邀请潘毓刚教授一同前往，让他去看看甘肃农村，了解民情。潘教授是美籍华人，在那时要离开兰州去别处是有限制的。他就让化学系专门向省公安厅备案，得到公安厅批准。

潘毓刚教授到临洮不便安排在招待所这样的公众场所，临洮县委将他安排在县委后院的二层小楼上，那里是县委的客房。由于当时条件简陋，楼房内没有卫生间，每次都得到楼下的旱厕方便。地方领导为此事表示抱歉，但潘教授忙解释自己小时候在美国生活也是旱厕，能够习惯。

1981年刘冰同志会见加拿大华侨尹国声教授

临洮是一个特别崇尚教育的地方，曾出现过吴镇、李道真、牛载坤、张维、黄文中、师维敬、杨汉公、高文蔚、王尚仁等文化名人、教育家。1949以前，临洮已有临洮师范、临洮女子师范学校、临洮农业职业学校、当地工业职业学校等4所专门学校，开展专业教育，为甘肃省培养了大批教育、农业、职业技术人才。深受良好教育风气的影响，这里的百姓再穷再苦也要供孩子上学读书。临洮民众重视教育的传统让潘教授深受感动。有一次，他进入一户农家，看到屋里挂着大幅中堂，让他感受到了当地浓厚的传统文化气息。

潘教授来到兰大，除了开设研究生课程外，也举办一些讲座。改革开放初期，兰大经常有外宾来校参观、讲学，也有很多师生到国外进修、留学。刘冰同志特意请潘教授为学校师生和有关部门干部开设一些外交外事礼仪知识方面的讲座。他的讲座深受大家喜爱，前来听讲的师生越来越多，反响热烈。

1980年3—8月，英国基尔大学地理系冰川冻土学专家德比希尔来兰州大学讲学。在兰州大学期间，德比希尔博士向地质地理系高年级学生和其他院校、研究所的有关人员讲授“地貌学与沉积学”。

1980年12月5—7日兰州大学与美国密苏里大学签署学术活动合作协议书，建立两校校际联系。

1981年8月，美国密歇根大学教授莱斯利·柯萨和维恩大学教授陈必照访问兰州大学人口研究室。经济系主任李国杰副教授、人口研究室主任刘天怡教授和副主任苏润余副教授接待了美国客人。双方就人口研究方面共同感兴趣的问题进行讨论并交换意见。[①]

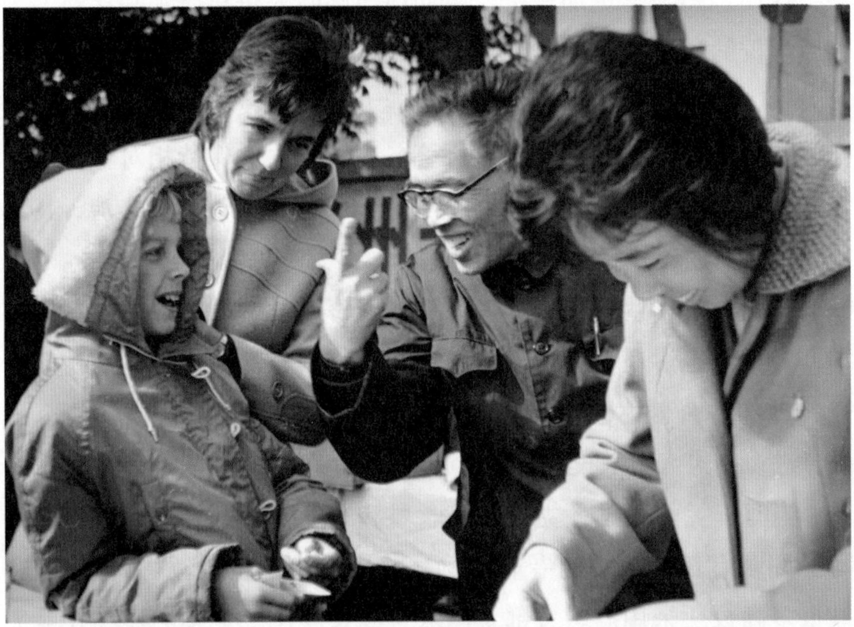

20世纪80年代初，刘冰校长（右二）同英国地理学家德比希尔的家人亲切交谈

1982年7月，应兰州大学生物系邀请，美国德克萨斯大学生物工程高级研究员吴新一博士来兰州大学讲学。[②]8月，应兰州大学邀请，日本名古屋大学等离子体研究所所长、东京工业大学名誉教授

① 《美国学者来兰州大学进行学术交流》，载《西北人口》1981年第3期，封底。

② 《美国德克萨斯大学生物工程高级研究科学研究家吴新一博士来兰讲学》，载《中国沙漠》1982年第3期，第23页。

垣花武秀在兰大现代物理系做学术报告。[1]

1983年5月，美国田纳西州大学研究生院院长明可（C. W. Minkel）先生和物理系代理系主任雷丁格（L. L. Riedinger）教授应兰大邀请来校进行学术交流，并签署了《校际协作备忘录》。根据备忘录，田纳西州大学愿意接收我校攻读博士学位的人员，并互派访问学者。[2]

刘冰同志极力推动学校的对外开放工作。他认为大学必须是开放的，特别是在国际科技发展迅速的时代，兰州大学作为一所全国综合性重点大学，必须具有全球视野和开放理念。这种理念、思路，促使兰州大学更加积极、主动地与国际先进科研水平接轨，为以后学校的科研发展奠定了基础。到1985年，兰大已与美国的密苏里大学、田纳西州大学和加拿大皇后大学等高校正式建立了校际合作关系，还与国外其他二十多所著名高校建立并保持相对稳定的学术往来。[3]为了接待日渐增多的校外专家学者前来讲学、交流，1984年学校特地建成并启用外籍专家楼。

与此同时，兰大文科、理科各系的著名学者教授也应邀在校内举办各种学术讲座，办助教培训班；到国内外高校讲学，做访问研究，参加各种学术会议等，让更多国内外同行了解自己的研究成果，进一步扩大了学校的广泛影响和知名度。

当时，兰州大学还立足自身学科和专业优势，组织有关教师编写了许多有较高水平的专业教材，并作为全国统编教材得以推广，被很多高校所采用。教育部、国家科委及全国专业学会还委托兰大多次召开学术研讨会、成果鉴定会、标准制订会及专业人才讲习班等。这些工作也有助于扩大学校的学术影响，提升学校的学术地位。

---

① 《简讯》，载《核化学与放射化学》1982年第4期，第227页。

② 《美国田纳西州大学与我校建立校际协作》，载《兰州大学学报》1983年第2期，第26页。

③ 屈维英：《兰大为何“状元”多》，载《瞭望周刊》1986年第8期，第42页。

20世纪80年代初，刘冰校长和外宾合影

四、改善学校科研条件

大学既要有大师，也需要有相应的教学和科研条件、设备。过去，兰州大学在这方面欠账很多，很多科研项目、工作由于缺乏相应条件而无法顺利进行。刘冰同志到兰大后，非常重视学校科研条件的改善，积极争取教育部、甘肃省政府为兰州大学的科研工作提供帮助和支持。

1980年8月4日，兰州大学重新交由教育部主管。刘校长曾呼吁、邀请教育部的领导同志多来西北地区走一走，看一看。如果部领导忙，可以派司长、局长甚至处长、科长，来西北实地考察当地的办学环境和实际困难，提供实际帮助。1981年4月15日，教育部部长蒋南翔同志应刘校长邀请视察兰州大学。他与刘冰同志“文革”前曾长期在清华大学共事，两人保持着密切的交往和深厚友谊。蒋南翔同志十分关心、支持兰州大学的发展，通过实地考察发现兰大科研条件相对较差，科研设备和办学经费缺口很大，师生工作、生活环境艰苦。此后，教育部不断加大对兰州大学科研工作及各方面的支持力度。学校除了教育部按照计划逐年增加的经费拨款外，1981年，还获得教育部“世界银行贷款”项目，该项目的260万美元贷款主要用于学校分析测试中心、计算中心建设和设备、仪器的购置。为了管好、用好该贷款项目资金，学校还专门成立了“外资贷款办公室”，挂靠在生产设备处管理。①

当时的中共甘肃省委主要领导对兰州大学也很重视。刘冰同志能够来到兰州大学工作，一方面是中央对他的信任和对兰州大学的关怀，另一方面也是当时甘肃省委第一书记宋平同志争取的结果。宋平同志十分关心兰大的现状，诚恳希望刘冰同志能够来兰大工作，肩负起发展兰大的重任。虽然，甘肃在改革开放初期地方经济和财政状况十分困难，加上管理归属体系的制约，很难直接给兰州

① 张克非：《兰州大学校史（下编）》，第598页。

大学拨款。但也在科研项目申报和奖励，以及其他很多方面，仍尽可能地关心、帮助兰大，向学校提供适当的倾斜和照顾。

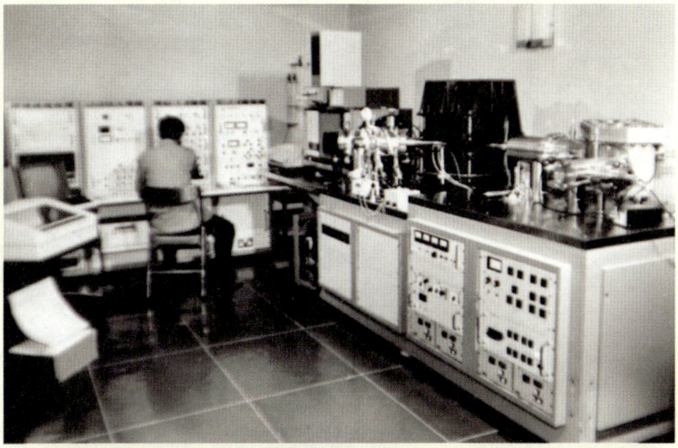

化学实验室（20世纪80年代）

物理系磁学研究设备

有了教育部和甘肃省委的大力支持，兰州大学的科研条件逐步得到改善，尤其是一些具有标志性的先进科研设备、仪器开始投入使用。

1979年，学校向教育部申请为郑国锠教授购置1台大型电子显微镜，但当时要从国外进口最先进的电子显微镜要花很多外汇，未能很快落实。刘冰同志利用教育部副部长浦通修视察兰大的机会，让陆润林、聂大江等汇报学校的教学、科研工作和经费不足的困难。他对两人说："你们尽管大胆汇报，我插话（补充）。"他还亲自陪同浦通修副部长前往现代物理系等实验室，实地考察科研及设备情况，借此表明兰大科研条件、设备和经费方面的不足，希望得到教育部的支持。

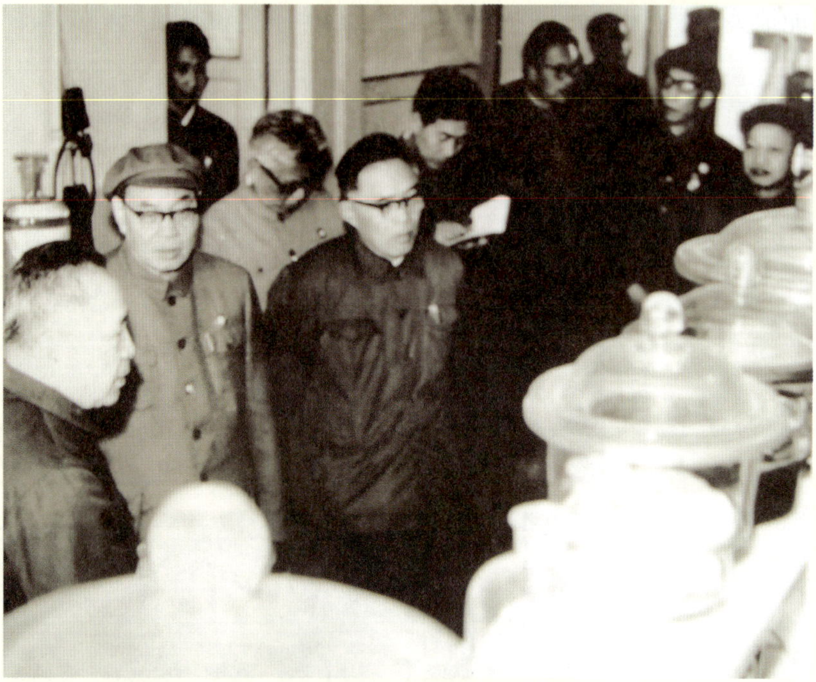

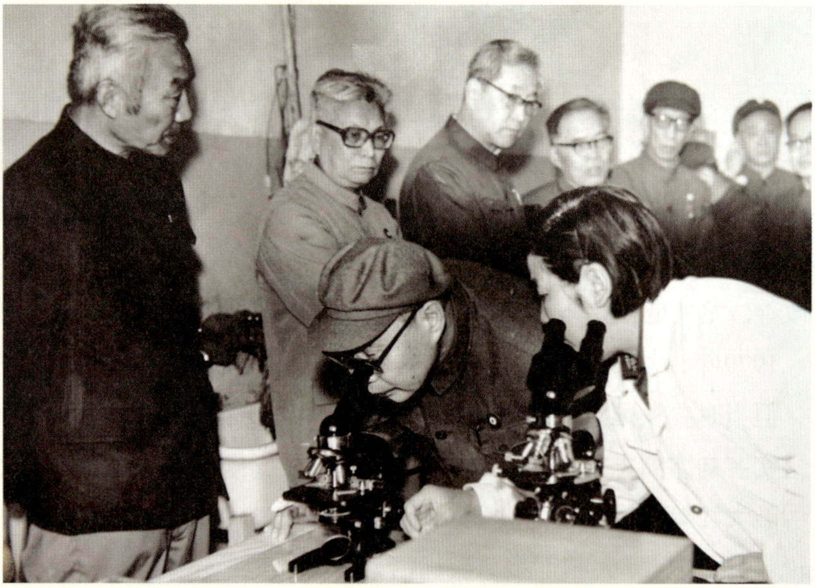

1981年4月教育部部长蒋南翔视察兰大

1980年，教育部终于批准动用80万美元外汇，为郑国锠教授购置1台从美国进口的300万倍电子显微镜。当时，如此先进的高倍数电子显微镜在国内高校仅有两台，另一台在南京大学。有了这样处于国际领先水平的先进设备，郑国锠教授的细胞生物学研究如虎添翼，接连取得重要突破，发表了不少有重要影响的学术论文，产生了一批重要研究成果。

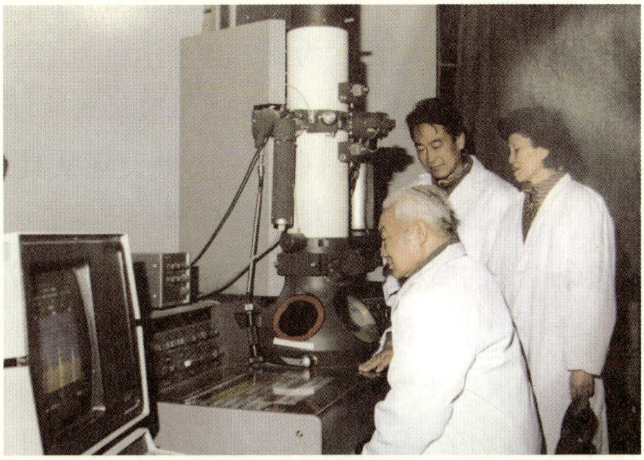

郑国锠教授在300万倍电子显微镜前工作

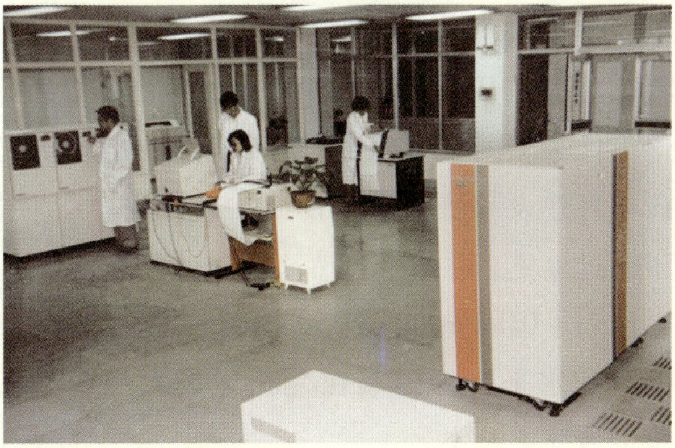

20世纪80年代兰州大学计算中心及最初的电子计算机投入使用

20世纪80年代初，新兴的电子计算机在发达国家高校开始得到广泛应用。刘冰同志非常敏锐地注意到并紧紧把握住这一趋势，多方努力，争取教育部等的专项支持。1981年3月，学校即购置了首台电子计算机；此后又相继购置多台国内生产和从国外进口的计算机。1982年3月，兰大成立计算中心、分析测试中心，这在全国高校中也是较早建立的。计算中心不仅使理科很多专业的科研项目能够利用先进的计算机来提高工作效率和研究水平，而且为学校培养了首批能够掌握、运用电子计算机的专业人才，促进了学校计算机和信息专业的发展。

随着对原有教学、实验楼的改造和新建的相应设施，学校的科研和实验用房明显增多，师生的科研空间、条件逐渐得到改善。

1978年后，学校的科研经费逐年增长，但仍不能满足迅速发展的科研事业及其需要。为此，各个学科为了广泛开展科学研究，尽可能利用自身优势，从不同渠道争取科研项目和经费。全校从1979年起，除国家下达的科研事业费外，还从其他渠道取得科技三项费、专项科研补助费、科学基金等共达一千多万元。这些经费保证了科研工作的顺利进行，取得了一定成果，培养了人才。

兰州大学在核物理领域起步较早，有相对深厚的积累，集中了以徐躬耦教授为首的一批专家学者。曾研制300千伏中子发生器取得成功。1979年，二机部五局和教育部科技局在兰州大学对该中子发生器进行鉴定，认为其各项指标达到国内先进水平。1980年，学校获悉承担国家10^{12}n/s中子发生器研制任务的某单位因故将该工程下马后，立即向国家科委争取，并获准由现物系承担了这一任务。国家先后拨付科研经费一百多万元。经过8年的努力，该项目建设和研究取得预期结果，成功产生中子束流，并于1988年通过鉴定，主要指标都达到或超过原设计，使这一重大科研成果步入了国际先进行列。[①]同时，也显著提高了现物系师生的科研能力和水平，为国家在兰州建设大型中子发生器工程积累了经验，培育了人才。

中国科学院自1982年设立科学基金，兰州大学截至1983年底已有20个科研课题得到资助，金额共达一百四十多万元。这些课题在较短时间内即取得有应用价值的阶段性成果；在国际学术会议上报告研究论文3篇、国际学术刊物上发表论文5篇，在国内学术刊物上

① 陆润林：《兰州大学校史（1909—1989）》，兰州大学出版社，1990，第525页。

发表论文33篇，受到国内外同行的高度重视。

兰大核物理专业串列加速器

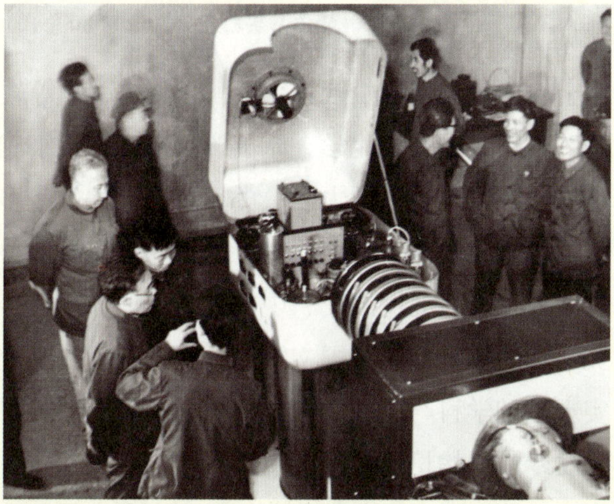

20世纪80年代兰大现代物理系的大型实验仪器——中子发生器建成

五、精心培育优势学科

为更好地适应国家改革开放、经济建设、社会发展的需要，把握世界科技革命的发展趋势和各学科的发展特点，进一步增强学校的科研实力、社会影响力，以及学校科研工作的发展潜力，刘冰同志和党政班子还特别关注学校优势、特色和新兴学科、专业的培育，早在1979年就批准成立数学、理论物理、磁学、稀土化学、冰川

数学系实验室（20世纪80年代）

冻土、环境科学、中俄关系史、苏联史、高等教育等研究室。1980年进一步确定了有机化学、原子核物理、植物细胞学、植物生理学、理论物理、磁学、数学力学、史学和人口学等十多个学科，以及理科的计算机、无线电、稀土化学、冰川冻土、环境科学、材料科学，文科的敦煌学、西北民族史、中俄关系史、苏联史、西北人口、民族民间文学、居延汉简、俄国文学等研究方向，作为全校的科研重点，力图实现基础学科与应用学科、传统学科与新兴学科的共同发展；并为此设立专门机构培养和引进急需人才，投入经费等，予以大力支持。后来，这些学科、专业大部分都得到顺利发展，达到预期目标；有的也曾经表现出良好的发展势头，在国内外产生了较大的学术影响。

以历史学科为例，立足于以前长期积累的苏俄史、中俄关系史研究基础和学术地位，1978年8月，学校主办全国“中俄关系史讨论会”。次年12月兰州大学主办西北五省中俄关系史讨论会，进行学术讨论与交流，并成立了西北地区中俄关系史研究会，公推辛安亭为研究会理事长。1983年7月，兰大历史系在全国率先创办《苏联历史》杂志，曾经产生了较大影响。1984年8月20—27日，由中国社会科学院苏联东欧研究所、兰州大学历史系联合主办的“斯大林时期政治、经济学术讨论会”在学校举行，与会的有伍修权等资深外交家和国内众多从事苏俄史研究的著名学者，被称作学术界的一次盛会。学界公认兰大历史系当年是全国研究苏联史的重镇，基础深，力量强，成果多；培养出的金雁等很多研究生，后来在全国苏俄史研究领域都颇有贡献和影响。

历史系杨建新老师在毕业留校后即一直从事西北少数民族史的研究。改革开放初期，他吸引其他教师参与，很快形成了西北民族史研究团队，杨老师也较早被学校由讲师晋升为副教授，并在1个多月后又破格晋升为教授。西北民族史也被学校列为重点建设的文科专业。1980年9月，他们创办了学术期刊《西北史地》①，成为当时全国研究西北历史、地理和民族的重要刊物，许多大家、名家都相继在该杂志发表文章，很多年轻研究者更是借助该平台脱颖而出。经过多年的精心建设，凭借丰硕的研究成果，民族学专业和杨建新教授在1990年，被国务院学位委员会批准为第四批博士点和博士生导师。这是兰大文科获得的首个博士点及标志性专业。后来，该专业又成为教育部重点研究基地和博士后流动站。

1979年，日本研究敦煌学的著名学者藤枝晃应邀来兰大讲学，无意中转述了国外学界的一句话“敦煌在中国，敦煌学在外国”，却深深刺痛了兰大历史系师生的心。联想到20世纪初敦煌莫高窟藏经洞的发现以及数万件珍贵历史文献流失国外的惨痛历史，以及著名学者陈寅恪1930年为陈垣编的《敦煌劫余录》所写序中的慨叹“敦煌者，吾国学术之伤心史也”，师生们萌发了要在敦煌的故乡，发展中国人自己的敦煌学的强烈愿望与决心，并且很快行动起来，由中国古代史专业齐陈骏老师领头组成研究所。学校及社会各界也对此给予高度关注和大力支持，将其列为学校科研的重点。1980年2月，

① 《西北史地》为季刊，至1999年第4期，共出75期；之后由于多种原因而被迫终刊。其刊号被《高等理科教育》杂志所继承。

《敦煌学辑刊》[1]创刊。随后，毕业研究生陆庆夫，七七级本科毕业生郑炳林、郭锋，八二级研究生王冀青等，都相继留校投入敦煌文献的研究。敦煌学专业通过邀请国内外著名专家学者前来讲学，委派青年教师到国内外访学、进修，与敦煌研究院、大英博物馆、日本东洋文库等国内外相关研究机构联合培养、合作研究等多种渠道，加快专业人才成长。1983年8月15—25日，由兰州大学主办的“中国敦煌、吐鲁番学术讨论会”在兰州召开，中宣部部长邓力群、省委书记杨植霖和著名学者常书鸿、季羡林、韦明、饶宗颐等亲自出席，成为全国敦煌学界具有标志性意义的重要会议，也为兰州大学的敦煌学研究走向国内外搭建了坚实的平台。在敦煌研究院诸位专家学者的大力支持下，兰大的敦煌学研究很快就有了显著发展，1999年成为教育部首批人文社会科学重点研究基地，取得博士授予权，设立博士后流动站，培育出大批敦煌学专业人才和研究成果，成为学校在国内外最有影响力的文科专业之一。

敦煌研究室齐陈骏教授（左三）和年轻教师们

① 该刊由兰州大学主办、教育部人文社会科学重点研究基地兰州大学敦煌学研究所承办，1980年试刊，每年出版一期；1983年经教育部、文化部批准，正式公开发行，为半年刊；2005年经甘肃省新闻出版局批准，改为季刊。它是国内创办最早的敦煌学专业学术刊物，也是迄今国内仅有的两家关于敦煌学研究的专业期刊之一，在国际上有着较高的学术声誉和地位。

史学作为学校重点发展的文科专业，还陆续设置了其他一些相关研究机构。1982年12月，成立古籍整理研究室。1983年6月，历史研究所成立。

“文革”结束后，中国快速增长的人口及其相关问题引起国内外广泛关注，成为制定政策、发展经济、稳定社会等方方面面都必须应对的重大问题和现实需要。这同样引起刘冰同志和兰州大学的高度重视，由此开创了兰大人口学研究。1979年10月，在联合国人口基金会资助下，教育部在一些高校建立全国人口学研究与训练机构，兰州大学是9个分中心之一。1980年4月，兰州大学人口理论研究室正式成立，后来又发展为人口学研究所，由早年留学归国的著名经济学家刘天怡教授担任所长。6月，专业学术期刊《西北人口》①创刊。10月，兰州大学主办了全国人口理论学术讨论会。作为学校确定的科研重点，新兴的人口学研究所承担并完成了多项国家和地方相关研究课题，产生了许多有影响的研究论著，在当时全国人口学界产生了较大影响。

与此同时，学校还积极创办一些社会需要，能够体现世界科技发展潮流的新学科、新专业。

1981年9月，成立了无线电物理计算机科学系，并首次招收学生。这在西北地区高校中是比较早的。为了促进计算机在社会的普及推广，1984年7月，兰州大学计算机系还举办了“兰州市中学生电子计算机夏令营”，成为甘肃省最早的计算机普及活动。这年11月，全国计算机应用成果展览在西安正式展出，兰州大学参加展出的13项成果中，有2项获得二等奖，在一定程度上体现了该专业建设取得的进展。

1981年9月，教育部委托兰州大学举办的图书馆学专修科开学，为西北地区培养了许多急需的图书馆学方面的专业人才。经过几年

---

① 该刊最早为季刊，后改为双月刊，是全国创办最早、影响较大的人口学期刊，一直坚持解放思想、百家争鸣、理论联系实际的方针，侧重于发表新观点，发掘新课题，发布新信息，提供新知识，提倡有创见性地探讨我国人口与社会经济可持续发展的热点问题，设有《人口理论》《计划生育》《西北人口》《民族人口》《人口与经济》《人口与社会》《人口与生态》等重点栏目。

的发展和筹措，在1984年12月，学校批准成立了图书馆学系；后来作为图情专业合并到管理学院。

为引导、鼓励多学科的交叉融合，经过学校的努力，在1983年6月，与甘肃省科协联合主办的《科学·经济·社会》杂志创刊，次年8月正式发行。该刊是融科学技术与哲学社会科学为一体的综合性学术刊物，设有欠发达地区开发研究、传统文化与现代化、经济论坛、社会纵横、科学与哲学、经济与法、新闻与传播等栏目，为校内外有关学者及其成果发表提供了重要学术平台。

1984年兰大法律系成立大会

在1984年下半年，虽然刘冰同志已离开兰州大学，但学校在新兴学科、专业建设及科研方面的工作并没有停顿，继续取得一系列新的成果。1984年7月，兰州大学西北开发综合研究所成立；由学校主办的《秘书之友》杂志也创刊发行，杨尚昆同志为其亲笔题词。9月，学校决定成立新闻系；同时开办的科技管理和档案管理两个干部专修科开始招生；经国家计委批准，甘肃省环保局委托兰州大学增设环保专修科。10月，学校决定成立材料科学系、法律系。12月，兰州大学磁性材料研究所挂牌成立。

六、科研硕果及服务西部

“文革”结束后，兰州大学的科研工作快速发展，取得一系列重要成果。

1978年，兰州大学向全国和甘肃省科学大会提交90个科研项目，有23个项目在全国科学大会上获奖，31个项目在全省科学大会上获奖，[①]在全国高等院校中名列前茅。

1979年，兰州大学有4项科研成果获国防科委1978—1979年科技成果奖，有1项获中国人民解放军科技成果奖，有2项获中国科学院科技成果奖。

1980年9月，省教育局主持召开由杨正副教授等研制的磁头材料鉴定会，认为该材料已达到国外同类产品先进水平。

1980年兰州大学与外单位合作项目“祁连山冰川的变化及其利用”获中国科学院科技成果三等奖。兰州大学有5项科研成果获甘肃省科技成果奖。

1981年7月，甘肃省教育厅对全省高校1978—1980年所取得的44项科研成果予以奖励，评出一等奖17项、二等奖19项、三等奖8项。其中，兰州大学获得的一、二、三等奖分别为10项、13项和3项。

1981年，学校理科各系发表各种学术论文，出版专著、译著229篇（部）；文科各系发表各种学术论文以及出版专著、译著137篇（部）。兰州大学3项科研成果获该年度甘肃省科技成果奖。

1982年3月20日至5月4日，教育部在北京举办部属理工科院校科技成果展览会，共展出五百多项科技成果，其中兰州大学有9项成果入选参展。10月31日，国家自然科学奖励委员会第1号文件公布，兰州大学获得自然科学三等奖3项，与兄弟单位协作获四等奖1项。11月，现代物理系方胜强等人研制的F403型计时分步接液器，获国家四等发明奖。12月，无线电系张英林副教授领导试验成功的

① 《兰州大学科研工作生机勃勃》，载《甘肃日报》1979年9月23日第1版。

“玻璃熔炉多变量闭环燃烧控制系统”通过鉴定，专家认为，这在我国尚属首创，具有国内先进水平。

1982年，学校理科各系在国外专业性杂志发表论文23篇，在全国专业性杂志发表论文262篇，在国际和全国性学术会议宣读论文142篇，出版专著9部、译著3部。文科各系在国内公开出版的刊物上共发表论文190篇，出版专著13部、译著6部。

1983年，兰州大学上报教育部重大科研成果17项，其中14项由教育部筛选上报国家科委，其数量在综合性大学中排名第五位；其中有8项达到国内先进水平，6项填补国内空白（或为国内首创），有13项成果在国民经济建设中得到不同程度的推广应用。

该年，兰州大学还有10项科研成果获1982—1983年甘肃省科技成果奖。全校理科各系在国外学术刊物发表论文35篇、全国性学术刊物发表论文452篇，在国际和全国性学术会议宣读论文156篇，出版专著、译著12部；文科教师与科研人员在国内公开出版的刊物上发表论文299篇、译文23篇，出版专著15部、译著1部。

1984年2月，兰州大学地质地理系李吉均副教授荣获“竺可桢野外科学工作奖”。同月，在北京举行的中国自然辩证法研究会第一届第三次理事扩大会上，兰州大学自然辩证法教研室获先进集体奖，还获得先进个人奖和优秀论文奖。

该年7月，化学系苏致兴副教授从事的冷加工化学研究项目取得国内瞩目的成果，被评为甘肃省“科学技术进步先进个人”。

1984年，全校有15项科研成果通过技术鉴定或经有关专家评议，作为重大科研成果上报教育部；其中达到国际同类水平的1项、国内首创5项、国内先进水平8项，已得到推广应用的8项，有的已取得明显社会、经济效益。

1984全年，理科各系在国外学术刊物发表论文50篇，在全国性学术刊物（包括学术论文集选用论文）发表论文600篇，出版专著、译著11部。文科各系在国内外公开出版的刊物上出版各类著作、译作和发表各种论文、译文共计360项。

1978—1984年，兰州大学文理科教师在国内外各种学术刊物发表的学术论文共计三千多篇（其中社会科学占一千四百多篇），编著出版各类专著、译著、教材、文集、通俗读物等近百部（其中社会科学占半数以上）。共有一百多项科研成果获得各种奖励，其中国家奖4项（包括3项自然科学奖、1项发明奖），国家有关部门奖7项，甘肃省各类科技成果奖84项。[①]

在1980年，郑国锠、刘有成教授入选中国科学院学部委员(院士)。

当时，学校文科的一些教师积极投身于全国思想解放的大潮，在各自的研究领域大胆创新，冲破僵化的思想和理论束缚，提出了振聋发聩的观点和成果，引起了国内学术界的巨大反响。历史系教师杜经国在1978年12月19日的《光明日报》上，发表长文《试论左宗棠的爱国主义思想》，率先为中国近代历史上收复新疆的洋务派官员左宗棠翻案正名。他又在1983年出版《左宗棠与新疆》一书。次年6月，该书获得中国历史学会、中国出版工作者协会共同颁发的“爱国主义优秀通俗历史读物奖”；国家副主席王震也对该书给予很高的评价，并专门邀请作者到北京进行长谈。

马列主义教研室刘家声老师于1979年3月在甘肃省委理论讨论会上发表论文《对“计划第一、价格第二”提法的商榷》，运用马克思主义经济学的价格理论和大量事实、数据，率先对以往长期坚持的“计划第一、价格第二”的说法提出质疑。该文后提交全国性的“社会主义经济中价值规律讨论会”并在中国社会科学院《未定稿》当年第31期上全文刊载，受到中央有关部门和理论界的重视，被誉为“是在我国经济学界最早从理论与实践的结合上，系统地进行分析与评论并否定‘计划第一、价格第二’提法的优秀论文”。

兰州大学从其筹建开始，就是国家和西部高等教育发展布局中一所关键性、战略性的高校，肩负保障西北地区安全、稳定、开发和文化发展的历史重任。在中华人民共和国成立以后，它的历史使命和办学定位又进一步凸显和加强。建设、服务西部，促进西部发

① 张克非：《兰州大学校史（上编）》，第258页。

展，必然成为兰州大学的责任之一。因此，自1978年以来，学校科研工作一个值得注意的特点，就是密切关注国家和西部发展战略及其实际需要。

1980年4月成立的兰州大学人口理论研究室，其主要任务就是结合我国西北地区和少数民族人口的历史和现状，研究我国人口问题。人口室成立的第一年，就组织开展了“甘肃中西部地区人口、环境和土地利用的调查研究”“宁夏回族自治区盐池县人口发展问题调查与研究”“西北少数民族人口的调查”“兰州市人口发展分析”等一系列调研工作，对当地的人口工作，有很大促进作用。

兰州大学细胞研究室在郑国锠教授带领下，在细胞生物学基础理论和细胞工程应用科学等方面，开展了卓有成效的科学研究。特别是在细胞间染色质穿壁转移运动、植物组织培养和原生质体培养、植物花药培养和未授粉子房培养等研究领域，做出重要贡献，在全国居于先进水平。他将百合花丝及鳞片切块组织培养技术应用于大量繁殖百合试管苗，解决母籽不足和生产周期过长问题，有利于发展甘肃百合种植业。[①]郑教授还从西部干旱地区生态环境的实际出发，率先提出发展马铃薯种植及其相关产业，为当地农民脱贫致富开辟新途径。

1980年6月，学校恢复“文革”中停办的原兰州大学业余大学，为社会各界希望求学深造的群众提供了“圆梦”的条件和可能。9月20日，学校首次面向社会举办“科学知识讲座”。

1983年5月12日，省教育厅委托兰州大学开设工业企业管理和秘书学两个干部专修科。

1983年7—8月，胡耀邦同志到甘肃和青海考察，针对西北地区生态环境恶化的情况，指出“种草种树，发展牧业，是西北地区改

① 黄培林：《对发展甘肃省生物技术的管见》，载《科学·经济·社会》1984年第4期，第272页。

变面貌、治穷致富的根本大计，是一个重大的战略问题”[①]。为了贯彻落实中央领导同志的指示，把种草种树活动建立在科学基础上，以取得更好的生态效益和经济效益，“兰州大学学术茶会”曾多次进行学术讨论，对种草种树问题展开可行性科学论证。

在此基础上，学校在1983年11月科学报告讨论会期间，又分别安排了两次“种草种树”专场讨论会，进一步对种草种树问题展开了多学科的探讨和交流。与会的有张咸恭、冯绳武、陈庆诚、张鹏云、鲜肖威、魏晋贤、李吉均、张林源、魏世恩等教授，还有地质地理系、生物系、化学系、经济系、人口研究室、学报编辑室的二十多位同志及近百名大学生和研究生。会上有十多位同志做了专题发言。他们从历史地理、经济地理、自然地理、农业经济、植物生态、系统论原理、人口与经济的关系等诸多方面，进行了广泛深入的科学论证。对土地贫瘠、生态环境恶劣、人民生活特别困难的甘肃黄土高原地区种草种树问题谈得尤其深入，具体。[②]

1984年7月，学校组建了“西北综合开发研究所”，下设生态学、冰川冻土、国土整治、环境科学、矿产资源开发、西北经济、西北开发战略、民族经济、系统科学等研究室，充分发挥综合性大学多学科的优势。该研究所承担的“西北综合开发问题”重大研究项目，先后整合校内外五百多位专家的力量，历时3年多时间。其成果于1988年5月在西安通过了国家科委组织的专家鉴定，并出版了有关西北资源的多种研究报告。

1984年，在《兰州大学科学研究（理科）“七五”规划纲要》中明确提出：兰州大学“地处祖国大西北的腹地兰州。西北地区土地辽阔，资源丰富，是一个急待开拓的地区。我校的科学研究要扎根西北，脚踏实地为开发西北做出贡献……我校的科技规划要根据这

① 《胡耀邦和青海甘肃各族干部群众研究如何改变西北面貌》，载《人民日报》1983年9月20日第1版。

② 唐少卿：《种草种树，改造西北——兰州大学科学讨论会种草种树专场述评》，载《西北人口》1984年第10期，第30页。

一战略目标的要求，紧紧围绕甘肃省的经济建设和开发西北的迫切需要确定方向、选择题目、培养人才、选拔智力。”这为兰州大学的科研发展提供了重要的立足点和出发点，也使学校“做西部文章”的办学传统和理念更为凝练。作为西部的全国重点高校，兰州大学的发展、服务目标，高度自觉地顺应国家战略布局，服务西部地方社会和各族民众，并以此形成学校最为鲜明的特色及优势。

总之，1978—1984年间，在刘冰同志的领导下，兰州大学的科研工作经历了一个恢复、建设与迅速发展的过程，取得了巨大成绩，为学校后来科学研究事业的进一步发展奠定了坚实基础。

第九章　改善基础设施和校园环境

高校的基础设施、校园环境以各种有形的符号，存续、彰显学校的文化和精神。学校的文化和精神则赋予校园环境以更为丰富、深刻的内涵和灵动的生命。它们共同构成了蓬勃向上、独具特色的大学文化和育人环境，能够陶冶情操，启迪心智，对学生的行为、习惯、审美情趣，乃至他们的世界观、人生观、价值观，产生潜移默化的深远影响，促进学生的全面发展和健康成长，给一代代莘莘学子留下最难忘的美好记忆。徐志摩的一首《再别康桥》，倾诉着多少学子对母校的魂牵梦绕。所以，中外好的大学及其校长，都必定高度重视校园环境的美化和校园文化的传承，并为之做出独特贡献，增添新的内容。在兰州大学百年校史上，刘冰同志就曾为营造美好校园环境、改善基础设施而殚精竭虑，并取得显著成效。

一、学校环境变迁

20世纪40年代后期，国民政府筹建国立兰州大学。首任校长的辛树帜先生在萃英门原晚清所建甘肃贡院的基础上，主持扩建新校舍，以满足广大师生员工的学习、工作与生活需要。同时，他还非常注重校园文化建设，亲自为各主要建筑物命名，丰富建筑景观的文化内涵。

1947年，辛树帜校长将新落成的三座教学楼分别命名为天山堂、祁连堂、贺兰堂；并亲撰《三山堂记》以示纪念。其铭文曰："立上庠，邦之央，作三堂，育元良，萃彦英，自四方，建边疆，固金汤，瞻天山，瞻贺兰。抚祁连，追前贤，横且坚，亿万年。"[①]学校还兴建上下二层、可藏书30万册的新图书馆，并将之命名为"积石堂"。一则因甘肃省内有积石山，相传大禹治水时"导河始于积石"，象征着中华文明的起源；二则"积石为山"，寓意莘莘学子在此刻苦读书、汲取知识、钻研积累，成长为国家栋梁；二者又皆与大学图书馆保留、传承知识，培育人才的功能、地位丝丝相扣。1948年秋，学校还动工兴建多功能的大礼堂，其建筑结构及俯视图宛若飞机状，预示国立兰州大学的崛起和腾飞。该建筑当时还是兰大，甚至全甘肃省最大的建筑，以西北地区最高大雄伟的山脉——昆仑山之名，称其为"昆仑堂"。

与此同时，学校为改善学生的住宿、生活条件，还在校园内动工兴建了五座新的学生宿舍楼，分别以五岳之名，称其为"泰山堂""衡山堂""华山堂""恒山堂"和"嵩山堂"，既表明兰大的学生来自祖国各地；也体现兰大作为国立大学，立足西北、面向全国、放眼世界的胸怀和气度。

这些建筑不仅使兰州大学的校园面貌大为改观，同时"移嘉名、颜我堂"，巧妙地将兰州大学的办学理念和追求寓于这些建筑命名中，让身处其中的广大师生潜移默化地受到学校文化的熏陶。

中华人民共和国成立后，兰州大学面临着新的发展机遇。在高教部和甘肃省人民政府的关怀下，1954年，兰州市建设委员会在盘旋路的东南角拨地602.391亩，作为兰州大学新的校址。此后十年

① 张克非：《兰州大学校史（上编）》，第154页。

间，学校在原来的一片乱葬岗上平整土地，修建教学楼、图书馆、学生宿舍、教工宿舍及有关服务设施，同时着手新校园的绿化工作。

1955年8月，建成一字楼。1956年，建成拐角楼、文科楼、现物系1号教学楼、现物系3号教学平房、学生区锅炉房、教工食堂及现物系配电所等建筑。同年8月15日，新校舍第一期工程竣工并投入使用，学校办事机构迁往新址，文科各系迁到新校址上课。以后又陆续建成物理楼、化学楼、图书馆、生物楼、大礼堂等设施及学生、教工宿舍。

旧文科楼是1956年落成的1幢4层砖木结构建筑，青砖灰瓦，其貌不扬，加上两侧辅楼，整体上呈现“工”字形。但它却承载着几代兰大人共同的记忆。2008年的汶川地震使旧文科楼也受到影响，成为危楼而被迫拆除。它和大礼堂、学生宿舍的消失，也令无数兰大校友惋惜不已。

50年代，学校领导重视新校园绿化工作，常常带头参加绿化劳动，广大师生员工在校园内连年植树，成效显著。据当年具体负责校园绿化工作的刘希诚老人回忆，到1959年，校园内大约已种植了近万棵树木。江隆基校长到学校后，进一步加强校园绿化、美化工作及建设布局的整体规划，他邀请市园林局技术人员和校内一些懂园林的老教师，如生物系的吕忠恕、地理系的冯绳武、中文系的李端揆、外语教研室的李端严等，在校园内仔细地做实地勘查，制订了校园绿化总体布局及规划，如校园内主要道路的宽度，在不同地段、位置栽种树木的种类及排列，各绿化带与主要建筑物之间的相互搭配，尤其是怎样营造更为适合的教学环境等。此后，学校绿化工作就主要按照该总体规划，每年植树种草，逐渐形成了校园绿化的基本格局、框架。[①]后来，分管后勤

① 苗高生：《教育是最美好的事业》，载王秋林、段小平：《我的兰大：人物访谈录1》，第127页。

总务的甄华[1]副校长最早提议并开始安排在校园里开挖人工湖。

“文革”爆发后，这一切都被当作“封、资、修”的东西而横遭批判。校园里成为大批判的战场，尚未完工的人工湖成了垃圾坑，很多花草树木被砍伐、拔除，还强令师生在校园里改种庄稼、蔬菜；为满足大办学校工厂的需要，随意搭建起许多简陋平房。其间因学生毕业离校、中止招生，正常的教学、科研工作一度停顿，整个校园陷入一片萧索、混乱。

“文革”过后，校园面貌已伤痕累累，满目荒凉，很难在短时间里彻底改观。简陋的教学和科研条件、拥挤不堪的居住和生活环境、破旧的房舍、灰蒙蒙的建筑、光秃秃裸露的地面、随风而起的垃圾尘土，使这里丧失了昔日的风采，无法发挥环境育人的功能。

新时期兰大要崛起，校园环境、条件必须发生根本改变。这是当时师生们共同的愿望和企求。

二、整顿美化校园环境

1978年冬，“文革”结束才不久，百废待兴。兰州大学作为甘肃的重灾区，受到的冲击、破坏极其严重。整个校园没有绿色，显得既脏又乱。寒风吹过，废纸、垃圾和尘土漫天飞舞。宿舍楼四周扔

① 甄华（1908—1994），男，汉族，山西省平定县（今阳泉市）人。1926年加入中国共产主义青年团，同年成为中国共产党党员。1928年8月考入北平中国大学，1930年又考入北平大学艺术学院。1931年“九一八事变”后，参加了第一批南下抗日请愿团活动。1933年北平大学毕业后，由平定县津贴留学日本明治大学；1937年回国，参加抗日工作，曾任太原二战区战地总动员委员会干事、主任；八路军军政干部四分校政治部主任，冀中军区政治部科长、副部长、代理部长。1940年起，曾任晋察冀军区政治部科长、副部长、部长，冀中区党委政工部长、区党委副部长，晋察冀野战军政治部联络部副部长、部长，华北二兵团政治部联络部部长，十九兵团政治部联络部部长，西北独立第二师政委，宁夏军区副政委。1949年后，曾任西北军区后勤部卫生部政委、后勤部政治部主任，1956年被授予大校军衔。后转业至中科院兰州分院任副院长。60年代初调任兰州大学副校长，“文革”中遭受迫害。1980年2月至1981年4月，任山西大学校长、党委副书记。他在狠抓教学质量的同时，特别关注校园环境的绿化、美化，致力于建设花园式学校。1982年离休，1994年1月10日去世，享年86岁。

满垃圾，碎酒瓶、烟头、废纸随处可见。学生从宿舍楼随手向窗外泼水，楼下形成冻结的冰面，行走困难。

面对兰大校园这样一个“烂摊子”，初来乍到的刘冰同志不由得暗自叹息，决定学校的教学、科研工作按计划照常进行外，先集中主要精力来治理学校环境。他立即组织全校师生员工，大刀阔斧、雷厉风行地整顿和改造校园环境，很快就使校园旧貌换新颜，发生了明显变化。

第一，加强门卫制度，整顿、加强校卫队。学校保卫部将那些曾有打架斗殴经历的人员调离门卫，为师生佩发校徽，实行凭证出入。对于进入校园的车辆，严格实行下车登记制度。各系、部行政负责人轮流值班，由保卫部门统一安排。

第二，加强宣传教育工作。在全校范围内召开动员大会，开展清洁卫生和校园秩序大检查、大整顿，狠抓食堂、门卫、宿舍卫生。建立奖惩机制，对好的现象进行表扬，坏的现象进行批评，针对个别反面典型不仅要批评教育，还要予以纪律处分。并利用校刊、广播等进行经常性宣传工作。①

第三，加强校园内垃圾、污染物管理和道路整治工作。修建生化实验污水处理池，确保校园内环境安全。②组织广大师生清理校内垃圾，平整校内场地；为校园内主干道铺设水泥路面。各单位实行卫生责任制，各自负责相关区域的清洁卫生。1979年初春③，甘肃省

① 1979年5月28日学校党委常委会会议记录，兰州大学档案馆藏，全宗号4–分类号文书9–案卷号109。

② 1979年6月6日学校党委常委会会议记录，兰州大学档案馆藏，全宗号4–分类号文书9–案卷号109。

③ 该时间是根据刘冰同志2014年接受学校档案馆采访时的回忆推定的。2018年4月网上盛传兰大1971级气象专业校友宋明琨先生的微信“地理人·兰大情·老照片”，其中将宋平、肖华同志亲自带人到兰大校园打扫卫生的照片及其日期写为1980年元旦。对此，我们十分重视，专门查阅当时的相关媒体，到学校档案馆查找当时的档案，并询问一些校友，皆未得到确证。但据一般在春季举行清洁卫生活动的常理及照片中已经发芽的柳树度之，该日期似不应为元旦或其前后。特注此存疑，还恳请了解当时情况的领导、教师、校友及各界朋友提供帮助和指教，我们将不胜感谢。

委第一书记宋平同志和兰州军区政委肖华上将亲自带领机关干部、部队官兵到兰大校园打扫卫生，清理多年积留的垃圾。这不仅是对全校师生的极大鼓舞，也在社会上产生了积极影响。

刘冰同志与肖华政委参加义务劳动

刘冰同志还下决心整顿校园风纪。受“文革”影响，当时一些在校学生，尤其是部分即将离校的学员自由散漫，无组织无纪律；宿舍“脏、乱、差”，聚众喝酒、划拳、赌博、打架时有发生。还有人浪费粮食，与炊事员发生冲突，打群架。这些行为都给学校风气、声誉造成了恶劣影响。刘冰同志听取学校相关部门的汇报后，决定整顿学生纪律，规范校园行为，维护校风校纪。

他要求各系办公室主任上班后，先到学生宿舍、教室、实验室检查卫生，对于各种不良现象随时随地进行批评教育。尽快制定相关规章制度，整顿课堂、宿舍纪律。发现打架斗殴、酗酒滋事、聚众赌博现象，一律严肃处理，绝不姑息宽容。同时加强宣传教育和思想政治工作，宣传好的典型事例，发现坏事立即通报批评。对浪费粮食现象，集中收集一星期内被丢弃的馒头等，在食堂内进行展示。在全校干部教师大会上，刘冰同志还非常严肃地批评了少数学生浪费粮食的现象。他生气地说：“辛勤劳作的农民们如果知道大学里还有人这样糟蹋粮食，会拿扁担来教训他们的。”这给在场的很多人留下了深刻印象，许多年后，他们还清楚地记得刘校长这番充满感情的话。[①]

经过一个学期的整顿，校园风气、纪律有了明显改变，广大学生讲文明、守纪律、爱学习的良好风气逐渐形成，有效地维护了学校安定团结的局面。

刘冰同志对兰大校园的绿化工作十分重视。他认为，一所大学的环境对培养人才具有潜移默化的重要作用。优雅、舒适的育人环境能够陶冶情操，净化心灵，激发灵感，启迪智慧。所以，他到任后最早亲自主抓的几项重要工作，其中之一便是校园绿化。[②]

1979年初，学校就成立了总务处绿化队。刘冰同志将长期从事校园绿化工作的刘希诚（1920—2010）从生物系植物园调出来，并亲自找他谈，让他担任学校绿化队队长，专门负责校园绿化，并全力支持他的工作。

1980年9月刘冰（前排右二）率领由教育部五所直属高校校长和专家组成的“高等学校研究和规划代表图”一行赴西德考察，与西德教育界人士合影

① 苏致兴教授至今仍清晰地记得此情此景，并提醒一定要将此写下来。我们特深致谢忱。

② 本节中有关校园绿化、美化的内容，参考刘易：《我所经历的兰大校园绿化和美化》，载王秋林、段小平：《我的兰大·人物访谈录1》，第256～262页。特致谢忱。

刘希诚是临洮人，1946年从省立甘肃农业专科学校毕业后，不久即到了新成立的国立兰州大学总务处，在吴鸿业主任领导下，投入了学校大规模的基本建设工作，专门负责采购砖瓦木料等各种建筑材料。当时，全国内战正烈，炮火连天，货币贬值，物价飞涨，在这种情况下，从事大批量采购工作，难度极大。他们精打细算，反复与供货商讨价还价，尽可能用有限的经费，保证学校的建设工作，得到了辛校长和学校的高度肯定，也被顾颉刚先生载入所写的《积石堂记》《昆仑堂碑记》中。1949年后，他主要负责学校绿化工

刘希诚老人

作，对盘旋路校区的绿化、美化倾注了全部心血，很多名贵花木都是他亲手栽培的。据一些老教师回忆，"文革"前后的校园里，人们经常会看到他那挽起裤腿、满是泥土在地头忙碌的身影。他对绿化工作非常热爱也非常内行，很多绿化方面的事情都不辞辛劳亲自动手去做。[1]80年代退休后，他仍每天坚持到学校花房培育各种名贵苗

① 苗高生：《教育是最美好的事业》，载王秋林、段小平：《我的兰大：人物访谈录1》，第127页。

木、花卉、盆景，直到生命的尽头。可以说，他把学校当作自己的家，把一生都贡献给了校园的基础建设和绿化工作，用自己的辛勤劳动在平凡的岗位上创造出美好事物，体现了崇高精神。

为加强学校绿化工作专业力量，刘冰同志又根据刘希诚队长的推荐，从西北师范大学调来一位年富力强的专业技术人员——出身于雁滩园艺世家的刘易同志。由于刘校长亲自过问，刘易调动工作前后仅用1个月时间，即办妥所有手续，前来学校报到。这也从一个侧面表明刘校长对学校绿化工作的重视。

刘冰同志亲自带领总务处、绿化队负责人仔细检查、规划校园环境，安排布置绿化工作。他对校园环境建设有长远考虑，要求每年重点规划一片区域，拆除破旧房屋和地面建筑，在腾退的地面上植树种草。针对校内存在很多裸露地面，刘校长要求校园内要做到“黄土不见天”，即多种草，用绿色植被将所有裸露地面覆盖起来。有些人开始不理解，甚至在背后说风凉话：“兰大就是草包，光知道种草。”最初，没有适合校园绿化的草种，学校绿化队就驱车数百公里到甘南草原移植天然草皮。但这些草皮返青晚、绿的时间短，且不能适应兰州市区的气候，效果不够理想。学校绿化队不得不想别的办法，他们先后采集、引种了很多来自不同地方、不同类型的草种，最后经过刘希诚队长的长期比较，发现从河南引种的狗牙根草适应性、生命力都很强，成活率高且容易繁衍，绿化效果好，便在校园里大量引种并取得成功。经过几年不懈努力，校园绿化初见成效。

刘冰同志还有更长远的考虑，力图通过绿化工作把校园打造成枝繁叶茂、争芳斗艳的植物园，向师生和各界群众普及植物学知识。在他的亲自帮助下，兰大绿化队到豫南的鸡公山植物园引进多种苗木、花卉。经过努力，校园中植物种类日渐丰富，并开始增添了龙爪槐、紫藤、丁香、牡丹、玫瑰、芍药等多种观赏苗木、名贵花卉，在兰州市最早引种来自南方的翠竹也取得成功。

如今，人们步入兰大校门，首先映入眼帘的便是3棵高大挺拔、繁茂伟岸的雪松。它已成为兰州大学的标志性景观之一，人们都称之为“三棵松”。但是，很少有人知道，这3棵雪松竟然是当年刘冰同志亲自争取来的。

1981年7月1日，是中国共产党成立60周年。兰州市园林局此前从外地引进了一批雪松树苗进行驯育，计划在市内主要地方栽种。刘冰同志提出在校门处种植雪松，为建党60周年献礼。学校绿化队派人找到兰州市园林局，提出购买5棵雪松苗，但园林局根本不同意转售树苗。总务处向刘冰同志汇报后，他亲自与主管园林局的任震英副市长联系，对方最后答应给兰大3棵雪松。

如何栽种这3棵雪松？刘易绘制了两幅示意图：一种是栽成弧线，另一种则是直线。刘冰同志显然倾向于前者，因其寓意更为丰富。3棵雪松连同两侧的刺柏形成一个小弧形，如同张开的手臂，欢迎各地学子和国内外的专家、学者来到兰大，也象征着兰州大学拥抱全国、世界的广阔胸怀。所以，师生们也亲切地叫它“迎客松”。

刘冰同志就是如此深入细致地关注学校绿化工作，在每年3月12日植树节前夕，他都要亲自召集总务处、绿化队负责人开会，专门讨论、安排全年的学校绿化工作。即便是在离开学校到省委工作后，他仍然关心着皋兰山上兰大林场的建设，曾亲自到林场视察并鼓励学校继续做好林场绿化工作。

20世纪80年代初，兰大的绿化工作成效显著，校园郁郁葱葱，鲜花盛开，环境景观发生了根本性的变化。从1983年起，学校连续多年被评为全省绿化先进单位；1987年还荣获“全国绿化先进单位”称号，成为兰州市绿化的一个样板、一张名片，获得“兰大公园”的美誉。

毓秀湖，是兰州大学校园内的人工湖，最早被命名为“芥湖”，又改称“惠湖”。后来在其旁边修建了“钟灵园”，最后称其为“毓秀湖”，寓意兰州大学风光秀美，人才辈出。如今的毓秀湖，与其身边诗画般的钟灵园交相映衬，成为广大师生闲暇休憩的最佳场所，也是校园内的标志性景观，不仅吸引着校内师生员工，也吸引着校外游客前来徜徉、拍照。

校园里能有今天的毓秀湖，离不开江隆基、刘冰、胡之德等兰州大学前后几任校领导的关心与支持，其中刘冰同志起了重要作用。

最早开挖人工湖，是“文革”前主要负责学校后勤、总务工作的甄华副校长提议并主持的。当时，他有一个想法，搞一条类似于环城河那样的水系，让潺潺清流环绕校园。但该方案因所需经费、材料、水源过多，在20世纪60年代初因缺乏条件而未获通过，才转而决定修建一个人工湖。

限于当时的时代背景和学校条件，起初的人工湖只有很小规模。由后勤老职工刘希诚具体负责修湖工作，开挖了一个银杏叶状的小湖。由于缺乏水泥，当时处理湖底只能采用原始的土办法，像农村里修涝池那样，用红胶泥一层层夯实湖底以减少渗漏，但湖周的渗漏仍较严重，无法长期蓄水。

“文革”期间，学校整个机构陷入半瘫痪状态，校园绿化等各项工作也被迫中止。人工湖湖水干涸，杂草丛生，周围堆满垃圾，一片荒芜、破败的景象。夏日蚊蝇乱飞，臭气难闻，行人路过不免掩鼻疾行。

刘冰同志到学校后，很快决定清理、修复人工湖。一来为师生提供一个宜人的休憩场所，二来春夏秋季节湖中蓄水可以增加校园的湿度。整个工作由后勤部门牵头，广大师生员工积极参与，很快湖底及周边就被清理出来。

拓建人工湖方案也是刘冰同志最后拍板决定的。他亲临现场，指定湖的拓挖方位、大小和形状。刘易根据他的意见绘制出草图，将原来的小湖与新修的大湖连接起来；中间再修一个拱桥，既便于师生通行，也增添了园林意趣。湖形还蕴含着一种设计理念，南面的新湖形似中国版图，将原有的湖连通后又像甘肃省地图，拱桥代表省城兰州，寓意兰大从兰州起步，走出甘肃，走向全国，走向世界。

人工湖的修建，也离不开广大师生。由于当时学校缺少经费，它完全是兰大师生通过义务劳动，自己动手开挖出来的。当年学校为学生开设生产劳动课，学生通过参加劳动，既锻炼了身体，增强了体魄，也树立了劳动观念、意识，培养了吃苦耐劳的精神。各个班级学生都要轮流上劳动课，需要完成定量土方的开挖和搬运，清理出来的土方将原有的假山又堆高不少。刘冰同志和校领导也在星期天带头参加义务劳动，为修建人工湖做贡献。

后来，经过师生们的努力，整个湖的规模已基本形成。但因缺乏资金和水泥，整个工程到1984年夏季仍未最后完工。刘冰同志调到省上工作后，仍关心着学校人工湖的后续工程。他让秘书请来刘易，询问工程进展情况，刘易做了如实汇报。刘冰同志后来亲自催促、过问此事，胡之德校长和学校党政领导经过商议，从学校非常紧张的经费中专门拨付一部分款项，用于人工湖的水泥衬砌等后续工程，使其终于竣工蓄水。

经过拓建的人工湖焕然一新，假山亭台，高低蜿蜒；周边林木，俯仰生姿。如今的毓秀湖，早已成为校园一景，垂柳青青，碧水如镜，丽影纤纤，蛙声成片。三十多年来，毓秀湖已融入一届届兰大学子的求学经历和记忆之中，几乎每个人都会在毓秀湖畔留下倩影。无数照片上喜悦的笑容，充满了兰大人对美好未来的自信与憧憬。

三、修建新文科楼和师生宿舍

改革开放初期，兰州大学的基础设施建设欠账过多，已严重制约教学、科研及各项工作，影响师生员工正常的工作、学习和生活。对此，刘冰同志看在眼里，急在心头。他认为，“高等学校要安定团结，师生员工的积极性要充分发挥，教学科研工作要快些上去，在很大程度上取决于学校的生活设施、基本建设和教学设备的条件。人的因素固然重要，但物质是基础。人要吃饭、住房，学校要有课堂、书桌、实验室和仪器设备，等等，缺了哪一项都不行。十年‘文革’大破坏，该建的房屋没有建，该维修的没有维修，该增添的仪器设备没有增添。后勤队伍、管理制度都给搞乱了。”“这样的现象再也不能继续下去了。为了使高等学校按质按量地完成培养人才和提供研究成果的任务，我们在学校工作的同志，应当努力工作，切实抓好师生员工的后勤保证工作。”“这是党的需要，人民的需要，社会主义现代化的需要。”[①]

刘冰同志正是从这样的战略和全局高度出发，充分认识基础设施、后勤保证的极端重要性，不遗余力地采取各种措施，积极争取教育部对兰大的帮助和基建立项、拨款，争取甘肃省党政领导的帮助和有关部门的大力配合，想方设法去逐一解决好这些问题。

1977年高考恢复后，随着学生数量逐年增加，原有的教学楼及教室已不敷使用，无法保证教学工作的正常开展。1979年初，为保证这年秋季即将入学的七九级同学有教室可用，刘冰同志提议校部机关办公场所从原来占用的旧文科楼部分教室中搬到校区东北角原校办工厂废弃的几排旧平房里。一开始有人想不通，他一面耐心地给大家做思想工作，一面带头将自己的办公室率先搬进旧平房。刘冰同志和学校其他领导每天穿过大操场，步行到这里上班。在他们的带动下，不几天校部机关全都搬了过去。这样就腾出了可供八百多名学生上课用的四十多间教室，解决了当年新生入校后上课无教室的燃眉之急。

刘冰同志还注意解决办公室搬迁中的各种实际问题。学校提前安排工人对旧平房的墙壁、窗户加以维修，安装了暖气管道。所以这些办公室外表虽然破旧，里面倒还暖和、亮堂。原来不大乐意搬的同志也高兴地说：“艰苦奋斗的作风在建设‘四化’时同样用得着。”虽然这几排简陋的旧平房，恐怕是当时全国高校中条件最差的办公区，但却得到了师生们由衷的赞许，大家满怀敬意地将当时校部机关所在的平房大院称为学校的“中南海”。

由于甘肃省地方党政工作的需要，刘冰同志到学校仅半年，即相继兼任副省长、省委副书记，成了名副其实的“省级领导”，也因此承担着更为繁重的工作和巨大压力。但他始终高度重视学校工

① 《按照教育规律办大学》，载《刘冰文集》，第124页。

作，常常在白天忙完省上的工作后，再接着到学校办公室继续工作到深夜。他还千方百计抽出时间，尽可能主持学校党政会议，并以普通党员的身份，参加所在的化学系分析化学教工支部的组织生活，带头做批评与自我批评，虚心接受教师和党员的监督。

1979年8月27日晚上，刘冰同志与他的秘书赵洪涛正在校部平房办公室里商量修改一份文件。突然听见“哐”一声，窗户的玻璃碎片应声落地，接着又是“哐、哐”两声，三块砖头飞落在校长办公室地面。两人顿时一愣，赵秘书顺手抄起衣架，大喊一声：“谁?”他的第一反应是有坏人要谋害刘校长，赶紧示意让他躲避到屋内较为安全的位置。刘冰同志一脸严肃，镇定地坐在桌前一动不动。过了一会，外面没有了动静，赵秘书推开门向外看了看，没有发现任何人的踪迹。他返回办公室急忙给校办、保卫部负责人打电话。他们很快赶到并仔细勘察了现场，认为砖头应该是从院墙外抛进屋里的。

次日一早，刘冰同志召集党委常委扩大会议，各系、部门负责人列席会议。他简单地向大家介绍了昨晚发生的事情，要求大家提高警惕。在没有弄清真相之前，大家对工作都不能够松懈，更不要因为发生这样的事而不敢工作。越是这样，越要办好兰州大学。同时，他要求保卫部门尽快破案，查清事情真相。会上大家义愤填膺，要求发动群众提供线索，尽快捉拿嫌犯，破获这起恶性事件。

此事不仅在兰大引起了不小的轰动，还惊动了省委有关部门。后来，保卫部门经多方调查，详细取证，最终发现这件事情的“真凶”原来是2个大学生和5个待业青年，且都是教工子弟。

8月26日正好是周末，这几个子弟相约到操场踢球。不知道谁放了一大脚，将足球踢进了一墙之隔的生物系植物园。几个人翻墙进了植物园找足球。这时节，植物园内的苹果树都已挂果，他们恰巧被看护园子的民工逮个正着，以为是进园偷苹果的，不由分说一顿痛打。他们咽不下这口冤枉气，决定报复这些民工。27日晚上，他们约集了几个人拿着砖头，爬上墙头看见有间小平房还亮着灯，就不管三七二十一，将砖头砸进窗内就赶快跑掉了。孰料，这间办公室里面正好是还在忙碌的刘冰同志。

查明真相后，学校召开会议要求严肃处理这起事件。刘冰同志认为，这虽然是一件扰乱治安的严重事件，但考虑到他们都是青年人，应该给予改过的机会。最终，学校对他们进行了批评教育。

为了彻底摆脱学校教室紧缺的窘境，刘冰同志十分重视新教学楼的修建，在1979年亲自主持召开多次党委常委会议，讨论该项工作及其修建方案。他要求学校各相关部门想方设法克服一切困难，尽可能争取使新教学楼早日完工，以保证全校教学工作的正常运行。

他在听取各方意见后决定，新文科楼要以教室为主，保证拥有能够容纳7000人的教学场所；引进现代化教学设备，借鉴复旦大学、西安交通大学等东部高校的电化教学经验，建立电化教育中心；设计新式黑板，安装扩音设备；配备专家接待室、讲学场所，为专家教学、科研提供优质服务；完善各系资料室、研究室、教研室；限制、压缩行政办公场所占地面积；为学生创造舒适的学习环境，如教室采光要好，厕所面积要大，等等。[①]

为使新文科楼能够尽早竣工，学校专门抽调得力干部，及时与设计、建筑单位合作，并到相关企业和物资部门，落实建材的供应。1982年，建筑面积11 240平方米、上下7层的新文科楼竣工投入使用[②]，有效缓解了学校教学条件的紧张状况。

师生住宿条件差是兰州大学的又一个突出问题。当时，兰大的家属区有一部分是楼房，还有一部分是小平房。其中，1—6号楼是20世纪50年代的苏式建筑，1956年盘旋路新校区投入使用时，它们即迎来了第一批居住者。其中4号楼条件较好，房间铺设有木地板，原来学校领导和一些有名望的老教授大多住在里面。7号楼是困难时

① 1979年7月25日《学校党委常委会会议记录》，兰州大学档案馆藏，全宗号4-分类号文书9-案卷号109。

② 在《兰州大学校史（下编）》后面的“大事记”（第671页）中，将新文科楼的竣工时间记为“1983年8月”，似应以学校基建处提供数据中的时间1982年为准。特此说明。

期修建的，质量存在问题，房间的隔音效果很差。70年代，虽然先后修建了8—12号楼，但都是简易楼，两家共用一个厕所，极不方便。这些家属楼根本无法满足教师们的居家住宿，有些家庭在不足三四十平方米的房子中，住着祖孙三代六七口人。

这些家属楼也仅仅能够满足成家后的部分教师，对于那些夫妻两地分居的教师和单身教师来说，住房条件更加紧张。本部校园里有几幢楼，如“一字楼”“跃进楼”，都曾是年青教师的住所。有的好几人挤在一个宿舍中，当室友要成家时，其他几个单身汉被迫搬走，另觅住所，宿舍便成了新房。后来他们都有了孩子，一家数口就蜗居在一个房间里。这些楼房每层仅有一个公用的水房和卫生间，没有厨房，老师们便在楼道里支起锅灶。每当做饭时间，楼道里的油烟呛得人不住地咳嗽、流泪。昏暗的楼道永远给人一种压抑感。

“文革”结束后，教职工住房问题已经迫在眉睫。如果解决不好，不仅无法引进新的师资，原有的师资也将会进一步流失。刘冰同志决定从1979年开始，集中力量修建家属住宅。

兰大学生5、6号楼宿舍建设现场（20世纪80年代）

兴建兰州大学教工住宅楼这项惠民工程，得到了教育部、甘肃省委的高度重视。教育部专门划拨经费，用于修建住宅楼。时任甘肃省委第一书记的宋平同志，几乎每周召集省建工局等相关单位负责人，询问工程进展情况，协调解决建材供应等实际问题；并且明确要求将该工程的顺利施工，作为落实党中央关于知识分子政策的政治任务，加以重视和落实。教育部和甘肃省委主要领导的大力支持，在某种意义上，也都离不开刘冰同志的努力争取。

1979年，学校克服各种困难，有7座新楼相继开工建设或竣工。1980年初，6幢崭新的教职工宿舍楼拔地而起，总面积17 800多平方米，是1949年后一年内建成宿舍楼最多的1次。学校将70%的新宿舍都分配给了教学一线的骨干教师，340户教职工喜迁新居。①

此后，截至1984年，学校年年都在连续进行校园和家属区的基本建设，整个兰大到处都能看到繁忙的基建场面，使该时期成为校史上又一个集中建设且成效显著的重要阶段。我们根据学校原基建处王俊铅处长提供的学校相关建筑数据表格，制成表9-1。②

表9-1　1979—1985年学校竣工建筑一览表　　单位：平方米

序号	建筑名称	建筑面积	结构	层数	竣工年份	备注
1	新文科楼	11 240	框架	7	1982	
2	本部第一招待所	1 584	砖混	3	1979	后改为工会、离退休教工活动室等
3	5号学生公寓	4 910	砖混	6	1981	
4	6号学生公寓	3 247	砖混	6	1980	
5	7号学生公寓	5 200	砖混	6	1985	
6	1号研究生公寓	6 440	砖混	6	1983	
7	16号教工住宅	1 992	砖混	5	1979	
8	17号教工住宅	1 992	砖混	5	1979	
9	18号教工住宅	3 052	砖混	5	1979	
10	19号教工住宅	3 052	砖混	5	1979	

① 《兰州大学教工喜迁新居》，载《人民日报》1980年1月21日第4版。

② 该表中数据及后面分析比较中所引数据，皆根据王俊铅老师所提供的2007年学校基建处对所有建筑的统计数据。特致谢忱。

续表9-1

序号	建筑名称	建筑面积	结构	层数	竣工年份	备 注
11	20号教工住宅	5 955	砖混	6	1980	
12	21号教工住宅	1 478	砖混	5	1980	
13	22号教工住宅	4 152	砖混	5	1981	
14	23号教工住宅	2 152	砖混	5	1982	
15	24号教工住宅	4 053	砖混	5	1983	
16	25号教工住宅	1 360	砖混	4	1984	
17	二分部2号教工住宅	2 802	砖混	5	1982	
18	二分部3号教工住宅	3 835	砖混	6	1984	
19	二分部4号教工住宅	2 764	砖混	6	1984	
20	二分部5号教工住宅	3 698	砖混	6	1985	
21	本部西食堂	2 619	框架	2	1982	后改建为丹桂苑
22	冷库	284	砖混	2	1983	
23	学生浴室	794	砖混	2	1982	
24	职工子弟小学	2 591	砖混	3	1981	现已拆除
25	本部幼儿园	2 184	砖混	3	1982	
26	二分部中子厅	515	砖混	1	1979	
27	分析测试中心	3 396	砖混	4	1983	
28	专家楼	2 549	砖混	4	1984	
29	印刷厂	3 200	框架	4	1984	后改为科研用房
30	力学实验室	812	砖混	2	1984	现已拆除
31	计算中心	1 661	框架	3	1985	
32	本部锅楼房扩建	1 184	砖混	1	1981	
33	原东食堂改扩建	2 105	砖木	2	1979、1981	现已拆除
合计		98 852				

相关统计数据表明，1979—1985年底，7年间学校陆续兴建的31座建筑投入使用，还改扩建原有建筑2座，总建筑面积达到98 852平方米，相当于1956—1978年23年间学校总建筑面积135 598平方米的72.9%。其中，新增学生公寓、教师住宅面积分别达到19 787和42 337平方米，是此前23年间学校所建学生宿舍总面积12 026平方米的164.5%、教师住宅总面积50 226平方米的84.29%。

“文革”期间，学校处于无政府状态，兰州市城市建设局将原已划拨给兰州大学现物系面积达14亩的两块土地，先后转拨给兰州市蔬菜公司和甘肃省商业局日杂公司使用，供其建职工住宅楼。学校本部家属院西南角则由省煤炭局与兰大联合修建了13、14号住宅楼，大部分房子由煤炭局职工居住。

刘冰同志到学校后，多次与省、市相关部门交涉，要求退还“文革”中被占用的兰大现物系（今二分部）周边学校土地。学校在给兰州市城市建设局函件中明确提出这两块土地的用途，“是扩建含有放射能量的各种实验室和科学研究室”，为了附近居民生命安全和辐射防护距离的严格要求，希望能够将蔬菜公司和日杂公司家属楼另行拨地搬迁。虽然这片土地最终未能索要回来，但经过刘冰同志的多方努力，省煤炭局将原来与兰大共建的本部家属院13、14两幢家属楼退还给学校。这样一来，也有利于缓解部分教职工的住宿问题。

学校短短几年间在基础建设上的成果，不仅有效解决了教学、科研用房问题，也使师生员工的住房条件明显改善。崭新的学校职工子弟小学、幼儿园也相继建成并投入使用，其条件、设施等当时在全兰州市都是令人羡慕的，有效解除了教师员工子女入学、入托的后顾之忧。新建的浴室、食堂及经过改扩建的原有食堂，极大地方便了师生的生活。这些都进一步调动了师生员工的工作、学习的积极性，提振了他们对学校的信心和希望。

与此同时，随着国家对高等教育的重视和支持力度的不断增加，教育部等对兰州大学的教学、科研的经费投入也逐年稳步增长；再加上学校自身想方设法增加自筹资金，使学校的经费收入和支出每年都有所增长，有效保证了学校在改革开放初期各项事业的正常发展[1]。

表9-2　1978—1985年兰州大学经费收入明细表　　单位：万元

项　目	1978	1979	1980	1981	1982	1983	1984	1985
一、国家拨款	685.6	813.0	1 064.0	1 033.3	1 059.1	1 228.4	1 460.7	1 833.4
1.教育经费	585.6	703.0	866.0	871.8	893.6	1 005.4	1 154.7	1 369.6
2.科研经费			87.0	64.0	87.0	92.0	153.7	264.1
3.科技三项经费	100.0	110.0	111.0	97.5	78.5	131.0	152.3	199.7
二、自筹经费	19.6	51.9	35.2	56.2	74.6	99.5	96.8	239.8
1.教学服务		2.7					32.9	166.8
2.科技服务		5.8	11.5	7.3	8.5	7.8	44.4	22.2
3.校产				7.2	7.6	1.3		18.3
4.其他费用	19.6	43.4	23.7	41.7	58.5	90.4	19.5	32.5
合　计	705.2	864.9	1 099.2	1 089.5	1 133.7	1 327.9	1 557.5	2 073.2

表9-3　1978—1985年兰州大学经费支出明细表　　单位：万元

项　目	1978	1979	1980	1981	1982	1983	1984	1985
一、人员经费支出数	206.0	245.4	299.1	332.1	356.8	426.3	450.0	569.6
1.工资	155.9	180.5	199.2	201.5	210.3	263.9	259.1	314.9
2.补助工资	9.5	6.5	18.0	26.1	34.8	38.7	56.0	80.6
3.职工福利费		11.4	14.7	11.7	13.7	16.9	20.1	28.0
4.离退休经费				2.8	3.5	3.6	8.8	17.2
5.人民助学金	40.6	47.0	67.2	90.0	94.5	103.2	106.0	128.9
二、公用经费支出数	392.8	624.3	496.4	689.8	779.8	860.5	855.6	1 353.6
1.公务费	82.4	65.4	69.8	82.1	97.1	106.3	157.0	200.0
2.业务费	97.7	108.2	134.9	132.7	187.2	255.8	200.5	363.2
3.设备购置费	160.3	381.2	195.8	347.8	337.6	362.2	340.1	583.7
4.修缮费	37.6	42.3	64.1	77.1	95.0	73.1	72.4	112.8
5.其他费用	14.8	27.2	31.8	50.1	62.9	63.1	85.6	93.9
合　计	598.8	869.7	795.5	1 021.9	1 136.6	1 286.8	1 305.6	1 923.2

① 兰州大学1978至1985年间经费收入、支出的明细表是由学校资产经营有限公司董事长李留浩同志提供的。特致谢忱。

由于当时学校的基本建设经费都来自教育部专项拨款，在上列该时期学校常项经费收支明细表中尚未计入，但其数额无疑是很大的。

四、做师生的贴心人

密切联系群众，关心群众生活，是党的优良传统。党的十一届三中全会指出：“城乡人民的生活必须在生产发展的基础上逐步改善，必须坚决反对对人民生活中的迫切问题漠不关心的官僚主义态度。”刘冰同志到学校后，通过调研很快意识到：“党委必须下决心回过头来狠抓一下师生员工的吃饭、住房、托儿所等问题。这些后顾之忧的问题解决好了，校党委就能把主要精力放到教学、科研第一线上了。” 他在兰州大学工作期间，经常带领学校领导班子成员和各部门负责人，深入基层，了解师生员工在教学、科研和生活方面的突出困难及诉求，尽可能地帮助他们解决难题；即便是暂时解决不了的，也会如实地把困难和问题向群众解释清楚，做好他们的思想工作。

他下车伊始，就走遍兰州大学校园的每个角落，亲自了解、掌握师生员工的思想状况和心愿。他只要发现问题，立即整改，哪怕是一个细微的漏洞也不放过。他还要求学校建立接待制度，每周六下午学校党委常委轮流值班，接待来信来访，尽量减少领导干部与群众的脱离，深入到群众中去。

他十分关心学生的生活和健康，在他眼里，凡是学生们的事都是大事，都必须高度重视，尽快解决，他还常常亲自出面，组织学校有关部门，安排现场办公，解决实际问题。

学校浴室被损坏后，多年未能修复，洗澡问题一直困扰着师生。他会同后勤部门的同志，一起商议、解决方案，决定先更换旧锅炉和热水管道，修复旧浴室作为过渡，再着手兴建新浴室。他还亲自带领干部参加劳动，短短二十多天便解决了师生们多年的“洗澡难”问题。

刘冰同志走访学生宿舍时，同学们普遍反映宿舍楼年久失修，房间里臭虫很多，很多人被臭虫叮咬得彻夜难眠，整日无精打采，无法安心上课，严重影响大家的健康和学习效果。他听后心里十分不安，经过与学校总务处协调，先在周末组织学生把宿舍里的各种物品搬到操场，关闭各寝室门窗，用药物薰杀臭虫。后来，又决定利用学校暑假，彻底整修、粉刷宿舍楼，清除臭虫。总务处的同志请来施工队，忙活了一个暑假，维修面积达1万平方米。同学们度完暑假归来，走进焕然一新的宿舍，心情格外舒畅。

刘冰同志在学生宿舍与学生交谈

刘冰同志还喜欢和学生们交朋友，参加他们举办的新年联欢会。1979年元旦，经济系七八级学生精心筹备了一场迎新晚会，大家邀请刚来不久的刘冰同志参加。过后，大家都在想，咱们这么小的一场班级晚会，刘校长十有八九是不会来的。没想到，刘冰同志应邀准时前来，整个晚会现场响起雷鸣般的掌声，经久不息。他衣着朴素，风度谦和，一来便与大家说笑起来。晚会即将结束时，刘冰同志还亮开嗓子为同学们演唱了《抗日军政大学校歌》，给大家留下深刻的印象。当晚，他还应邀出席了历史系七八级等班级学生组织的迎新年联欢晚会。

刘冰同志曾在校党委常委会上讲："我们当领导的，要和学生交朋友，要与青年人有共同语言，否则怎么去引导他们？和广大学生团结在一起，我们做工作才主动。"[①]特别是他刚到学校的那段时间，每天晚饭后8点到10点，几乎成为他接触学生的固定时间。

一天晚上，经济系126宿舍的同学们结束了一天紧张的学习，正准备洗漱入睡。忽然，门开了，一位花白头发的老者轻轻地走进宿舍。"呀，刘校长！"只见他伸手按住一个正想从床上坐起身来的同学，说："不要起来，我和大家说几句话，就几分钟。"他坐到那个同学床边，询问大家最近在学习、生活上有什么困难。同学们看到校长深夜来访，内心很感动，便毫不拘束地提起了意见。有的说，打开水处没有电灯，晚上打水容易烫手，碰碎暖瓶；有的提出，早上起床后教室门不开，只好在路灯下看书；还有的希望解决食堂买饭排队长的问题。刘冰同志让一个同学将这些意见都记下来，随后就拿着那页纸告辞了。[②]

果然，几天后，打开水处新安装了电灯；食堂做出提前15分钟开饭的决定；教室也在一大早就开门了……

刘冰同志对学校后勤工人、管理干部始终非常关心，经常深入到锅楼房、食堂，看望、慰问在一线工作的员工，与他们亲切交谈，了解他们的工作、生活情况，以及在工作中遇到的困难、问题，勉励他们发扬全心全意为人民服务的精神，为师生们做好服务工作。1979年，学校经过努力，得到省政府的同意，第一次

① 梁平、龚龙泉：《刘冰校长和同学们——记兰州大学校长刘冰同志》，载《中国青年报》1981年4月7日第1版。

② 同上。

按照人均10元的总额发放奖金，主要奖励在教学、科研中成绩突出的教师。在学校党委会上讨论奖金的发放对象时，他认为也应该用其中一部分奖金，奖励工作突出的后勤干部、工人，调动他们的积极性。

刘冰同志到学校食堂看望炊事员

“民以食为天”。学校食堂的伙食，直接关系到全校教师、学生的身体和健康，也是刘冰同志始终高度重视的。起初，学校有好几个学生食堂和各自的饭菜票，不同系的学生被分别固定在各自的食堂就餐，不能自行到别的食堂就餐。1978年底他刚到学校，就让人买了全校6个食堂的饭票，时常带着一个铝制饭盒与教工、学生一起排队打饭，亲自感受各个食堂的饭菜质量、员工的服务、师生的就餐环境等情况。一次，有个学生拿着馒头走到他面前，不高兴地反映近期食堂的馒头分量不足，吃不饱。刘冰同志当天便找到伙食科长，要求立即采取措施，第二天馒头又和以前一样大了。

刘冰同志曾在学校党委常委会上强调，“学校伙食要搞好，关键是队伍，总务处和系上都要关心炊事人员，要关心他们的疾苦、痛痒，还要搞些奖励。”为解决学生伙食问题，他还经常走进食堂，鼓励炊事人员安心工作，改进操作，增加品种，讲究饮食卫生。

当时，食堂职工老化，少数年轻职工不安心炊事工作，服务态度恶劣，饭菜质量较差，师生们对此很有意见。

1979年5月的一天中午，历史系七七级一位同学到食堂买饭，与打饭的炊事员发生口角，对方抡起长柄铁饭勺直接打了过来。这下子引起了公愤，学生们自发地集体“罢饭”，都拒绝到该食堂就餐。事情发生后，刘冰同志十分重视，一方面做好善后工作，抚慰被打学生，处理肇事者；另一方面下决心通过改革，彻底解决学校食堂伙食和服务差这一长期形成的老大难问题。

很快，学校从省商业厅调来了在食堂管理上很有经验的安敬先同志，担任学校总务处主管食堂的副处长；学校还面向社会商业饮食企业“招贤纳士”，调进一些食堂管理人员和专业厨师。安处长几乎每天都在食堂坐镇，狠抓食堂工作全面整改。刘冰同志更是经常亲自到学生食堂就餐，与大家交谈，征求意见。校团委、学生会也组织学生在课余分班级到食堂帮厨，近距离接触炊事人员，了解他们的工作和想法，采访、报道其中的先进人物及事迹，增加他们的责任心与自豪感。

团中央第一书记宋德福（右三）来兰大食堂视察

在刘冰同志和学校领导、总务处的高度重视下，食堂员工想方设法改善伙食，提高饭菜质量，增加饭菜品种，争取让同学们花较少的钱就能吃上可口的饭菜。考虑到有的学生家庭负担重，经济拮据，平时节衣缩食，食堂还一直保留了5分钱、1角钱的咸菜、素菜，并将猪肉肉皮在卤汤里煮熟后，以每斤几角钱的低价出售，供家境困难的学生打牙祭，补充动物蛋白和营养。

学生反映，买饭时窗口少，排队人多，等饭菜打到碗里都不热了。总务处立刻就想办法解决，将食堂开饭时间适当提前、延长，增加食堂的供应窗口和饭菜保温设备，并增添供学生就餐的桌凳。很快，学校食堂的饭菜质量、花色品种及就餐环境得到明显改善，得到师生们的普遍好评，一跃成为全市高校中的先进典型，省里有关部门还在兰大召开全省高校膳食工作现场会议。

1983年，学校打破了原来以系为单位在不同食堂分别就餐的格局，所有校内食堂统一管理，饭菜统一定价，使用同一种饭菜票，学生可随意在任何一个食堂就餐。这样不仅方便了师生就餐，增加了师生就餐的自由度和选择性，有效缓解了学校食堂就餐时间集中造成的拥挤现象，也在各个食堂之间引入了相互竞争的机制。

这年5月，学校还在省内高校中率先办起了首家独立核算、自负盈亏、微利创收的小炒食堂，为师生提供更高品质的饭菜及饮食服务。这不仅为学校的后勤与伙食改革积累了经验，也对当时全省高校的伙食工作的改革起到推动作用，经常有兄弟院校后勤管理方面的干部到兰大参观学习。随后，学校建立、健全各种规章制度，以质量监控管理和量化、细化管理为突破口，全面推行食堂独立核算机制，先后开办以特色小吃为主的小吃部，以接待为主兼营各类宴席的东苑餐厅，以方便教职工家属饮食生活为主的服务商场，酱醋、豆腐加工作坊，饲养场等。[①]此外，设在本部校区家属院14号住宅楼下的兰州市粮食局兰大粮店也积极改革经营方式、品种，增加供应馒头、大饼、面条等主食品种，早餐还供应豆浆、油条等，极

① 张克非：《兰州大学校史（下编）》，第457、458页。

大地方便了教师家庭，为他们节省了大量时间。《人民日报》曾对此专门刊发报道。[①]

这些，都在不同方面实现了刘冰同志初来兰大时的设想，让广大教师从繁重的家务劳动和负担中解放出来，把更多的精力、时间投入教学、科研之中。

当时，不少教职工子女上山下乡后返回城市，或中学毕业后一直找不到工作，形成一批待业青年。他们的就业和工作出路，以及结婚成家等实际问题，必然成为家长们最发愁的事情。这些年轻人本身没有工作和经济来源，整天住在家里无所事事，难免产生各种问题，也影响着学校的安定团结。

刘冰同志急群众之所急，要求学校有关部门尽可能想办法解决教职工子女的就业问题。学校一方面与省、市政府有关部门反复沟通、协商，请他们按照政策规定，帮助解决部分教职工待业子女的工作问题；另一方面又积极寻找途径，自主解决一些人的就业问题。1980年，学校根据教育部和劳动人事部意见，着手筹建劳动服务性质的校办企业，自行安置学校教职工待业子女，将他们组织起来，为学校师生提供各种生活服务。1月30日，兰州市工商局批准成立兰州大学待业青年服务社。该机构在学校后勤及食堂的改革中发挥了积极作用；也在一定程度上缓解了教职工子女的就业压力。1984年6月，服务社改为兰州大学劳动服务公司，行政上隶属于学校总务处管理，属于大集体制性质。[②]学校还与其他单位共同办起联合中专，让年龄较小、中学毕业的待业子女有机会接受职业培训，以便于就业。很多人在毕业后比较顺利地找到了工作，解除了在家待业对其本人和家长的沉重压力，这些举措深受教职员工及其子女的欢迎。

① 《做好大学地段的饮食服务工作》，载《人民日报》1984年6月20日第5版。

② 张克非：《兰州大学校史（下编）》，第603页。

五、加强后勤保障工作

伴随着学校教学、科研用房和学生宿舍、教工住宅等基础设施的增加，以及工作、学习、生活条件的逐步改善，后勤保障也同样需要提高服务质量和师生员工的满意度，刘冰同志对此也给予了高度重视。

早在“文革”前，兰州大学党委书记兼校长的江隆基同志在尽可能整顿、恢复教学秩序，提高教学和科研质量的同时，就非常注意在全校精心培育以教学、科研和广大师生为中心的办学理念，并且时时、处处率先垂范。朱子清老教授就深有感慨地给家人说，江校长是真正懂得、尊重知识分子的好领导。[①]他的言传身教、以身作则，也带动、影响着学校和系、处、室的各级干部，大家都自觉地竭尽全力为师生和教学、科研工作服务，在全校上下形成了一种风清气正、爱岗敬业、无私奉献的好风气。这也是多年来无数兰大人始终感怀江校长及那个时期学校氛围的重要原因。如葛墨林院士就认为：“江校长来了以后，全校为教学科研服务的思想，是很深入人心的，有好多小的事例，都能够看出这点来。”“在那种艰苦的环境里，苦，大家一块苦。我那时候做研究生，1961年最苦的时候，研究生有个灶，就是个破土房，我们去吃饭，端个大盆喝糊糊，江校长的孩子和我们一块喝糊糊，并不是说领导就怎么了，大家一块都苦，这你还说什么呢。……那时候好像没有听说哪个领导，像崔乃夫、聂大江等哪个是搞特殊的，都是这样，就看你是不是努力学习。那时候很明确，你就是要学好，给我的印象非常之深刻。”[②]

“文革”期间，“四人帮”刻意制造脑力劳动与体力劳动的对

① 据2009年6月25日上午在有机化学国家重点实验室采访时，朱子清教授哲嗣朱启秀老师的回忆。

② 葛墨林：《朴实 奋斗 感恩 知足》，载王秋林、段小平：《我的兰大：人物访谈录1》，第231、232页。

立，千方百计丑化知识分子，在兰州大学也造成了很坏的影响。十多年后，当刘冰同志在改革开放初期主持兰大工作时，十分重视延续及自觉恢复学校在“文革”前形成的良好传统与风气：尊重知识分子和以教学、科研为中心。他自己在联系群众、关心师生、服务师生、倡导服务意识和实干精神等方面，同样起着一位老共产党员的表率作用，受到广大师生的交口称赞和高度认可。

苗高生教授回忆道：我觉得当时的兰州大学，很有一些人代表了当时的干部作风。有一个人叫陈克信，是总务处事务科的科长，主管校园环境卫生，他经常带着一帮工人清扫校园，而且是在大家还没有起床的时候，每天早上的五六点钟，夏天是这样，冬天也是这样。他自己带头扫，清扫得很认真，很仔细，将路旁草丛中的垃圾、杂物等都会清除干净。每当七点学生开始跑步锻炼出早操的时候，校园路上的灰尘早已没有了。一年365天，天天都是如此。总务处还有一个科长叫王之林，主管教室里的桌椅板凳。搬桌椅板凳的时候，他也和工人一起动手搬，而不是指手画脚。有些桌椅板凳损坏了，他就自己动手修理。当时有人把刘希诚、陈克信、王之林称作三位“泥腿子”科长。所谓“泥腿子”不是土里土气，是说在工作当中他们也是滚一身泥土，和大家一样工作。这几个人，兰大的老先生们都知道，一提到陈克信如何如何，一提到王之林如何如何，一提到刘希诚如何如何，大家都有这样一种非常敬佩的印象。①

葛墨林院士也回忆说：“在兰州大学，除了学校的教育，西北的民风很淳朴，对人是一种无形的影响，受教育是很大的。举个很简单的例子，总务处有个大个子科长叫陈克信。我印象最深的，是那时候搞一罐液化气很不容易，一个大汽车，一个个罐子往上搬，到三〇四厂去灌上气拉回学校，你再去取回来。这事就由陈克信管着。我记得有一次去送煤气罐，去晚了，当时和陈克信并不太熟，但对方知道我，因我当时在学校里科研做得还不错。我说：‘罐子送

① 苗高生：《教育是最美好的事业》，载王秋林、段小平主编《我的兰大：人物访谈录1》，第127、128页。

来晚了，还行不行？’陈克信说：‘你就别管了，你就好好教你的书，干你的科研去，这种事就包在我身上。’说着就把我的罐子放上去了。老陈文化水平并不很高，但非常朴实。在他看来，这事是我该干的，你干你的事情去，我就给你干这个事。当然兰州大学也有不好的事，但我碰到的这些都非常感动人。还有物理系的郝聚金，他是转业军人，文化也不高，我跟他关系挺好的。他就是一条，你们有什么困难就来找我，你们就好好写你的文章、教你的学生，其他事我们管。那时候，后勤上有点什么问题都找老郝，他就各处去跑，他原来是总务处下来的。陈克信也是这样。”①

葛墨林院士还说：“‘文革’中兰州大学受到那样大的冲击，为什么以后出了很多人才，这是和过去的学风、作风有非常大的关系。如校医室有段大夫、高大夫，有些记不清了，他们对段一士先生照顾得就很不错。他们觉得段先生可是兰州大学的宝贝，有什么事，那就是一句话。那时候我身体不太好，要出国，裴大夫跑到我家去，又出主意，又帮助检查，他并不是要图什么，他就是觉得该做这个事。”②

当时，不仅是上至校长，下到科长这样的干部，就是很多普通职工，也同样是勤勤恳恳、兢兢业业地一心做好自己的工作。如学校收发室的姚绍志师傅，矮墩墩的身材，方方的脸上有一双亮亮的眼睛。他1931年出生于四川省南部县一个贫苦农民家庭，小时候只读过几年村塾。1957年从老家到兰州，投奔在兰大工作的哥哥。起初，在学校总务处事务科当一名临时工，打扫过卫生，学过理发。因勤快、可靠，又识字，遂在翌年被调到校办收发室，做起了全校信件、报刊的收发工作，这一干就是三十多年，直到1991年退休。其间除了在“文革”中到学校农场劳动一段时间外，天天就是在小小的收发室同信件、报刊打交道。

① 葛墨林：《朴实 奋斗 感恩 知足》，载王秋林、段小平：《我的兰大：人物访谈录1》，第231页。

② 同上。

就是在这样一个极其平凡的岗位上，他的敬业却是出了名的。由于肯用心，负责任，记性好，又有耐心，全校上下几乎没有他不认识的。谁家住哪栋楼、订了什么报刊，他都了然于心。所以，不仅平时收发工作很少出错，而且和许多师生都成了朋友，平时有事没事，都爱到收发室与他摆摆“龙门阵”。遇到谁家有事，他也总是热心相助。有时，在家属院或校园里，碰上有人打听某某人，不知道的人们总会说，快去问老姚。也因此，他在“文革”中少不了受些无端的牵连，但他依然故我。

几十年里，老姚几乎每年都被评为先进或受表扬。那时，不时兴发奖金，但笔记本、脸盆等奖品倒也不断。“文革”前，他也写过入党申请，没有被批准；但他仍然兢兢业业做好自己的事。老姚一

收发室姚绍志师傅

辈子没干什么大事，却用自己精心做好的每一件平凡小事，照样赢得了大家的尊重。所以，一提起老姚，大凡20世纪后半期在兰大有点年头的老师、学生，脑海中都会浮现出那张熟悉、亲切的面孔。

在那时，校医院的医生、护士，小学、幼儿园的老师，车队的司机师傅，总务处管理、维修水、电、暖的师傅，食堂的炊事员，从事学校安全保卫工作的干部、职工……他们中间都有许多类似于老姚师傅这样爱岗敬业，钻研业务，默默地尽心尽力为师生们服务的“好人”。1979年从校外调来的园艺专家刘易老师至今都清楚地记得，当时兰大从事维修工作的泥瓦工连半截砖块都舍不得丢掉，总是要随手捡起来，想办法砌进墙体里。这种认真负责、勤俭节约的作风，是他在以前的工作单位没有遇见过的，给他留下了难忘的深刻印象。这些普普通通的学校职工通过自己的辛勤工作，给师生们提供着便利和温暖，以真情的服务缓解了学校条件相对简陋、生活较为艰苦所造成的诸多困难。他们同样是学校发展、建设中不可缺少的重要财富和力量，同样在日常的服务工作中发挥着传递爱心、影响学生的重要作用。

我们不能忽视、忘记他们，也应该认真总结一位好校长是怎样关心、带动、影响学校的广大教职员工，齐心协力做好教书、服务、管理等各项工作，共同发挥立德树人的积极作用，完成“育人”这一高校的中心任务。这也同样是办好一所大学必须具备的保障性因素。

六、组织文体活动

20世纪70年代末80年代初，电视、互联网等现代传媒还不发达。大学生的课余生活多在体育场上度过。刘冰同志高度重视学生的文体活动，作为培养德智体全面发展优秀人才的重要保证。

最初，学校在制定1979至1985年的发展规划中，未提及体育工作的内容。刘冰同志在第一时间指出，规划中未提及体育工作是不合理的。应当在规划文件中写明提高体育质量的问题、措施，到1985年应达到什么样的标准。随后，学校专门拨出经费，对篮球场、田径场等体育设施进行了维护、整修；还在篮球场上安装了照明灯光，晚上也可以举办球赛。

体育教研部反映学校室内体育运动场地缺乏，相关资料、器械无处存放。经过刘冰同志的争取，教育部批准兰大立项修建上下3层、框架结构，总面积3500平方米的本部体育馆，并于1986年建成投入使用。[①]

兰大的游泳池始建于1964年，1965年建成开放，当时的设施条件十分简陋。兰大游泳池修好之前，兰州市仅有宁卧庄室内泳池和兰州军区游泳池，一般人难以进入。兰大游泳池起初不收门票，所以开放之初，周边单位的人员都来游泳，泳池内人头攒动，大家挤在一起如同“下饺子”，很难游得开。后来对非本校人员前来游泳加以限制，情况才有所改善。当年的泳池里有两对游泳明星——崔乃夫夫妇和蒲德潜夫妇。他们矫健的泳姿和装束引人瞩目。

“文革”结束后，学校游泳池多年未修缮，出现了许多问题，已经无法满足学生正常上课需求。学校后来组织维修，进行加固。但是，由于泳池对外开放，仍然影响正常的教学运行。刘冰同志征询大家意见，能否将泳池仅用于学生上体育课，不再对外售票。这样既有利于校园秩序的整顿，也能确保学生体育教学活动的正常进行。起初，有人不满意，有意见。经过做思想工作，大家才被说服，学校决定从1979年夏季开始，泳池不再对外开放。[②]暑假期间，体育教研部要求在游泳池底铺设瓷砖，并暂时对学生停止开放。刘冰同志得知后，要求团委书记孙福庆同志与体育教研部协调、商定游泳池修复工程竣工后每周的开放次数。[③]

20世纪70年代末开始，大学里曾一度盛行舞会。随着交谊舞第一次出现在人民大会堂的联欢会上，集体舞再度恢复了青春，年轻人相聚在一起，充满欢乐和朝气，周末舞会在大学校园内如火如

---

① 张克非：《兰州大学校史（下编）》，第613页。另据王俊铅老师提供的学校基建处2007年建筑统计表格中相关数据。

② 1979年6月6日常委会，全宗号4-分类号文书9-案卷号109。

③ 1979年8月8日常委会，全宗号4-分类号文书9-案卷号109。

茶，俨然一景。学生们在教室里闻乐起舞，如男女生比例不平衡时，就男的和男的跳，女的和女的跳，有些干脆抱着椅子、扫帚跳。

刘冰同志对于学生周末的文娱活动极为重视。他要求相关部门尽可能组织各式各样、丰富多彩的活动，多开辟一些活动场所。针对有些领导对学生跳舞的负面意见，他仍然主张因势利导，不要强行阻止，但要尽量组织好。后来，学校将理科食堂一楼及其前面堆放基建材料的场地清理、平整好，作为学生跳舞的场地。同时，周末还在大礼堂为学生放电影。

学校各类文娱、体育活动的广泛开展，使当时的兰州大学校园里生机盎然，为学生成长提供了良好的环境和氛围。

第十章 心系兰州大学

1984年4月，刘冰同志不再兼任兰州大学党委书记，也告别了他呕心沥血、前后工作28年的高等院校。对于他的调离，广大师生员工都依依不舍。早在1981年初，曾有学生将刘校长要“调离”学校的消息带回宿舍，同学们异口同声地说：“这怎么行，不能让刘校长走。”[①]该说法虽然已无从考证，但同学们对老校长的爱戴之情，却动人地表现出来。有人说，刘冰同志在兰大工作的5年，是学校发展最快、成绩最多的5年。然而他本人却常说，这一切都得益于数代兰大人厚积薄发的坚实基础，得益于兰大人扎根西部、争创一流的奋斗精神。

1986年，刘冰同志担任了甘肃省人大常委会主任、党组书记。1988年，他告别了为之奋斗10年的陇原大地，赴京担任第七届全国人大教科文卫委员会副主任委员；1993年，任第八届全国人大教科文卫委员会顾问；1998年3月离休。

由于工作需要和组织的安排，刘冰同志虽然离开了兰州大学，但他却始终心系兰大，时刻关心广大师生员工和学校的变化，并继

---

① 《刘冰校长和同学们——记兰州大学校长刘冰》，载《中国青年报》1981年4月7日第1版。

续以满腔热情、竭尽全力，最大限度地支持、帮助学校的发展。

在他生前，兰州大学的历任书记、校长，也都代表全校师生，多次专程到北京看望老校长，向他汇报学校各方面工作取得的新进展、新成绩，虚心征求他对学校工作的意见和建议，从中汲取启发和智慧。兰大师生和北京校友会工作人员，也经常前往家中拜望老校长。老校长回忆起往昔岁月，对兰州大学的建设发展总是给予了殷切期望和美好祝愿。2014年8月，学校“萃英记忆工程”项目组还专程前去采访了老校长。当时老校长已93岁高龄，但他依旧精神矍铄，思维敏捷，对兰大还是那样一往情深，清楚地回忆起当年在学校主抓的几项具有代表性的工作，临别时还亲笔题写了寄语：“祝兰大越办越好，要走在全国大学的前面。”生动体现了老校长对兰大的深情与期盼。

2015年8月，党和国家又向这位抗战功臣颁发了抗日战争胜利七十周年纪念章。

2015年9月刘冰同志佩戴抗战胜利七十周年纪念章在人民英雄纪念碑前留影

一、培养优秀中青年干部

“政治路线确定之后，干部就是决定的因素。”刘冰同志十分重视中青年干部的培养使用。为了配备好“文革”后兰大的党政领导班子，他以超前的政治胆识和创新精神，开全国之先河，于1979年就通过民主推荐的办法，顺利解决了重新组建学校党政班子的问题。同年9月，在全国组织工作座谈会上，刘冰还应邀介绍了民主推荐校级领导干部的做法和经验。正是因为有了这样一个由刘冰、林迪生、辛安亭等一批党内资深教育家的卓越领导，有了由一批朝气蓬勃的中青年干部所组成的校系两级领导团队的努力，[①]当时的兰州大学全校师生员工，才能够创造性地贯彻落实十一届三中全会所确定的路线、方针和政策，从而让积淀深厚的兰州大学重新焕发了青春，进入了一个新的阶段。

刘冰同志到甘肃省兼任领队工作后，为贯彻党中央提出的干部要革命化、年轻化、知识化、专业化方针，在培养选拔优秀年轻干部等方面做了大量开创性工作。他反复强调，“按照中央的要求，抓紧选拔优秀的中青年干部，尽快把第三梯队建设起来，搞好新老干部的合作和交替，保证党的路线和政策的连续性和稳定性”[②]，“要继续解决好对知识分子的使用问题，大胆放手地选拔优秀中青年知识分子担任领导工作”[③]。一批经过实践锻炼、知识层次较高、政绩突出、群众基础好的优秀年轻干部，迅速走上了领导岗位。截至1982年，全省已有5个地州市委和37个县委、47个县政府的领导班子基本达到中央要求的“四化”标准。[④]

这批知识分子进入县以上领导班子后，带来了深刻变化。第

① 《为什么要建立青年团》，载《刘冰文集》，第4页。

② 《建设第三梯队　培养和选拔接班人》，载《刘冰文集》，第180页。

③ 《建设第三梯队　培养和选拔接班人》，载《刘冰文集》，第183页。

④ 《甘肃大批知识分子进领导班子》，载《人民日报》1982年8月12日第1版。

一，加强了领导力量，保证了三中全会以来各项方针政策的贯彻落实，促进了“两个文明”建设。第二，改变了“外行领导内行”状况，打开了新的工作局面。第三，改变了一般化领导，提高了工作效率。

刘冰同志在工作

那个时期甘肃省委选拔任用的干部，不仅为甘肃省领导班子建设奠定了坚实的基础，而且不少被选拔到中央部门和外省市单位担任重要领导职务。[1]刘冰同志在甘肃省委任职期间先后推荐胡锦涛、廖世伦等到中央党校首届青年干部培训班学习，选拔兰州大学和省内各高校优秀毕业生到甘肃各级党政机关工作，并注重从省内各高校推荐、选拔优秀干部到地方工作。像聂大江同志接替他先后继任兰州大学校长、党委书记，1983年5月，被调任中共甘肃省委宣传部部长兼兰州大学党委书记；后任中共甘肃省委常委、副书记，广播电影电视部副部长、党组副书记，中共中央宣传部副部长。此后，还有不少省内高校的干部陆续被推荐、选拔到地方担任领导工作。

① 《青年团是什么性质的组织》，载《刘冰文集》，第6页。

刘冰同志一次到酒泉地区检查工作，遇到一位兰大哲学系七八级毕业生。该生被分配在地方某小企业从事车间技术工作，很显然专业不对口，无法发挥作用。爱惜人才的刘冰同志将此事记在心上，回到兰州后即与省委有关部门协商，给这位兰大毕业生调整了工作单位。后来，经过长期实际工作的锻炼，他逐渐成长为一位优秀领导干部，对所在地方和部门的工作颇有建树。

二、密切学校与地方关系

刘冰同志到甘肃省委任职后，进一步密切了学校与甘肃省的交流与联系。一方面，他积极协调解决学校办学过程中的困难，另一方面，他十分注重学校为地方经济和社会发展服务。

据老校长胡之德回忆，20世纪70年代末，我国国民经济恢复和发展需要大批人才，党中央提出加速发展高等教育事业，扩大办学规模。80年代初，兰州大学进入了快速发展时期，而当时仅有盘旋路校区和二分部，建设用地仅为683亩，远远不能满足发展的需要。学校积极在兰州市区寻找建设用地，希望能将兰州已废弃的拱星墩旧飞机场作为学校的建设用地。学校主要领导多次找甘肃省领导汇报。刘冰同志了解这一情况后，积极帮助协调沟通，建议省上理解兰州大学办学的不易，予以必要支持。在甘肃省、国家教委的支持下，最终确定将兰州旧飞机场西端接近兰州大学的200亩地划拨学校，作为文科校区进行扩建。该新校区从1988年8月开始建设，1991年9月投入使用，定名为“兰州大学第一分部”，当时学校的中文、新闻、历史、哲学、法律、马克思主义科学共6个系搬入[①]，有效缓解了学校办学空间不足的难题，改善了办学条件，促进了学校的发展。

刘冰同志十分重视密切学校与地方的关系，加强学校为地方经济和社会发展服务。他强调，办教育的形式要更加适应国家战略和

① 张克非：《兰州大学校史（下编）》，第616页。

地方经济、社会发展需要，主张克服自身困难，多渠道为地方培养培训人才。他在一次甘肃省干部培训规划工作座谈会上指出，兰大办培训班，就是挤出来的，教室是挤出来的，教员也是挤出来的，就是要为地方、为“四化”建设培养更多更好的干部。[①]刘冰同志任兰大校长时就曾与甘肃省委组织部商谈，在兰州大学经济系开办领导干部轮训班，以县级以上厂矿企业的领导干部为培训对象，重点学习经济理论和管理科学，加强经济知识更新培训，提高他们企业管理水平和适应经济改革的能力。从1980年3月开始，学校就开始受甘肃省委组织部委托，举办干部轮训班。这是改革开放以来，甘肃开展大规模干部培训的开端。

1980年6月，学校恢复夜大学，也就是原来的兰州大学业余大学。1983年，学校受甘肃省教育厅委托，开设工业企业管理和秘书学两个干部专修科。1984年，学校又开设了科技管理和档案管理、环保等干部专修科。仅1984年，学校就举办了各种外语进修班和计算机培训班16期，为地方培养了一大批急需的应用型人才。

刘冰同志还强调，科学技术为国民经济服务，围绕国民经济，促进和带动国民经济的发展。他提出，“要在重视基础研究的同时，用更大的精力加强应用基础研究；促进教学与科学研究的紧密结合，逐步把学校办成培养人才和发展科学技术的两个中心；发挥综合大学的优势，开展跨学科的研究和新技术应用、新兴学科的研究；克服重理轻文的倾向，大力支持和发展我校社会科学的研究”等一系列思想，有力促进学校产出一批高质量研究成果。从1980年至1983年，学校有18项科研成果获得甘肃省科技成果奖；1983年、1984年，学校先后有21项科研成果在国民经济建设中得到不同程度的推广应用，取得了较好的社会、经济效益。

刘冰同志还多次支持、亲自出席学校有关活动，既是指导，更是关心。1984年8月下旬，由中国社会科学院苏联东欧研究所、兰州大学历史系联合主办的“斯大林时期苏联政治经济学术讨论会”在

① 《一定要把干部培训工作抓好》，载《刘冰文集》，第140页。

兰州举行，来自19个省、市、自治区38个单位的专家、学者、高等学校的教师和研究人员共55人出席了会议。研究苏联问题的老前辈伍修权、钱俊瑞同志到会指导并讲话。刘冰同志对会议十分关心并到会祝贺。①1985年9月12日，兰州大学纪念朱子清教授从事教育和科研工作60年，刘冰同志到会向朱老表示祝贺、致以敬意。1986年9月15日，江隆基校长塑像在兰州大学校园内落成并举行揭幕仪式，刘冰同志亲自参加了揭幕仪式并讲话。2005年12月24日，学校隆重举行大会，纪念江隆基校长100周年诞辰，刘冰同志致电祝贺。这点点滴滴、时时处处，都体现了他对学校的深厚感情和高度关注。

三、始终关心帮助学校的发展

刘冰同志始终关注着学校的发展。正如兰州大学校友、甘肃省委原书记陆浩所说，刘冰同志“关心兰大是一贯的，他一直关心兰大，关注兰大”。“特别是他在甘肃工作的这十年，他的关心帮助是最直接、最具体的，有不少事情至今仍刻骨铭心，历历在目。”

离休后的刘冰同志

① 何力：《“斯大林时期苏联政治经济体制”学术讨论会纪要》，载《苏联东欧问题》1984年6期，第5页。

1990年4月1日，刘冰同志为学校题词，“要把兰州大学办成我国的一个共产主义要塞，一座科学殿堂，培养千千万万高质量的人才，为振兴中华做出自己应有的贡献。”①

2006年，刘冰同志应邀担任学校百年校史编写顾问委员会委员，为《兰州大学校史》的编纂提出了十分重要的意见。

他离休以后，在北京海淀区翠微里他那不大而简朴的寓所中，经常有兰大的校友、同学来访，也有不少人慕名而来，他总是以一个同事、朋友的身份与他们倾心交谈，给他们鼓舞和力量。陈德文书记、李发伸校长，王寒松书记、周绪红校长等历任学校党政领导，都曾多次前去看望刘冰同志。

2008年10月29日，兰州大学党委书记王寒松（左一）和校长周绪红（右一）到家中看望刘冰同志

2016年教师节前夕，校党委书记袁占亭、校长王乘前往北京医院再次看望了刘冰同志。袁占亭书记、王乘校长关切地询问了老领导的身体状况，对他长期以来给学校的关心、支持和帮助表示衷心

① 参见陆润林主编：《兰州大学校史（1909—1989）》正文前题词插页第6面，兰州大学出版社，1990。

2015年初，兰州大学党委书记王寒松和校长王乘(左一)看望刘冰同志

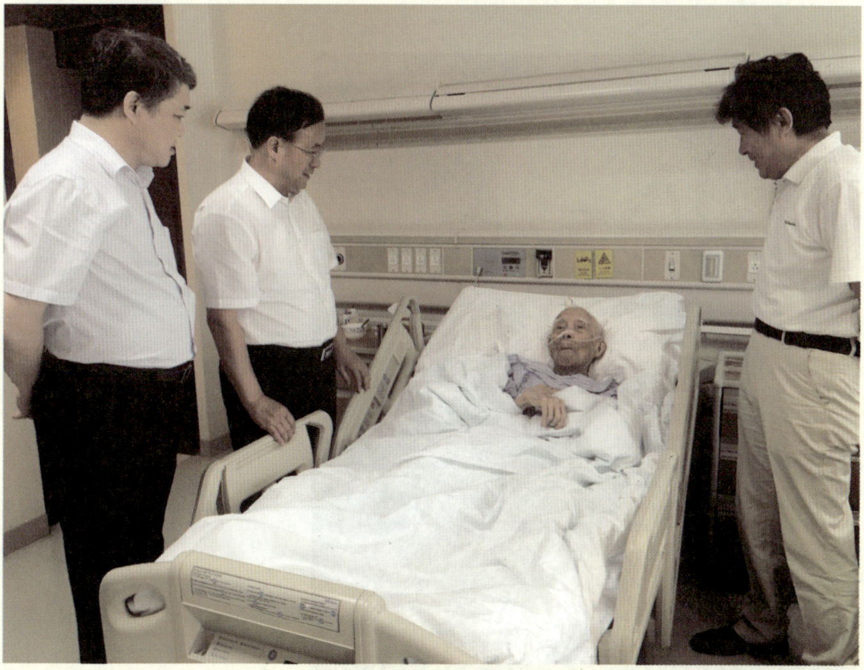

2016年9月，兰州大学党委书记袁占亭（左二）和校长王乘（左一）到医院看望刘冰同志

感谢，并汇报了学校“双一流”建设等近期有关工作情况。老领导对学校取得的成绩表示由衷欣慰，对学校“双一流”建设寄予殷切希望，并嘱托校领导转达对全校师生员工的问候，祝愿兰州大学越办越好。

他还竭尽全力，为学校发展做出了许多重要贡献。1999年9月，兰州大学90周年校庆，几近耄耋高龄的刘冰同志不顾旅途辛劳，从北京前来兰州，亲往祝贺，回到了阔别已久的兰州大学。当庆祝大会上主持人介绍到他的时候，全场响起了经久不息的掌声。这掌声代表了全校师生对他的崇敬，也令刘冰同志动容。师生故友欢聚一堂，叙不完的旧情新谊。言谈间，老校长一再提到对学校的深厚感情，充满了对兰州大学未来发展的希望与信心。

2009年兰州大学百年校庆之际，时任中共中央总书记、国家主席胡锦涛同志发来贺信，这在全国高校校庆当中也是不多见的。这其中既有兰州大学自身的特殊地位和贡献，以及党和国家的关心等

离休后的刘冰同志

因素；也与刘冰老校长的倾力相助、多方沟通努力分不开。这一切对于学校师生来说，无疑是极大的鞭策和鼓舞。当时，年事已高的老校长虽因身体原因，没有能够亲赴兰大，参加百年校庆庆祝活动，但他以个人名义向学校发来贺信，回顾了兰大百年光辉历史，也对学校下一个新百年的发展目标提出了殷切希望。老校长在贺信中深情地写道：

> 由于身体原因，我不能前来参加兰州大学百年庆典。但作为一名老校友，我的心和兰大以及遍布天涯海角的兰大人是相通相连的。值此庆典之日，我以极其兴奋的心情向兰大表示最热烈的祝贺!向全体师生员工致以节日的问候和崇高的敬意!一百年来，兰州大学为中华民族培养了众多的专业人才。特别是新中国成立以来，六十年中兰大在中国共产党的领导下，贯彻执行党的德智体全面发展、又红又专的教育方针，为社会主义建设和改革开放输送了大批高质量的优秀人才，为人民共和国做出了重大贡献。新的一百年即将开始，我衷心祝愿兰州大学在建设具有中国特色社会主义的金光大道上，与兄弟院校一起手携手、肩并肩，在党和政府的领导下，坚持党的教育方针，为人民共和国更加富裕强大，为各族人民生活更加美满幸福，为中华民族的伟大复兴培养更多的兴业之士、治国之才和学术大师而努力奋斗。让兰州大学鲜艳灿烂的校旗永远高高地飘扬在伟大祖国的黄土高原之巅！[①]

刘冰同志十分关心兰大的校友工作。1988年，兰州大学哈尔滨校友会成立之际，他就发了贺电表示祝贺。

离休后，他始终关心兰大北京校友会的各项工作，对筹备、组建等大力支持并积极参加各项活动。受他以及崔乃夫、聂大江等老领导的委托，2006年1月22日，兰州大学北京校友联谊会筹备组经过认真准备，在北京隆重举行了兰州大学北京校友联谊会筹备会暨在京校友2006年春节团拜会。2011年9月17日，兰州大学北京校友

① 《刘冰贺信》，载《兰州大学报》（校庆专版）2009年9月25日第1版。

联谊会和兰州大学北京校友会两会合并暨换届大会在北京举行，刘冰同志向会议发去亲笔书写的贺信。

2012年6月2日，兰州大学北京校友会在京举办了“1977、1978级毕业三十年论坛”，作为兰大校史上影响最大、最受师生尊敬的三位校长之一，在论坛开幕式上，举办方通过沙画艺术将刘冰老校长的形象生动地展现在了大家面前，表明了兰大师生和广大校友对这位老校长的深深敬意。2013年初，《兰大英才》创刊号以刘冰老校长

《兰大英才》封面

为封面人物，并以《刘冰：求真务实90年》为题设立专栏，以10页版面，用生动的文字和大量图片，对老校长在兰大、在甘肃的贡献进行了集中展示，再次表达了全校历届师生对老校长的崇敬之情。

2013年，他又积极推动设立兰州大学“刘冰奖学金”，奖励家境贫寒、品学兼优的优秀本科生和具有创新能力、创新成果的优秀研究生。这也是继在清华大学设立“刘冰奖基金”，用于每年奖励优秀

学生干部和青年教师之后，以“刘冰”命名，在高校设立的又一个奖学金，捐资方甘肃省某金融机构负责人表示，以老校长的名义捐资设立奖学金，旨在铭记老校长为甘肃教育、兰大教育事业做出的贡献，继承和发扬老校长实事求是、顽强拼搏的优秀品格，激励学子们学有所成、报效祖国。

这既体现了老校长对兰大建设和发展的关心，又寄托了他对中国教育事业的殷切希望。老校长希望青年学生做到学习好、思想好、身体好，要将书本知识的学习与实践相结合，要有事业的追求，要有健康的体魄，只有这样，才能更好地为我们的民族复兴事业做出更大贡献。

“十年树木，百年树人”，老校长从34岁到清华大学工作开始，大半生都献给了我国的教育事业，可谓享誉高校、桃李芬芳。校友陆浩曾为刘冰老校长写下了这样的诗句：“求索真理志不休，桑榆未老晚情酬。立德立言励桃李，风雨岁月笑春秋。”[①]可以说，刘冰同志与共和国高等教育事业，与兰州大学始终是紧密联系在一起的。当年在兰州大学难忘的工作经历，已经深深地刻印在老校长的记忆中，成为他不平凡人生岁月中的重要组成部分。而当年老校长在学校的辛勤努力和杰出贡献，也同样深刻、清晰地珍藏在兰大师生员工的心里，永远铭记在兰州大学的百年校史中，高山仰止，历久弥新。

① 张肇达：《重要的是情深——观魏德运先生肖像摄影作品〈上书·刘冰〉》，载《中国教育报》2013年5月22日第7版。

第十一章　宝贵的精神财富

刘冰同志虽然担任兰州大学校长（1979年1月—1981年2月）仅2年多，担任党委书记（1979年1月—1984年4月）仅5年多，但他在改革开放初期学校发展关键阶段做出的重要贡献、产生的巨大影响，却是长期的，在有些方面甚至是关键性的，也给学校留下了弥足珍贵的精神财富，形成了促进学校长远发展的成功经验。从他身上，人们也能够深刻而又具体地感受到优秀共产党人和高校领导者的共性特点、崇高品质和人格魅力。

一、坚持党的领导和正确办学方向

忠诚、热爱人民教育事业，认真贯彻党的教育方针，始终坚持、加强和完善党对大学的领导，坚持马克思主义理论的指导，这是刘冰同志在近三十年高校领导生涯中最为显著的特点。

他无论是在清华，还是在兰大，都始终自觉地牢牢把握党对高校的领导、马克思主义理论的指导，坚持正确的政治方向，并将其视为社会主义大学、人民教育事业的本质特点和内在属性，以此来统领学校各个方面的工作，很好地解决了“依靠什么人”“办什么样的大学”“培养什么样的人才”这些根本问题。也正因为如此，他把高校的领导工作，当作党和人民赋予自己的神圣事业，以强烈的政治责任感，全身心地投入学校的各项事业中，认真落实党的知识分子政策，尊重、依靠广大教师，竭尽全力促进学校的发展，自觉抵制来自不同方面的消极影响。

这一方面来自刘冰同志作为久经考验的优秀共产党人所具有的坚定党性原则、政治原则和组织原则，对人民教育事业的无限热爱和忠诚；另一方面则取决于他在长期实践中形成的马克思主义坚定信仰、深厚的政治理论功底、实事求是的优良作风，以及对办好中国特色社会主义大学内在规律的深刻认识、科学把握及创新精神。

所以，他才能在“文革”期间非正常情况下，不顾个人安危，几次上书，坚信“文革”之前清华大学的工作贯彻了党的教育方针，应予以肯定；认为迟群、谢静宜之流的倒行逆施是背离党的教育方针，破坏了党的教育事业。改革开放初期，他在主持兰州大学工作期间，同样能够自觉抵制社会上背离党的教育方针、怀疑和削弱党对高校领导的各种错误倾向，团结、带领学校党政班子，全面贯彻党的十一届三中全会确定的政治路线，落实新时期党对高等教育发展的新要求，在实践中加强、完善党对高校的领导，牢牢把握社会主义办学方向，并引导青年学生坚持又红又专、全面发展，正确面对各种错综复杂的社会现象，尽可能免受当时一些错误思潮、倾向的影响。

刘冰校长身上的这一鲜明特点，也正是共和国教育家群体的共同特征。1949年以后，无论是武汉大学校长李达、复旦大学校长陈望道、山东大学校长华岗、清华大学校长蒋南翔、兰州大学校长江隆基、原上海交通大学和西迁后的西安交通大学校长彭康、南京大学校长匡亚明等这些“文革”前很有代表性的优秀教育家，还是“文革”后以华中工学院（现为华中科技大学）校长朱九思等享誉新时期中国高校的著名校长，都莫不如此。可以说，共和国著名的大学校长们，既是优秀的教育家，在一定程度上也必然是马克思主义理论家和执行党中央方针路线的政治家。这是不容忽视的历史事实。也正因为如此，他们似乎不同于民国时期那些著名的各类教育家，缺乏尽心挥洒的空间和自主办学的较大自由度，不易看到其醒目的个性特征、办学理念和相对独特的教育思想及其对各自学校的长远影响。人们感受更多的好像是共和国教育家们的共性特征及其不同高校的相似性。

但实际上，他们每个人做出的不懈努力和独特贡献同样是无法忽视、需要铭记的。因为他们并非只是简单、机械地执行上级命令的行政官员。可以说，正是他们各自的艰辛探索及创造性贡献，党的教育方针、路线才能在实践中得到贯彻、实行，得到卓有成效的丰富、发展，才能在一定程度上减少来自“左”或右的干扰与破坏，确保了1949年以后中国一些好大学的延续、发展和成长。可以说，如果没有这些共和国教育家，这一切实际上也是难以想象的，起码这些名校各自发展的实际水平和效果将大打折扣。

共和国优秀大学校长们的共同特点，是在政治路线正确时，能够最大限度地发挥主观能动性，使学校迅速发展提升；在政治路线不正确时，却能够尽其所能，将学校的损失和影响降到最低限度，甚至为此付出沉重代价。因此，我们需要对共和国教育家们有更多的理解和尊重，并对他们在1949年以后中国社会主义高等教育形成、发展中的辛勤探索与贡献，予以客观的分析和实事求是的评价。

二、办好社会主义大学的探索与实践

刘冰及那一代老校长们最为可贵的贡献，就在于他们在错综复杂的情况、条件下，一方面立足中国实际，在“文革”前后都对怎样办好中国特色社会主义大学，做出过许多可贵探索，将党的教育方针和马克思主义理论的指导作用具体化，融入不同类型大学的办学实践，并且总结、积累了许多宝贵经验，形成一整套相对系统、行之有效的办学思想、理念和措施、方法，逐步明确社会主义制度下中国大学的定位和特色，不断提升大学教育、人才培养、科学研究和社会服务的质量及水平，使之与国家的社会主义革命和建设，与改革开放和经济发展、社会进步、民族复兴的伟大事业及其对人才、对科学研究、对智力支撑的需要相适应。

这些探索及其成果，不仅在当时对各相关高校的发展产生了积极的保障和促进作用；也对这些学校优良传统的形成及延续、发展，都具有不可忽视的重要意义；并且真正把党在高校的领导落到了实处，为开辟、创建中国特色社会主义高等教育的发展道路做出了历史性贡献，具有长远的指导意义和作用，也为今天创建具有世界一流水平的中国大学提供着宝贵的经验及借鉴。

可以说，正是由于共和国教育家们的辛勤努力、不懈探索，才有了中国社会主义高等教育在不同时期、条件下的发展及成功实践，已经成为中国特色社会主义事业的重要组成部分，为实现中国的现代化提供了必不可少的人才和智力支持，也为今天中华民族树立理论、道路、制度和文化自信提供了重要保证。

三、遵循教育规律　构建大学精神

刘冰及那一代老校长们之所以能够取得成功，最为根本的经验和重要保证就在于他们通过长期的实践，真正认识、把握并切实遵循高等教育发展的客观规律，并且能够以实事求是、一切从实际出发的科学精神，按照教育的规律和特点来管理、领导不同类型、不同情况的大学。正如刘冰同志所说："回顾三十年高等教育所经历的曲折过程，最重要的一条，我认为是必须按照教育规律办大学。"[①] 这是他们能够办好大学、成为教育家最根本、最重要的特点，也为他们出色地贯彻、实施党的教育方针奠定了坚实的科学基础。

所以，他们往往能够顶着来自各个方面的压力、影响，坚定不

① 《按照教育规律办大学》，载《刘冰文集》，第118页。

移、毫不动摇地紧抓学校的教学工作及质量、人才培养质量、师资队伍建设、科学研究、学风建设、培育优良传统等重要的基础性工作，并且作为大学所有工作的核心与关键。始终以此作为党对高校领导作用的最终体现，大学思想政治工作最重要的衡量标准。即便是在外部环境、国家政治生活出现异常，方针路线出现偏差的情况下，他们也会挺身而出，尽可能维护学校正常的教学、科研秩序，减少各种外部因素对学校基础工作的冲击和影响，将其危害降低到最低限度。为此，他们不仅要承受巨大的政治压力，在“文革”这样是非颠倒的极端环境下，他们甚至要为此付出自己生命的代价。

尊重教育规律、一切从实际出发的科学精神，使他们在办好中国社会主义大学的过程中，不仅始终重视并且坚持马克思主义理论、党的教育方针的指导作用，而且充分注意吸收、继承1949年之前中国著名大学的成功经验、有效的办学和人才培养方法，以及中国优秀的传统文化和近代以来青年学生、先进知识分子、共产党人改造社会、爱国奉献、崇尚科学、追求真理等优良传统；并将其有机地融入大学的思想政治工作、教学和人才培养等各个方面，为贯彻党的教育思想、改善党对大学的领导注入了历史之基、民族之魂，培养出大批德智体美全面发展、又红又专的社会主义建设者和接班人。这也是中国许多著名高校在1949年以后依然能够继承、保持自身的某些优良传统，形成相对稳定的教学、科研水平和人才培养质量的重要原因。

进入改革开放的新时期，他们还能够与时俱进，放眼世界高等教育发展的新趋势，关注、借鉴国外著名大学的办学经验和方法，注重与国外高校在多方面的交流、合作。这些也有效地提升了中国高校的办学水平，缩小了与国外名校的差距。

具体到1949年之后兰州大学的发展，就不能不看到江隆基校长、刘冰校长不可替代的重要贡献。他们在被任命主持、领导兰州大学之前，分别具有长期在北京大学、清华大学从事领导工作的宝贵经历。由于历史原因及现实需要，在二十世纪五六十年代，北大、清华无疑是共和国最具代表性的两所重要高校，直接受到党和国家的高度关注，并选派像江隆基、刘冰等适合的干部到北大、清华主持党政工作。与此同时，他们也得以在领导北大、清华的过程中得到了更多的锻炼、提高，尤其是在探索建设中国特色社会主义大学的过程中，他们作为前驱先路的探索和实践者，积累了相对丰富的经验和许多切身的感受。后来，他们又由于不同原因，离开北大、清华，先后到地处西北的兰州大学工作。这不仅反映了党和国家对兰州大学的重视与厚爱，而且更是兰大的幸运。

正是通过江隆基校长、刘冰校长，相继把北大、清华的办学理念、视野、胸怀、风气、经验、做法，甚至人才，带到了兰大，为这所最西边的全国重点综合性大学注入了许多极其宝贵的新元素，在一定程度上克服、减少了西部经济、社会、文化相对落后等客观因素对学校造成的不利影响，团结、凝聚起一批优秀教师和人才，显著提升、改善了学校的办学水平与自身素养，并与学校自身的传统、文化、学风和教学、科研、管理等有机结合，最终形成了兰州大学“自强不息、独树一帜”的特有精神，能够长期在相对落后的西部地区坚守耕耘、育才创新、建功立业的文化品格、个性色彩与不凡业绩；并且通过自身的教学科研、人才培养、智力服务等各方面工作，为西部地区经济、社会、文化发展做出自己的贡献，出色地完成了党和国家赋予自己作为重点大学的职责与任务。可以说，来自北大的江隆基校长、来自清华的刘冰校长，分别为兰州大学的百年校史留下了极具光彩、特色鲜明的篇章，成为兰州大学在20世纪60年代前期、在改革开放初期这些关键阶段，能够把握机遇、改善条件、确立方向、打牢基础、蓄势待发的重要保证。

具体而言，刘冰同志在主持兰州大学领导工作期间，特别注意建设教学、科研“两个中心”，强调新兴、应用学科和专业的建设，为兰大向来以基础研究见长的专业结构和学科传统增添了不少新的内容，使学校的计算机与信息技术、管理、新闻与传播等新兴应用型专业应运而生，开始形成基础学科与应用学科互补、协调发展的新思路、新格局，增强、拓宽了学校更好地适应科学技术发展新趋势、服务于新时期国家战略和西部发展实际需要、参与国内外竞争的能力、条件。选派优秀教师出国留学、进修，进行访问、合作研究；鼓励、组织优秀学生参加选拔赴美留学的各类考试；积极培养、选拔优秀教师作为“双肩挑”干部，充实、加强学校各个部门和系、研究所的领导；选拔优秀毕业生担任学生辅导员，强化学生思想政治工作……这一系列关系学校全局和长远发展的重大举措，都体现了吸收、应用当年清华大学成功经验、做法的积极影响。

更需要重视的是，刘冰同志在主持兰州大学工作期间和离开学校后，一直在关注和思考：究竟什么才是兰州大学特有的内在精神，以及怎样来构建、树立这种精神？虽然限于时间和兼任省委、省政府领导工作的繁重压力，他无暇对此做系统论述，但在他的有关讲话、与学校班子成员和有关教师的谈话中，尤其是他在当时建设、振兴兰州大学方方面面的实际工作中，都充分体现出这样一种自觉意识和追求。

他在工作实践中有意识地探索、构建的兰大精神，概括起来说就是立足实际，把握机遇，通过师生员工的奋发有为、加倍努力和扎实工作，以良好风气和创新、开放意识，敢于克服困难，向国内外先进目标看齐，在教学、科研、人才培养、服务地方等各个方面创造出优异成绩，承担起国家、时代赋予学校的历史责任。这种精神不仅与此前校史上由辛树帜校长、江隆基校长为代表的几代先驱倡导、树立的兰大传统一脉相承，也与学校后来所总结、提炼出的“勤奋、求实、进取”的优良学风，“作西部文章，创世界一流”的办学理念，“自强不息、独树一帜”的校训，有内在的联系和继承、发展关系。

当时，刘冰同志关注、构建的兰大精神，既是他对学校自身优良传统的深入了解与传承；也融入了他作为一位忠诚、优秀共产党人相信和依靠群众，善于克服困难、争取胜利的工作作风；更是他对延安时期以抗日军政大学为代表的革命教育传统，即毛泽东同志亲自倡导的“坚定正确的政治方向、艰苦朴素的工作作风、灵活机动的战略战术”教育方针和“团结、紧张、严肃、活泼”校风的自觉继承；还结合了他在清华大学工作期间对办好社会主义大学的思考、探索和积累的经验，以及蒋南翔教育思想的熏陶、影响；更有他在改革开放初期，通过各种渠道，对国内外高等教育和科技文化发展变化的关注与认识。

刘冰同志力图构建、创立的兰大精神，具有深厚的渊源与传统，既体现了中国社会主义大学的正确方向和根本特点，也契合兰州大学自身的实际，符合改革开放新时代中国高等教育发展的方向及要求。这不仅在当时成为确保学校发展、崛起，师生员工团结奋进的内在动力，也非常好地赓续、强化了兰州大学长期形成的良好学风、教风和作风，转化、体现为全校师生员工奋发向上的精神风貌，并且作为一个重要的发展阶段和组成部分，汇入了兰州大学这所百年高校独特的精神财富和文化积累之中，如汩汩流淌的源头活水，潜移默化地浸润、陶冶着一代又一代兰大人。

四、尊重和关爱师生的人文情怀

教育和学校的主要功能是聚集、依靠教师，传承文化、道德、科技和各种知识、学问，为社会培养优秀年轻一代和各类人才的基础性事业、专业性场所。这是任一教育、学校最基本的功能定位、最普遍的社会属性，古今中外概莫能外。而任何好的教育和学校，要真正履行育人这一核心任务、根本职责，都离不开优秀的教师群体，少不了对学生的关心、爱护。人类社会，尤其是现代社会中青少年道德、人格的养成，美好精神、价值观的有效传承，也主要是通过好的教育，通过学校中教师的言传身教、学生的耳濡目染和感同身受来实现的。

所以，任何好的学校校长，都离不开对教师、学生的尊重与关爱，少不了发自内心、真诚深厚的人文情怀。他们能够以此来温暖、影响和感染全校师生，带头营造浓郁、亲切、温暖、向上的校园文化环境，达到立德树人之目的；并以此赢得师生们的崇敬和爱戴，并长期延续、珍藏在一代代师生的记忆中。这可以说是古今中外一切优秀教育家身上最为显著的共性特征。如中山大学老校长黄达人教授就一直强调“学校以善待学生为办学的核心理念”，并为此而提出了三个息息相关、与其他大学不太一样的理念：第一，大学是一个学术共同体；第二，教授就是大学；第三，善待学生且使之“臻于至善”。这些也成为中山大学传之久远的核心价值。[①]

在兰州大学校史上，民国后期的辛树帜校长、“文革”前的江隆基校长等，都在这方面做出了非常好的表率。改革开放初期的刘冰校长也同样具有这样的特点，师生们对此口耳相传，津津乐道。

刘冰同志在兰大期间，始终像蒋南翔校长当年在清华大学那样，把尊重教师、关心和爱护学生，切实为师生排忧解难，引导他们全面发展、成长成才，作为自己最重要的职责。凡是和他有过接触的师生，都会不约而同地对老校长平易近人、和蔼可亲的人格魅力，有担当、送温暖、办实事却又爱憎分明、坚持原则的工作作风交口称赞，印象深刻。

他刚到兰大，就逐一走访各系的教授、副教授和老教师，深入教室、实验室、图书馆和学生宿舍，针对师生们反映学校的工作、学习、生活等条件、环境太差等长期积累的实际问题，立刻大刀阔斧地着手解决和改进。他在第一时间将学校总务处等部门负责人召集到图书馆，要求必须在最短时间解决学生反映图书馆阅览室、自习室灯光暗、座位少、开放时间短等影响学习的问题，尽快改善学生读书、自习的条件。为了给新生腾出教室，他带头将校部机关搬到校园东北角的几排旧平房中办公。在接到学生反映后，他立即安排翻修、改建学校公共浴室；调派有能力、善管理的干部，负责改善、提高食堂饭菜质量，改善学生就餐环境和炊事人员服务态度并

① 陈春声、谢湜：《以学术为业，求内在超越——访陈春声教授》，载《历史教学问题》2015年第1期。

取得明显效果，他自己还拿着饭盒亲自到学生食堂买饭菜，与学生一起就餐，了解大家的意见……刘冰同志到学校后这一桩桩、一件件大大小小的往事，许多年之后，学校师生都还记忆犹新、念念不忘。

沧海以不弃涓流而成其阔。刘冰同志对教师、学生的尊重与热爱，绝不是说说而已，也并非有选择地仅针对个别人，而是满腔热忱地贯穿、体现在一切工作中，温暖、影响着每一个人。这不仅表现为时时处处、全心全意为师生着想、服务的人文精神和行为，而且表现为循循善诱的教育引导和在关键问题上的坚持原则，毫不退让。

20世纪80年代初，数力系最早招收的数学专业研究生中，有一位专业基础很好、已发表好几篇论文的毕业生，却因曾出现生活作风上的问题没有被批准留校。当时，爱才心切的系领导几次去找刘冰同志，希望能将该毕业研究生留校任教，但都被他回绝了。他坚持认为，留校任教的研究生必须品学兼优，仅仅业务强是不行的；在个人品行、道德上绝不能有瑕疵，否则怎么能为人师表？不让该毕业生留校，也是对他本人负责，能够促使他认真吸取教训、严格要求自己。这件小事，也反映出老校长在培养人上的原则立场。

五、打基础、促长远的办学理念

大学最基本的工作，就是通过教学质量的提高，培养出优秀学生及人才。为此，就必须尊重、信任和凝聚、依靠以教师为主体的高校知识分子群体，培养、打造胜任教学、科研工作的高素质教师队伍。任何一所好的大学，在抓住根本、打牢基础的同时，还需要确立明确目标，立足长远发展，打造自身优势，培育相对稳定、可传诸久远的优良学风和文化传统。这两个方面相辅相成，缺一不可，是办好大学永恒的主题。凡是优秀的大学校长，自会双管齐下，在这两个方面都有所建树，真正为学校的长远发展强基固本、提供科学方向和切实保证；并以此产生重要而又深远的影响，成为各大学校史上长期为人称道的杰出校长。以兰州大学百年校史为例，辛树帜、江隆基、刘冰这三位校长之所以重要，一个显著的共同点，就是他们在不同的时期和情况下，都能够义无反顾地排除各种干扰，克服各种困难，始终致力于这两个重要方面，并且抓出了实效，使得兰州大学在相对困难的条件下能够在全国高校中脱颖而出，逐步成长为一所具有显著特色的重点综合性大学。

经过“文革”十年的严重破坏，兰州大学在各个方面元气大伤。1978年底初到兰大，面对百废待兴、各方面工作纷乱如麻的复杂情况，刘冰同志一方面立即着手解决学校存在的各种具体、紧迫的实际问题与困难，并通过群众推荐、民主选举产生新的校、系两级领导班子；另一方面在理顺关系、稳定秩序、消除矛盾、振奋精神的基础上，花大力气狠抓教师队伍建设，采取多种措施稳固、提高学校的教学水平和人才培养质量，将本科教学作为学校各项工作的基础与“重中之重”。在他的主持下，学校党委每次开会都要强调教学工作，并多次召开专题会议，集中研讨提高教学质量问题。很快在全校上下都形成了高度重视教学工作、一切为教学工作和师生服务的良好局面。教师上课认真负责，学生学习刻苦，校园里呈现出紧张有序、勤奋向学的动人景象；有效恢复、继承了“文革”前江隆基校长在稳定教学秩序、提高教学质量方面形成的优良传统、学风和宝贵经验。经过几年的不懈努力，到20世纪80年代初期，学校的教学质量、学生素质得到明显提升，在选拔物理、化学等专业赴美留学生的全国考试中，兰大学生多次取得名列前茅的好成绩，得到各方面的关注和好评。

在狠抓教学和人才培养的同时，刘冰同志也特别注重学校的科研工作，一直强调要建设好教学、科研“两个中心”，并且根据国家现代化事业和经济建设的长远战略需要、瞄准国内外科学技术和高等教育发展的新趋势、新特点，合理规划学校的专业设置和学科建设，扬长补短、优化结构，既发挥学校原有基础学科的优势、长处，又注意增加、开设新的学科、专业，尤其是新兴学科、应用专业，以增强学校发展、竞争的后劲与潜力，通过学科和专业建设，学校的特色及综合优势得以进一步培育和突出。

实践证明，刘冰同志当年在这两个方面做出的努力卓有成效，的确是紧紧抓住了兰州大学生存、发展的基础与关键，集中体现了高等教育的内在规律和根本属性，具有重大意义和深远影响；也为学校未来的发展积累了最为宝贵的经验和传统。

六、协调各方关系　聚集办学资源

要在环境相对落后、条件较为艰苦的西部地区，建设一所具有较高水平、较大影响力的全国重点大学，往往面临着更多的困难和问题。这就要求学校领导必须花费更多的时间和精力，善于处理、协调学校与教育部等政府主管部门、与省市地方政府的关系，争取多方面的支持和各种校外资源，尽可能改善办学的条件，形成必要的物质基础，确保学校能够有更快的发展。否则，即使有再好的办学理念和想法，也难为“无米之炊”。为此，校长的威望、人脉、执着程度、公关能力和善于把握时机的能力等，都是非常重要的前提条件。

刘冰同志来到兰州大学后，充分利用自己的影响力，以及同教育部、甘肃省委领导的关系和友谊，尽可能向他们反映学校的实际困难和问题。在当时各方面百废待兴、资金紧缺、资源有限的特殊时期，他千方百计争取教育部和甘肃省委、省政府的理解与支持，为学校争取各种宝贵的资源和帮助，有效改善学校的教学、科研与师生们的工作、生活条件，为学校后来的快速发展创造了必要的基础和保证。

例如，1979年学校在教育部的支持下，7栋新的教师宿舍楼同时开工兴建，创造了校史上此前在一年里开工建设教师宿舍楼数最多、面积最大的新纪录。时任省委书记的宋平同志对此也高度重视，把兰州大学教工宿舍楼的建设作为全省落实知识分子政策，加快科技、教育发展的代表性重点工程，多次召集省建工局、物资局等部门领导开会，协调各个部门的关系，确保水泥、钢材等各种当时紧缺建筑材料的调拨、供应；要求省建工局派出最好的建筑施工队伍，并定期向他汇报工程建设的进展情况。在教育部和省委、省政府的全力帮助下，兰州大学这些新宿舍楼都如期竣工，很多老教师和教学骨干相继喜迁新居，长期困扰教师们的住房困难得到明显改善。

1979年初春，乍暖还寒、冷风习习。甘肃省委第一书记宋平、兰州军区政委肖华亲自带领解放军指战员和机关干部，在刘冰校长的陪同下，到兰州大学校园打扫卫生、清洁和美化校园环境。这充分显示了有关党政军领导对兰州大学的关心和重视，不仅极大地振奋了全校师生员工的精神，也在全社会有效地提升了兰州大学的形象和地位。

作为“文革”中敢于同“四人帮”及其爪牙应用抗争、有较高知名度的高校重要领导者，刘冰同志自1978年底到兰州大学工作后，也成为社会和省内外媒体关注的对象。当时，刘冰同志和兰州大学进行的一系列改革、创新及其成果，相继得到国内各大媒体的频频宣传和报道，引起中央领导、有关部门的重视和高校、社会各界的关注，不仅是对该时期兰大工作的认可及肯定，也有效地提升了兰大在全国高校中的地位和影响，提振、加强了广大师生员工进一步做好学校工作的信心、干劲和自豪感。

如新华社驻甘记者屈维英同志，从一开始即奉总社领导指示，对刘冰同志进行跟踪报道。几年间，屈维英同志先后撰写相关新闻稿三十余篇，对刘冰同志在校内外的工作和重要活动，进行了系列报道。其中有2篇受到中央领导重视并批示，有1篇被新华社总社评为一等好稿，1篇被《光明日报》评为特等好稿，有的报道多次被中央和地方媒体转载，产生了很大影响。如他采写的新华社1979年6月1日电讯《兰大党委书记兼校长刘冰同志带领干部深入群众抓住倾向性问题做过细的思想政治工作》，分别在5月9日、16日被《光明日报》《人民日报》转载，同时全国三十多家省报进行了转载。大约写于1979年秋的《兰大党委采用民意测验与领导审查相结合的办法选拔校系领导干部》一文在新华社办的《国内动态清样》上刊出后，引起中央领导和中组部的重视，特意邀请刘冰同志在中央组织工作会议上介绍经验。新华社1981年8月26日电《正确处理政治与业务、教学与科研等几方面的关系——兰州大学教师晋升工作取得较好效果》，在次日《光明日报》头版头条登载，《人民日报》也进行了转载。新华社1982年9月22日电《兰大教授认为高等学校必须坚持共产主义教育》，在次日被《人民日报》《光明日报》等大报转载。1985年秋，兰州大学化学系田宗强同学在全国12所重点大学参加的第五届化学专业选拔赴美留学生考试中再次夺冠，屈维英同志以此为切入点，进行了深入采访，写了专题报道《兰大为何“状元”多》，深刻分析了兰州大学良好的学风、校风，强大的教师阵容，学校对本科教学的重视，学生的良好素质等优良传统。该文章在《瞭望》杂志1986年第8期上登载后，又被国内发行量很大的《读者》杂志全文转载，对于宣传兰大产生了非常广泛的积极影响。①

七、无尽的追思及启示

“历史的发展总是和人物联系在一起的”②。在每一所大学的历史上，任何一位书记、校长都必然留下自己的印记或篇章。区别则在于各自所处环境、条件的不同，作用、贡献的大小、多少，以及影响、评价的优劣、好坏，被师生们记住的时间长短。这些都会长期保存在人们的记忆里、熔铸在学校的发展过程中，永远无法改变，无法忘却，也无法否认。

① 中共甘肃省委党史研究室编著：《刘冰与甘肃》，中国民主法治出版社，2015年，第221、223页。

② 《贯彻党的教育方针和知识分子政策》，载《刘冰文集》，第87页。

“大学校长是一所大学的灵魂，好大学总是和好校长联在一起的，所以在一定意义上可以说，没有好校长就没有好大学”[①]。共和国任何一位优秀的书记、校长，也都会是成功的教育家，必有自己的教育追求和理念，并且力所能及地实行之。他们的这些主张和努力，不仅能对学校当时的发展产生积极的作用和推力，使学校在他们的领导下形成显著进步，出现快速发展，培育旺盛的活力和潜力，开创出崭新的局面；而且能够产生长远的影响，经受时间和实践的检验，历久弥新，闪放出夺目的光彩，成为学校永远的精神财富和宝贵的历史经验。

因此，在学校历史上，每一位好校长，都是学校的一面旗帜、一个榜样、一座丰碑，将永远得到师生们的崇敬；也激励、影响着每一位继任者见贤思齐，延续传承，再攀新高。

只有真正懂教育、热爱教育，以办学育才为志趣的优秀教育家，才有可能把办好大学作为最崇高的事业，把人才培养、学校发展作为自己最重要的目标，全身心地投入学校的管理，把自己的聪明才智、所有精力和心思，甚至生命的一部分，都毫无保留地全部奉献给自己所在的学校和广大师生，化作学校成长、繁荣的强大推动力，做出实实在在的重要贡献，赢得大家衷心的爱戴和尊重。可以说，没有真正的教育家，就很难有高质量的学校和教育。没有伟大的教育家，就不可能有影响深远的著名大学及其大学精神。

民国时期，是中国近代高等教育蓬勃发展且名校迭出的重要阶段。这个时期，中国社会内忧外患，战乱不已，办学的社会环境、各方面条件，甚至在世界高等教育史上都堪称最为困难和特殊的。但就是因为有了一批各具特色的杰出爱国教育家，有了他们的艰苦奋斗、辛勤耕耘，才培育出了许多后来居上、各不相同的名校，才培养出了中国文化科技等各个领域的开山鼻祖、大师巨擘，群星璀璨，人才辈出。可以说，没有蔡元培校长，就没有五四时期及此后

① 谢泳：《没有好校长，哪来好大学》，载《教育在清华》，百花文艺出版社，1999年，第24页。

北京大学的兼容并包；没有梅贻琦校长，就没有清华大学的辉煌；没有张伯苓校长，就没有南开大学的日新月异；没有唐文治、黎照寰校长，就没有交通大学作为“东方麻省理工”的享誉神州；没有竺可桢校长，就没有获得“东方剑桥”美誉的浙江大学……

共和国时期，清华大学、交通大学、兰州大学等高校的发展，也同样和蒋南翔、彭康、江隆基、刘冰等优秀大学校长的努力、奉献紧密相连。总之，没有好校长，就没有好大学。每一所好大学，都会永久地保留好校长们深刻、鲜明的个人烙印和巨大影响。两者共生并存，不可离分。

老骥伏枥的刘冰同志

今天，要建设世界一流大学，首先需要世界一流的教育家，以及有利于一流教育家脱颖而出、施展才华和抱负的环境、条件及体制、机制保证。

当下，兰州大学这所重要的百年老校，同样肩负着创建世界一流学科、一流的中国特色社会主义大学的历史重任，在全面落实人才强国战略、完成由教育大国向教育强国的转变中承担着不可推卸的责任。在这一新的历史转型和挑战面前，办好兰州大学，创造新的辉煌，都更加需要向校史上的辛树帜、江隆基、刘冰等好校长学习，需要认真总结、继承以往办学过程中行之有效的成功经验、优良传统。这正是我们回顾、研究刘冰校长与改革开放初期兰州大学发展过程的意义之所在。

1996年，已经离休的刘冰同志克服各种困难及阻力，撰写了二十多万字的《风雨岁月——清华大学"文化大革命"忆实》一书，以自己的亲身经历，追述了清华"文革"的发动和过程，资料丰富，并有深刻、理性的反思。这是一位年过古稀的亲历者"站在一个共产党员的党性立场上，抱着对历史和未来负责的态度"，力图"诚实地记录下一份史料，并努力用历史唯物主义的眼光，从纷乱、颠倒的现象中寻找出某些必然性的联系，引出一点经验教训"[1]。这也是较早围绕清华大学这所处于风口浪尖的重要高校，对"文革"进行深入、具体研究的开创性著作，正如"内容简介"中所写，该书"对人们了解那场历史劫难颇有帮助，也是认识那段历史很有价值的参考书"，必然受到广泛的关注。1998年2月，该书由清华大学出版社作为"内部发

晚年的刘冰同志

① 刘冰：《风雨岁月——清华大学"文化大革命"忆实·前言》，清华大学出版社，1998年，第Ⅳ页。

行”出版，首印2000册供不应求，4月，即第二次印刷，再印2500册。鉴于该书的重要价值及其生命力，在10年后，当代中国出版社将书名改为《风雨岁月：1964—1976年的清华》，再次公开出版，同样反响热烈，刚上市即告售罄，1个月之后就第二次印刷。

2004年春，刘冰同志又完成了《求索：难忘的历程》一书。这部30万字的回忆录，“以朴素而生动活泼的语言，叙述了他从童年到青年时期所经历的一些悲欢、惊险的事情”①，真实地反映了自己的家世及变故，早年的革命经历及成长过程，截至1949年新中国的建立，从独特的个人视角和丰富感受，再现了无数共产党人在抗日战争、解放战争中流血牺牲、英勇奋斗、可歌可泣的光荣历史，是进行革命历史和传统教育的极好教材，在同年11月，由中央文献出版社出版。

2011年，适逢刘冰同志九十华诞和清华大学建校100周年，经清华大学、兰州大学和甘肃省许多同志提议，甘肃人民出版社出版了三十多万字的《刘冰文集》，共收录他的48篇重要文稿，这些文稿的写作时间从1949到2009年，跨度为中华人民共和国成立后的60年。

刘冰同志著作

① 古淑慧：《第一位读者的话》，刘冰著《求索：难忘的历程·序》，中央文献出版社，2004年，第1页。

这些重要著作，无疑是刘冰同志留给后人的宝贵财富。它们非常真实、生动地再现了一位优秀共产党人、高校和地方党政领导的思想、情感、胸襟和事业，以及他的殚精竭虑、鞠躬尽瘁和无私奉献。

2017年7月24日，刘冰老校长以96岁高龄辞别人世，永远离开了他所深爱的广大师生和共和国高等教育事业。兰州大学、清华大学和国内众多媒体、网站都进行了深切缅怀活动和仪式。30日上午，在北京八宝山殡仪馆大礼堂举行了庄严仪式，送别这位对共和国高等教育事业和甘肃省经济社会发展做出了重要贡献的优秀共产党员、久经考验的忠诚共产主义战士。中共中央总书记习近平暨十八届中央政治局其他常委、往届中央政治局常委都送了花圈，体现了党和国家领导人对刘冰同志及其毕生贡献的充分肯定。这也代表了党和人民对刘冰同志在“盖棺论定”之时做出的历史评价。

“刘冰同志的一生，是革命的一生，战斗的一生，全心全意为人民服务的一生，为党和人民无私奉献的一生，是追求真理、追求进步、为共产主义事业奋斗的一生。”

斯人虽去，风范永存。当年他在兰州大学开创的事业、做出的贡献，还有那老一代共产党人的高风亮节、人格魅力、殷切期望，连同他在学校期间为师生们所做的每一件事，将永远活在人们心中，成为我们立德树人的源头活水、争创一流的强大动力。

后　记

刘冰同志是1937年全面抗战爆发之初即参加中国共产党并奔赴延安的老革命，“文革”前长期在清华大学协助蒋南翔校长工作，对于中国社会主义大学的创建颇有贡献；1978年底到兰州大学担任党委书记兼校长，对于改革开放初期兰州大学的整顿、发展和建设厥功至伟，堪称兰州大学百年校史上曾产生重大影响、具有标志性的校长之一。1984年初，他担任中共甘肃省委常务副书记、省人大常委会主任，直到1988年返回北京，任第七届全国人大科教文卫委员会副主任委员。

2012年，中共甘肃省委党史研究室立项并着手编写《刘冰与甘肃》一书，以总结、彰显刘冰同志在甘肃工作10年间的功绩，表达陇原民众对这位老领导的由衷敬意。2015年12月，该书已由北京中国民主法制出版社正式出版。在该书第一章，作者用44页篇幅，对刘冰同志在兰州大学的工作做了简要介绍。

这也引起学校党政领导、广大师生、校友和校史研究者的普遍关注，深感有必要对刘冰老校长在兰州大学工作期间的各个方面，对他的办学思想、治校经验、人格魅力，以及当时学校在教学、科研、人才培养、校风学风建设等方面取得的成就、产生的影响、积累的传统，进行系统回顾、总结，保留校史上这份极其珍贵的无形资产和精神财富，能够为立德树人、繁荣校园文化、建设一流大学、培养创新人才提供不可替代的重要资源和历史借鉴。同时，也可借此表达大家对老校长深厚的崇敬和感戴之情。

因此，2015年春季过后，王乘校长即把编写《刘冰校长与兰州大学》一书的任务交给时任学校博物馆馆长的张克非教授。王寒松书记对此工作也非常重视，就怎样写好该书曾与张克非教授面谈并写信提出明确要求。

接受任务后，张克非很快即拟订出全书的编写提纲，确定了全书写作的目标：

力图全面、系统、深入、生动地展示老校长的办学思想、治校方略，对党的教育方针、人民教育事业的忠诚，尊重教师和知识分子、爱护学生、联系群众、平易近人的工作作风，以及团结、带领学校党政班子、中层干部和广大师生，拨乱反正、励精图治、克服困难、把握机遇、开拓进取，紧紧以“教学”“科研”为中心，带动学校各项工作全面发展的真实历程和重要贡献。并以此来揭示在共和国新的教育管理体制下，像刘冰同志这样优秀的大学领导，是如何克服困难，团结、领导师生创造出不平凡的业绩，扎实推进学校的发展，在校史上创造崭新而辉煌一页的；以及我们今天需要注重、传承的宝贵办学经验和精神财富究竟是什么？怎样才是新中国的优秀教育家，他们应该具有什么样的特点、素质、精神与贡献？为此，不仅需要依据丰富系统的资料，结合当年在校学习时的群体记忆和个人感受，还需要对那个时代的整体认知和把握；更需要对老校长教育思想与实践的系统认识，以及与兰大校史上之前的辛树帜校长、江校长，同时期其他优秀的大学校长的纵向、横向的比较，才能很好地展示老校长们作为优秀教育家的共性因素及其鲜明的个性特点。尽可能写出一部真正有深度、有创见、有借鉴意义和教育作用的好书来。

该编写提纲经学校党政主要领导审核，还由老校长哲嗣刘夏阳老师转呈刘冰同志允准。紧接着，主管科研的校领导、文科科研处陈文江处长又从学校2015年中央高校基本科研业务费中立项、拨款，对该书编写工作提供了经费保证。

在学校党办、校办、离退休处、档案馆等的大力支持下，由张克非教授牵头，邀集博物馆岳肃俊、曹建华、邓小波、吕亚霞、黄国柱、李文婷等老师，党办付鹏同志等，共同组成编研、写作小组，设计了访谈提纲。五六月份，在校内邀请胡之德、杨峻、孙福庆、陈志刚、李映洲等老领导和当年在学校任教、学习的老师，召开小型座谈会，他们对此事亟表赞同，并尽可能回忆、提供了许多素材和线索。随后，张克非等又单独拜访了曹合臣、杨重勋等老处长。8月下旬，张克非、邓小波前往北京，拜访了老领导李希和廖世伦同志、甘肃省委原书记陆浩同志，并前去拜望了刘冰老校长，见证并分享了他荣获纪念中国人民抗日战争暨世界反法西斯战争胜利70周年纪念章的喜悦；老校长还亲笔题赠了他的著作。

11月下旬，我们又专程赶往深圳、郑州等地，分别拜访了当时被老校长从西宁调来兰大、曾任学校团委书记的唐伟老师，以及作为秘书跟随老校长从北京来兰大工作的赵洪涛同志，他们都提供了不少既重要又生动、具体的细节性口述资料。张克非还曾数次到学校档案馆查寻相关档案资料，得到王秋林、段小平、陈艳等老师的鼎力协助，并巧遇当时在化学系学习、工作的王安平老师。许多得悉此事的兰大师生员工、校友，都表现出浓厚兴趣，并积极提供他们所了解的往事和信息。

2016年，在书稿分头写作中，遇到了一些新的问题及困难。张克非教授承担的几个校内外研究课题必须在该年结项，加上工作变动和教学任务，无法抽出整段时间集中进行该书稿的编写工作。编写者其他同志也因为自身工作太忙，加上大部分人原先未曾有校史研究、写作方面的经历及专业训练，感到各自所承担的书稿章节写作颇有难度。

袁占亭书记莅任后，在百忙中非常重视该书的编写工作。这年11月1日，他亲自抽时间主持召开《刘冰校长与兰州大学》一书写作进展的协调会，学校郭琦副书记和党办、宣传部、档案馆和博物馆的负责人、出版社总编辑参加，张克非教授汇报了工作进展情况汇报及新的时间进度安排。袁书记再次强调了该项工作的重要性，对写好该书提出许多明确、具体的指导性意见，并委托郭琦副书记和学校党委宣传部主抓、协调该项工作，各有关部门全力配合，在人员、资料等各个方面提供支持，确保在2017年3月完成该书稿的撰写。

在此前后，岳肃俊、曹建华、邓小波、吕亚霞、李文婷老师相继发来了所写有关章节的部分试写稿。档案馆段小平副馆长、陈艳主任也组织部分研究生，主动按照各章提纲分别查寻、复印了许多相关档案资料，并为编写人员继续查找档案资料提供最大方便。

在郭琦副书记和宣传部的帮助下，张克非教授重新调集力量，由宣传部杨林坤老师、党办付鹏同志、研究生院杨易宾同志共同组成新的编写小组，重新进行分工并规定了最后的写作进度与时间安排，确定由张克非撰写第一、二、三、四和十一章，杨易宾撰写第五至九章，付鹏撰写第十章。各位在确保本职工作不受影响的前提下，抓紧利用一切休息时间，甚至寒假春节，力争如期完成各章初稿。

后因2017年春季学期学校面临许多重大的临时性工作，承担书稿写作任务的有关同志被抽调出来，该书稿的写作又不得不推迟，到2017年6月底分别完成了各章书稿。其间，杨易宾同志不仅承担了全书近半章节的繁重写作任务，而且多次到学校档案馆、省档案馆、省图书馆查阅、复制许多档案和报刊资料等，为全书写作提供了更为充分的资料保证。

2017年7月24日，老校长以96岁高龄溘然长逝，在撰写有关纪念文章的同时，更使我们在愧疚中增加了早日完成该书稿写作任务的紧迫感。随后，张克非利用暑假，克服各种困难，抓紧对已有书稿的修改、补充和完善工作。

8月下旬，全书通改稿完成，并由杨易宾做了文字、标点、格式方面的统一；再由张克非再次对书稿予以校改，然后打印并提交学校领导、有关老领导、老教师和校友审阅。征求他们的意见后再度进行修改、完善，最后提交出版社进行编辑加工，并尽快印刷出版。

此后，曾经担任学校领导工作的苏致兴、杨峻同志，熟悉有关情况的张天俊、王秋林、陈文江、段小平等许多同志，都以不同方式，非常认真地提出了修改意见和建议；特别是兰大化学系七七级毕业生、中共甘肃省委原书记、第十二届全国人大环境与资源保护委员会主任委员陆浩同志非常认真细致、逐字逐句地审阅了书稿，并专门约请作者到北京再次深入面谈，充分肯定了编写该书的重要意义，又提出了许多具体的意见和建议。这充分体现出他对老校长的崇敬，也着实让我们感动。

兰州大学袁占亭书记、王乘校长，尤其是2017年12月19日即任的严纯华校长等主要领导，都在百忙之中认真审阅了书稿。袁书记还就该书的出版亲自安排、落实了所需经费，提出明确要求。严校长也在不同场合多次肯定刘冰同志的贡献及该书的编写工作。这些都集中体现了大家对刘冰老校长的崇敬，对该书写作、出版的高度重视和全力支持，无疑也是对我们工作的极大鞭策和鼓励，我们也尽可能地将这些宝贵的意见和建议吸收、融入书稿之中。

总之，搜集、研究各类相关资料，编写《刘冰校长与兰州大学》一书，是一项既非常有意义，又有一定难度的工作，凝聚了众多领导、师生、校友的情感与重托。虽然该书作者有的当年也曾经是老校长的学生，有的是学生的学生，对老校长都同样充满了敬仰之情、感戴之心，但是我们仍然希望遵照习近平总书记要求的那样"让历史说话，用史实发言"，尽可能用相对丰富的各种史料来再现那段令人难忘的校史和师生们刻骨铭心的经历。我们虽然已经在各自的本职工作之余勉力为之，但限于时间、精力与自身的水平，书稿还会有许多的不足和问题，距离当初我们自己确定的目标还存在不小的差距。这些，当然都只能交给尊敬的广大师生、校友和读者们来评判了。我们诚恳地期待各位的批评和指导。

最后，我们还要再次感谢刘冰老校长及其家人，感谢学校党政领导、老领导、师生和校友，感谢省档案馆、图书馆和学校档案馆、党办、宣传部、研究生院、离退休办等校内单位，感谢一切关心、帮助该书写作的朋友们，也感谢我们曾经参考、引用过的《刘冰与甘肃》《我的兰大》等有关图书、文章的主编和作者们，感谢我们拜访过的前辈、师友和曾经为该书贡献过照片、资料、口述回忆的老师们，尤其要说明的是，书中所用的昔日老照片，有不少是由当年学校宣传部陆生源老师拍摄的，个别还出自常斯煌等人之手，但因无法具体确定，所以书中所用照片都未注明拍摄者，我们对此深表歉意。我们也感谢为该书提供过最初文稿的同志们，以及为该书出版辛勤工作，付出大量心血的兰州大学出版社领导与编辑。封面书名由兰州大学党委原副书记李恒滨题签，特致谢忱。大家的关心、帮助和智慧，对我们都是极大的鼓舞和鞭策，更是该书得以完成并顺利出版的前提和保证。我们也一并致以诚挚的感谢。

让我们撷心香一瓣，以此书来祭献老校长的在天之灵。与此同时，衷心祝愿我们的母校继承优良传统，立足于辛树帜、江隆基、刘冰等著名校长和众多领导奠定的坚实基础，蒸蒸日上，再创辉煌！

编著者

跋于2018年5月